Essays in Honor of
Josep M. Solà-Solé

Catalan Studies
Translations and Text

Josep Solà-Solé
General Editor

Vol. 23

PETER LANG
New York • Washington, D.C./Baltimore
Bern • Frankfurt am Main • Berlin • Vienna • Paris

Essays in Honor of Josep M. Solà-Solé

Linguistic and Literary Relations of Catalan and Castilian

Edited by
Suzanne S. Hintz

PETER LANG
New York • Washington, D.C./Baltimore
Bern • Frankfurt am Main • Berlin • Vienna • Paris

Library of Congress Cataloging-in-Publication Data

Essays in honor of Josep M. Solà-Solé: linguistic and literary relations of
Catalan and Castilian / Suzanne S. Hintz, editor.
p. cm. — (Catalan studies; vol. 23)
Selection of papers presented at the 5th Catalan Symposium, entitled
The Interrelation of Catalan and Castilian Literatures, held in November
of 1994, in Washington, D.C., and sponsored by The Catholic University
of America, the Generalitat de Catalunya, the Hispanic Division
of the Library of Congress, and the Spanish Embassy.
Includes bibliographical references.
1. Catalan philology—Congresses. 2. Spanish philology—Congresses.
3. Literature, Comparative—Catalan and Spanish—Congresses. 4. Literature,
Comparative—Spanish and Catalan—Congresses. I. Solà-Solé, Josep M.
(Josep María). II. Hintz, Suzanne S. III. Catalan Symposium (5th: 1994:
Washington, D.C.). IV. Catholic University of America. V. Catalonia (Spain).
VI. Library of Congress. Hispanic Division. VII. Spain. Embajada
(United States). VIII. Series.
PC3801.A3E7   449'.9—dc20   96-7587
ISBN 0-8204-3136-2
ISSN 1058-1642

Die Deutsche Bibliothek-CIP-Einheitsaufnahme

Essays in honor of Josep M. Solà-Solé: linguistic and literary relations of
Catalan and Castilian / Suzanne S. Hintz, ed. −New York; Washington,
D.C./Baltimore; Bern; Frankfurt am Main; Berlin; Vienna; Paris: Lang.
(Catalan studies; Vol. 23)
ISBN 0-8204-3136-2
NE: Hintz, Suzanne S. [Hrsg.]; Solà-Solé, Josep: Festschrift; GT

*The publication of this volume was made possible by a grant from
the Program for Cultural Cooperation between Spain's Ministry
of Culture and Education and United States' Universities.*

Cover design by James F. Brisson.
The paper in this book meets the guidelines for permanence and durability
of the Committee on Production Guidelines for Book Longevity
of the Council of Library Resources.

© 1996 Peter Lang Publishing, Inc., New York

Printed in the United States of America.

TABLE OF CONTENTS

Josep M. Solà-Solé

FOREWORD

Head
Reference Section
Hispanic Division
Library of Congress

In this day of electronic mass media, with the explosion of the written word in all formats, who gives thought to the heritage from which the written word springs? Josep Maria Solà-Solé does. He began his academic career studying one of the first written alphabets—Phoenician. Appropriately so his career reflects the history of Iberian languages and literatures from the beginning of their written record to modern day Catalan. From studies of Punic inscriptions in the Balearic Islands, Dr. Solà-Solé moved to France, Germany, and the United States, both to teach and to further studies of Romance Semitic roots in Iberia. His works on Arabic and Catalan blossomed after he came to the United States. With modern computer skills and his interest in the remote beginnings of language development in Iberia, his continuing work at The Catholic University of America guides fledgling Romanticists and Semiticists to look critically and analytically at the stellar works which shape the literatures of Iberia. However, the real love of his career lay on the Eastern coast of the Iberian Peninsula—with Catalunya! One could easily say that it was through his efforts that the Fundació Paulí Bellet has developed into a viable foundation. He has been the guiding light of The Center for Catalan Studies at The Catholic University of America and has taken an active role in The North American Catalan Society. He forms the guiding force behind the Associació de Catalans de l'Àrea de Washington. His interests in the written Catalan word have even helped to enhance the development of the Catalan collections in the Library of Congress, a collection that now numbers more than 13,000 Catalan titles. He was able to do this indirectly: he taught Catalan to most of the catalogers and acquisition librarians that presently catalog or purchase Catalan language materials in that institution. Recently, that collection was judged by a branch of the American Library Association to be the preeminent Catalan collection in the United States!

This collection of essays, taken from the 5th Catalan Symposium is in reality a product of the vision of Josep Maria Solà-Solé! The collaboration between The Catholic University of America, the Generalitat de Catalunya, the Hispanic Division of the Library of Congress, and the Spanish Embassy would not have been possible but for the indefatigable efforts of *En* Josep Maria. Not only did he make numerous telephone calls, take trips back and forth across the Atlantic, but thanks to his keen eye for quality scholarship his invitations to participate were well-received. One need only look at the academic credentials of the 22 participants to savor the quality of the program that took place in Washington in 1994. If one were to look for a tangible measurement of the scholastic productivity of the speakers, one need only search the catalogs of the Library of Congress for each of the participants; the total number of book-length works would total more than 225. If one were able to identify the precise quantity of articles written by these authors, surely this impressive amount of scholarship would only be surpassed by their quality! Obviously, the papers brought together between the binding of this book reflect that quality, and present a world-wide view of literary and linguistic studies on the bilingualism found within and without the Catalan-speaking world.

INTRODUCCION

Mario A. Rojas

Chairman
Modern Languages and Literatures
The Catholic University of America
Washington, DC

La colección de artículos que componen este volumen proviene de una selección de las comunicaciones presentadas en el **Fifth Catalan Symposium** que tuvo lugar en Washington, D.C. en noviembre de 1994, bajo la dirección de Josep M. Solà-Solé, profesor emeritus de The Catholic University of America. El título del simposio "The Interrelation of Catalan and Castilian Literatures" sirvió, naturalmente, como el centro semántico hacia el cual convergieron la temática e investigación de los trabajos presentados. La lectura de los artículos, en el orden establecido por la editora, permite configurar la historia de la lengua y literatura catalana y su relación intertextual con las letras castellanas, como así mismo, lograr un mejor perfil del marco político-ideológico que estimuló o limitó su crecimiento interno, que promovió/canceló el enriquecimiento mutuo en pro de una saludable convivencia. Como se desprende de la lectura, el desarrollo de la lengua y literatura catalanas, ha pasado por épocas de gran florecimiento que se alternan con otras de involuntaria sequía. La publicación de este volumen es una prueba fehaciente que actualmente se goza de un espléndido renacimiento y potente revitalización. No sólo por la publicación misma de este volumen, ya que no es el

primero en su género, sino por la calidad de su contenido y la mesurada
y la vez exultante disposición de sus autores. En ellos, se hace un estudio
diacrónico de las letras catalanas y sus relaciones con la cultura ibérica
y mediterránea, al tiempo que se examina el momento actual para
ponderar con justificado optimismo los logros alcanzados; para medir con
certeza el camino recorrido después de casi cuatro décadas de hiato; para
diagnosticar su situación actual y formular proyectos que conduzcan a la
recuperación de lo perdido y al fortalecimiento de lo existente. Los
ensayos que componen el volumen aunque tienen como foco lo catalán
y sus transvamientos con lo castellano, nos invitan a reflexionar sobre
cuestiones de interés general, igualmente palpitantes y urgentes en otras
regiones del mundo, como es la situación de lenguas y culturas coexis-
tentes en un territorio nacional y las correspondientes fuerzas ideológicas
y de poder que las condicionan y matizan. En este plano ecuménico se
sitúan, por ejemplo, los artículos de Solà y de Vallverdú cuyas reflexiones
se desplazan más allá no sólo de su objeto de estudio sino también en su
apoyatura teórica, de cuño reticular e interdisciplinario, en que el dato y
la teoría lingüístico-literarios se complementan con bien ajustados
criterios o parámetros, provenientes no sólo de las humanidades sino
también de las ciencias sociales.

El artículo de Joan Solà, uno de los primeros del volumen, analiza
exhaustivamente las coordenadas ideológico-políticas que atraviesan y
dinamizan los distintos estamentos que conforman la sociedad y cultura
catalana de la época actual. Se trata de una mirada sincrónica que se fija
en el presente, pero también de una visión prospectiva hacia el siglo XXI.
Solà llama la atención sobre los instrumentos legales y políticos
hegemónicos que tienden a obsturar o suprimir la convivencia lingüística
territorial o personal, a entorpecer el natural desarrollo de un bilingüismo
equilibrado o a exacerbar la discriminación en contra de los usuarios de
una lengua juzgada como inferior en relación a otra coexistente. En vez

de propiciar el confrontamiento inútil e inoperante, Solà se une a aquellos que creen en la diplomacia, en la continua negociación y adaptación, que es la que siempre arroja nuevos frutos. Lo cual no significa ceder a la autoridad homogeneizadora que se afana por imponer una uniformidad lingüística antinatural, sino más bien adecuarse al ritmo y exigencia de los nuevos tiempos, sin, por supuesto, abandonar el reforzamiento de la lengua propia en un territorio dado ni atentar contra el derecho inalienable del ser humano del uso de su lengua materna que, como bien lo remarca Solà, sería atentar contra su identidad individual y social.

A partir de la normalización lingüística de Cataluña en 1983, que luego se extendió a otros territorios de habla catalana, el catalán ha ido recuperando sustancialmente su espacio público y oficial (la recuperación del espacio privado ha sido más lenta de lo deseable: el lograr usuarios activos del catalán, es un reto interno todavía por resolverse). La lengua catalana se está sintiendo otra vez como "natural" en su propio territorio, como también se ha venido naturalizando el uso del castellano en sana convivencia con la lengua vernácula. Este repunte se debe especialmente a las transmisiones radiales y televisivas en catalán, sobre todo de programas populares de amplia recepción, como el fútbol, por ejemplo. Este punto es tratado más detalladamente por Francesc Vallverdú, quien considera que los medios de comunicación y los medios audiovisuales, en general, han ayudado de manera importante al proceso de recuperación cultural y a la normalización lingüística del catalán. Apoyándose en los valiosos trabajos teórico-prácticos de Joshua A. Fishman, Vallverdú hace un diagnóstico del "estado de salud" de la lengua catalana, que ha ido "mejorando" particularmente a partir de 1983 cuando se aprobó en Cataluña la Corporación de Radio y Televisión la cual puso en funcionamiento una red de emisoras y un canal de televisión que transmiten en lengua catalana. Esta iniciativa ha contribuido al aumento de la comprensión del catalán a un 94% y al incremento del 'hablar en catalán' a un 68%.

Aunque todos los estudios contemplados en este volumen tocan problemas relacionados con el bilingüismo o el contacto lingüístico/literario del catalán con el castellano, (en sus atracciones y rechazos, en sus afinidades y divergencias), hay algunos estudios, que a diferencia de los artículos que acabamos de mencionar, se refieren directamente al bilingüismo literario. Son estos los trabajos de Carles Duarte, de Lluís Alpera y de Antoni Ferrando. Para Duarte, el bilingüismo ha adoptado diversas formas a lo largo de la historia de las letras catalanas. Aunque fue un fenómeno generalizado que los poetas catalanes hasta Ausiàs March escribieran en provenzal, a partir de este autor, considerado como uno de los monumentos de las letras catalanas, empieza a observarse en algunos escritores catalanes un esporádico uso del castellano, que se hace más visible en el s. XVI, con el barcelonés Joan Boscà, fenómeno que se extenderá hasta la época actual. El intercambio lingüístico no se limitó sólo al castellano. El exilio que siguió a la guerra civil, llevó a muchos poetas a publicar en otras lenguas. Los representantes de la "Escuela de Barcelona" como José Agustín Goytisolo, Carlos Barral y José M. Valverde, se dan a conocer como autores por sus textos escritos en castellano. Una vez retornada la democracia muchos poetas, entre ellos el mismo Duarte que, motivados por obvias circunstancias contextuales, habían privilegiado el csatellano en su escritura, empiezan a escribir en catalán. Un símbolo de esta amorosa mirada al país materno, es el poemario *Novísima oda a Barcelona/Novíssima oda a Barcelona* que J. A. Goytisolo publica en ambas lenguas. Antoni Ferrando, por su parte, aborda el bilingüismo en su relación con la llamada "escuela valenciana" representada por poetas valencianos de la época de Fenollar y cuya vigencia se sitúa a fines del siglo XV y comienzos del XVI. Ferrando analiza la amplitud semántica y, hasta cierto punto, la ambivalencia que conlleva esta etiqueta que se refiere a un heterogéneo grupo de poetas. El punto central del artículo de Ferrando, sin embargo, es el de poner en claro generalizaciones erróneas en cuanto a la extensión del biligüismo entre los poetas que formaron esta escuela y a la supuesta tendencia naturalizada de los valencianos hacia el uso del castellano y a las circunstancias históricas que determinaron el cambio de los hábitos lingüísticos de los escritores valencianos de ese período. Lluís Alpera describe el bilingüismo en torno a la figura de la escritora Maria Beneyto quien, aunque de familia castellanoparlante, de niña aprende el valenciano-catalán para convertirse, de acuerdo con Alpera en una escritora bilingüe de primera categoría, quien supo soslayar dignamente las circunstancias y presiones socioculturales adversas que la empujaban al monolingüismo que imponía en la nación el franquismo.

Varios artículos del volumen utilizan criterios o categorías sociolinguísticas o sociosemióticas para referirse a cuestiones literarias o lingüísticas que requieren de un tratamiento más allá de la crítica literaria o lingüística. Esta es la aproximación aplicada, en mayor o menor grado, por la mayoría de los articulistas del volumen que parten del presupuesto que toda preferencia por una forma literaria o lingüística está siempre condicionada por el entorno social y cultural de sus emisores y receptores. Así Josep Saval demuestra que para explicar ciertas particularidades de la canción popular mallorquina no debe tomarse como criterio único la insularidad geográfica, sino que hay que considerar igualmente las fuerzas sociopolíticas que generalmente determinan la naturaleza de todo discurso o texto cultural. En una línea similar se encuentra el ensayo de Milton M. Azevedo, cuya rigurosa aplicación de categorías sociolingüísticas le permite obtener interesantes conclusiones. En su acercamiento analítico a las dos versiones, en catalán y castellano, de la novela *Els Argonautes/Los argonautas* de Baltasar Porcel, Azevedo hace interesantes observaciones sobre el proceso de traducción las cuales tienen una validez que transciende el análisis particular de los textos de Porcel y que adquieren especial relevancia cuando se estudia el caso de un autor que vierte su propia obra en otra lengua. En una traducción no sólo hay que poner la atención en los sub-sistemas gramaticales (sintáctico, semántico, morfo-fonológico) de las lenguas pertinentes, sino también en aquellas variantes determinadas por la situación elocutiva de los sujetos ficticios (narrador/narratario) o la situación de enunciación real (autor/receptor potencial). En efecto, aquello que puede ser adecuado para los receptores de un entorno específico, puede resultar insuficiente cuando la recepción se extiende más allá de las fronteras de tal entorno. Si se quiere lograr una buena traducción, todos estos reajustes y modificaciones de carácter sociolingüístico deben ser considerados. En terreno teórico más cercano a la sociosemiótica se sitúa el artículo de Maria Concepción Bados-Ciria, quien estudia dos novelas policiales: *Tatuaje* de Manuel Vázquez Montalbán y *Estudi en lila* de Maria Antònia Oliver. A partir de la oposición de Bachelard *espacio hostil/espacio favorable* y de las categorías greimasianas *disforia* vs. *euforia* y el concepto de *isotopía*, Bados-Ciria demuestra cómo la imagen de Barcelona, se textualiza a partir de la particular visión/percepción masculina/femenina de sus instancias narrativas o de sus protagonistas. Jaume Ferran en su artículo "La generación de los '50 en Cataluña," encuentra entre los escritores de esta generación que le correspondió vivir "en uno de los momentos de mayor peligro para la lengua catalana" un motivo recurrente, el motivo de "la ciudad soñada," aquella ciudad que se construye a través del recuerdo o del imaginario. En ambos casos se trata de una "ciudad de palabras," de una construcción ficticia, el espacio feliz, que le dio aliento vital a muchos escritores catalanes en el exilio exterior o interior.

La literatura, en general, es un palimsesto, un trenzado de textos que se reflejan y refieren constantemente unos a otros. Si a esta intertextualidad literaria añadimos la compleja red de textos culturales (ideológicos, históricos, etc.) que atraviesa a todo texto literario dejando una huella, ya no es posible mantener obstinadamente aquellos estudios literarios puristas, intrínsecos e inmanentistas que eran postulado por el llamado "New Criticism" ni tampoco los estudios lingüísticos que empleen categorías puramente gramaticales, dejando de lado todas las variables relacionadas con un acto de habla. De este modo, cuando se intenta llevar a cabo un estudio literario o lingüístico, sea diacrónico o sincrónico, es necesario asumir el objeto bajo análisis tomando siempre en consideración su posición en el contexto cultural en que se inserta. Así, en el artículo de Roberto González Casanovas, desde una perspectiva historicista, se hace un estudio comparativo entre la *Estoria de Espanna* de Alfonso X el Sabio con el *Libre dels feits* de Jaume I, se postula que sus diferencias están determinadas por los distintos contextos culturales y los diversos subtextos políticos que las sustentan; de cómo en esta diversidad, las dos obras, comparten un ideal común, cual es el de "traducir en una historiografía nacional los propios códigos de ética y programas de acción de la corte." Estos distintos contextos culturales, subtextos políticos e ideológicos han sido la razón principal del distanciamiento y determinado la discordante relación que han mantenido por siglos castellanos y catalanes. El artículo de Héctor Brioso rastrea las huellas de las muchas antipatías y pocas simpatías (el espacio que el articulista dedica a las antipatías en un buen indicador de esta desproporción) estampadas en algunos textos clásicos. Este antagonismo hacia los catalanes es lo que, de acuerdo a Charles J. Merrill, llevó a ocultar o desvirtuar el verdadero origen de Cristóbal Colón, cuyo apellido Colom lo uniría directamente al árbol genealógico catalán. El origen catalán del Almirante, aduce Merrill, ha sido escamoteado sistemáticamente por medio de la censura, el adulteramiento y la supresión. Si Colón es efectivamente catalán, el primer documento que se escribió sobre el

Nuevo Mundo, el más importante de la historia de Occidente pertenecería al acervo de las letras catalanas.

Ante este clima adverso, los catalanes tuvieron que inventar ingeniosas estrategias para defender su patrimonio lingüístico-literario. Una de estas estrategias, de acuerdo con Joan Triadú, la más cuerda y efectiva, debe ser la de abrir la cultura catalana al exterior, proyectarla más allá de sus fronteras. La defensa por el autoenclaustramiento, es una táctica que no puede funcionar. Un ejemplo de esta apertura es la dada por Carles Riba, cuya potente voz en defensa de las letras catalanas constituye un modelo que es necesario imitar con el fin de asegurar el respeto y reconocimiento de la lengua catalana y su cultura en el territorio ibérico y el universal. Este transvasamiento tiene que ser mutuo. Así lo entendió también Ignaci Ribera i Rovira quien, como lo constata David Viera, tan pronto como se trasladó con sus padres a Portugal siendo aún muy joven, emprendió la tarea de traducir al catalán y castellano textos de autores portugueses y viceversa, gracias a lo cual dio a conocer obras de jóvenes autores portugueses que más tarde alcanzarían fama dentro de su país, como también textos de autores catalanes que eran desconocidos en el mundo lusitano.

Manuel Durán hace un recorrido por la historia de la literatura castellana y catalana para destacar tanto sus afinidades como diferencias, para enfatizar el substrato común en que se cimientan y las influencias mutuas compartidas. Durán selecciona aquellos rasgos distintivos que definirían a cada literatura. La literatura castellana se caracterizaría desde temprano por su apego al contexto histórico social, por sus personajes populares fácilmente reconocibles en una realidad inmediata y por el tono moralizante de su emisor; la catalana tendería a ser más bien aristocratizante, más refinada e intimista; el viaje que se emprende en ellas no es hacia afuera, como en caso de la literatura castellana, sino hacia adentro, hacia la intimidad del ser. A medida que ha pasado el tiempo, con hiatos largos o breves, la intertextualidad entre ambas literaturas se ha ido haciendo más visible, y sus relaciones más estrechas y productivas.

Una de las figuras de la literatura catalana a quien Manuel Durán destaca merecidamente es la de Ausiàs March cuya importancia es también enfatizada por dos articulistas del presente volumen: Patricia Heid y Peter Cocozzella.

Heid sostiene que a pesar de que la influencia de Ausiàs March se ha reconocido por siglos, es sólo en el XX que empiezan a perfilarse mejor los rasgos de tal influencia. Heid se centra en la influencia que March ejerce sobre Garcilaso, particularmente en el uso de la analogía en la forma de símil y alegoría. La autora demuestra cómo el poeta castellano se vale de March para incentivar y darle un nuevo rumbo a su poesía. Este cambio se advierte en la nueva perspectiva del yo poético, que de simple participante se transforma en un yo distanciado, fenómeno el cual condiciona a su vez un mayor predominio de la descripción visual. Por su parte, Cocozzella enfoca la influencia de March en el poeta castellano a partir de la "Egloga II" que es caracterizada por Cocozzella como un texto muy complejo, que posee múltiples niveles el cual, por esta particular configuración se asemejaría a un palimsesto en que sincréticamente se amalgamarían los más dispares elementos. Esta técnica composicional hermanaría a Garcilaso con el insigne escritor catalán.

En este recorrido paralelo o entreverado de entre lengua y literatura catalana y castellana, hay todavía muchos lugares o puntos de encuentro que es necesario precisar y dilucidar. Tal es el caso de la traducción del castellano al catalán de las fábulas de Esopo, tema que es discutido en el articulo de Edward J. Neugaard. Aunque no hay consenso al respecto, se piensa que la traducción misma de la obra de Esopo al castellano no proviene del latín, sino que más bien proviene de una traducción alemana. Por otra parte que la versión catalana sea una traducción de la castellana, todavía no es ampliamente sostenida. Neugaard observa que todavía no existe un estudio comparativo entre las versiones castellana, alemana, francesa e italiana, como tampoco se ha profundizado en la relación existente entre las versiones catalana y la castellana. Este trabajo comparativo puede llevar a conclusiones más definitivas sobre el estatus de la traducción catalana.

El título del artículo de Pilar G. Suelto de Sáenz nos ha llevado a situarlo al final en esta introducción a este volumen. Mi posición sobre la posmodernidad es una de optimismo donde términos como decadencia, indiferencia y antiestético no son los más definidores de este movimiento cultural contemporáneo (pese a la tendencia a relacionar estos términos junto al concepto de posmodernidad). El movimiento posmodernista surge con perfiles reconocibles en los años sesenta con el advenimiento de los movimientos de liberación (mujeres, negros, etc) que clamaban por un reconocimiento de la diferencia al mismo tiempo luchaban por la igualdad de derechos y privilegios ciudadanos. Gracias a este movimiento, culturas o etnias marginales empezaron a luchar por una convivencia pacífica y por el justo derecho en compartido espacio material y espiritual. La televisión satelital nos conecta ahora con lugares del planeta que ni siquiera existían en nuestra imaginación y nos está acostumbrando a la diferencia, a aceptar otros sistemas de valores que no son los nuestros, al mismo tiempo que, muchas veces sin percatarnos, a modificar nuestros propios códigos culturales. Sin embargo, esta influencia en vez de poner en crisis nuestra identidad individual o social, la enriquece. Lo esencial de nuestro ser cultural siempre permanece. La apertura del mundo catalán al resto del país y del mundo no alterará la esencia del 'ser catalán', el "seny" de que habla Pilar Sáenz apoyándose en Ferrater Mora y en dos obras de Eugenio d'Ors.

La publicación de este volumen es el mejor modo con que se pueden celebrar los setenta años del profesor Solà-Solé, un destacado y entusiasta promotor de la cultura catalana en los Estados Unidos. Al mismo tiempo, es una muestra del compromiso hacia la lengua y literatura catalanas en el ámbito del Department of Modern Languages and Literatures de The Catholic University of America y, sobre todo, de su Center for Catalan Studies, que desde años Solà-Solé dirige con tesón y diligencia.

I. Point-Counterpoint

Manuel Duran

CATALAN AND CASTILIAN LITERARY VOICES THROUGH THE CENTURIES

Two old cultures, the Catalan and the Castilian cultures, living next door to each other, learning from each other, unavoidably make one think of two families who live in the same apartment house.

One of them, the Castilian family, occupies the largest apartment in the building. It is spacious, and that is good, since it is a numerous, extended family, with many friends and relatives in other buildings near and far away.

The Catalan family lives in a much smaller apartment. Yet it is well furnished, even, some neighbors say, elegantly furnished in some of the rooms. The apartment, moreover, enjoys a wonderful view. On one side, beyond the snow-capped mountains, one can see the pleasant valleys and hills of Southern France, the land where the Troubadours used to compose their passionate yet enigmatic love poems.

On the other side the balconies face the blue Mediterranean Sea. On a clear day one can see forever. Or rather one can catch a glimpse of glorious cities in the Italian coastline and beyond—Genoa, Pisa, Florence, Naples. If the day is exceptionally clear, one can even sense the far-away presence of the Greek coastline and islands, and even beyond them the handsome buildings of palaces and churches in Constantinople.

The Castilian family is constantly building new additions to their apartment. It is already comfortable, and its inhabitants are justly proud of their great talent in many fields, especially arts and letters. They are also great travelers, explorers, soldiers. At a certain point their influence stretched all over the city, in other words, all over a great stretch of several continents. Nowadays they control less space, yet they continue to be highly creative, and justly proud to be Castilians.

Some neighbors whisper behind their back that they can be occasionally arrogant and that some members of the family believe mistakenly that the whole building with all its apartments belongs to them. Friction between them and their neighbors has often developed. Fortunately, of late the inhabitants of the Castilian apartment have become wiser, more tolerant, more understanding, even more curious to find out what the people living in the other apartments are doing. Perhaps they can learn from each other. Tolerance when united to curiosity is perhaps the very foundation of wisdom. Could it be that at long last everybody in the building has become wiser, that at last all the neighbors are ready to learn from each other?

If this is the case, then it is necessary, even urgent, to take inventory, in order to find out what each human group can contribute to the others. This is probably the best way to reinforce their solidarity, to make everybody understand that friendship, mutual respect, even admiration, started among them a long time ago and should continue to flourish ever more prosperously today.

This essay will necessarily sketch on a vast canvass, tracing broad lines, illuminating only certain areas, certain highlights of this grand design.

* * * *

As soon as one starts comparing the origins of Catalan and Castilian literatures, one comes upon strong points of similarity, and also, at the same time, upon many remarkable differences. Perhaps the main difference that comes to mind is the fact that scholars do not find in Catalan literature anything that resembles the *Poema de Mío Cid.*

It is hard to understand and analyze a work of art or a great literary masterpiece, harder still to explain the absence of its counterpart in another culture. What exists can be linked to other works, its roots can be explored. What does not exist is simply a blank, a desert, an unexplored plain. One explanation of the absence of a Catalan Medieval epic is this: Italian literature, one of the richest and most influential literatures of the Medieval period, also lacks an epic poem. The *Divina Commedia* is a philosophical, perhaps even a mystical poem, not an epic poem, and Italian Renaissance epic poems follow a different set of rules and are created along new aesthetic principles. Italian city-states, with their incipient bourgeoisie, were not the best breeding ground for the epic spirit. In Catalonia, too, the importance of cities, especially Girona and Barcelona, and the emphasis on trade and partial independence from feudal lords may have dampened the heroic spirit.

And yet perhaps the main reason for the absence of an epic Catalan poem is simply that the great military effort of Catalonia came when, after the battle of Muret had thwarted the movement of Catalan influence towards the North, all the energies of the young country were turned against the South, towards the Moorish countries of Valencia, Majorca, Murcia. This was a glorious moment for the Catalan knights, and certainly much material for an epic poem could have been available at that moment. Yet is was historians, not poets, who took hold of the events that took place in the thirteenth and fourteenth centuries. The mood had changed, the creation of collective myths had been replaced by a need to relate facts of contemporary history that might justify decisions made by leaders, enhance their international prestige, perhaps establish new political and juridical grounds leading to further conquests. History, even when written by responsible historians, is seldom wholly impartial. Yet the Catalan chronicles offer a precious glimpse into a world of action —urgent, violent, successful action.

At the moment these chronicles were written, there was no counterpart of them in Castile, nothing that could be fully compared with the description of the great thrust of Catalan warriors towards the South and then towards the East, across the Mediterranean, "the bridge through the Blue Sea," as Lluis Nicolau d'Olwer labels the Catalan expansion in the Eastern Mediterranean.

Returning to Castile and the development of Castilian epic poetry, the *Poema de Mío Cid* is an epic poem that, as Menéndez Pidal has shown, keeps close to historical events, simplifying them on occasion and adding a few details but without exaggerating the main facts. The whole tone of the poem is sober, realistic, down to earth. The Cid is a man like any other, only stronger and more capable. He wants to make money and marry his daughters well. He is a man of flesh and blood, not an idealized, almost supernatural figure such as Roland. In the French epic, by contrast, the poem draws the reader from the very beginning into a never-never land of wonders and legends. The first lines inform us that the Emperor Charlemagne is probably two hundred years old. Roland with a small band of sixty warriors defeats a Saracen army of one hundred thousand soldiers. Archbishop Turpin, though gravely wounded, kills four hundred with his own sword. Charlemagne prays for the sun to stand still in the heavens so that he may have time to overtake the enemy, and the sun obligingly stops. The Archangel Gabriel descends to take the glove which the dying Roland has offered to God in token of his fealty.

The Spanish epic poem, on the other hand, gives a sense of truth, of actuality. One could state that the general impression a modern reader receives is that the Spanish epic is half way between an epic poem and a chronicle.

Catalan literature does indeed offer readers a text that can easily be compared to the Castilian epic poem. It is the *Libre de Feits*, or Chronicle of the Reign of James the First, or Jaume Ier, el *Conqueridor*. It was written by unknown authors under the supervision of the King himself, who assumed a strong control over the elaboration of the text, which is written in the first person. Jaume is the speaker, the narrator, and his comments are lucid and sometimes highly dramatic. The whole Chronicle reads more like a novel than like a book of history. Perhaps this is due primarily to the fact that at the core of the text there is probably another, older text, possibly a Catalan epic whose original text has been lost but that was turned into prose and then completed and enriched by the personal memories and thoughts of the Catalan king.

The main subjects of the Chronicle are the conquest of Majorca, the siege of Valencia, the diplomatic and political relations with Castile, and the family intrigues and quarrels that took place during the last years of Jaume's life. Battles, a siege, and Machiavellian plots all contribute to an exciting text which offers a glimpse of the real world of Medieval Catalonia as seen from the Court and from the mind of a king that was brave, intelligent, thoughtful, ever concerned about the well-being of his soldiers and his subjects. One could say that almost certainly one epic poem, and perhaps two, lay hidden inside the chronicle, like the duck inside the wolf in "Peter and the Wolf," and yet so far it has been impossible to coax them out of the prose text.

The *Crònica de Bernard Desclot*, written around 1285, is a description of events that took place during the reign of Pere II, many of which the author witnessed. It is a model of objectivity, precision, and rigor. A true historian, the author knew how to organize facts and relate them to motivations, causes, and roots. He knew how to see connections, draw inferences, and underline the consequences of human actions. It is obvious that Catalan historiography had matured during this century. The *Crònica de Ramon Muntaner* and the *Crònica de Pere III* are also worthy of attention. Both were written in the fourteenth century, a period of troubles for most Western European countries, when the plague came from the Orient. The Black Death decimated almost every city in Europe, the Church was almost destroyed by inner divisions, and Eastern Europe suffered new invasions. Yet for Catalonia it was still a period of expansion towards Italy and the Orient. The Muntaner Chronicle, especially, has the immediacy and warmth of an autobiographical narrative, and the section dealing with the Catalan expedition to the Eastern Mediterranean offers intense drama among exotic settings.

Meanwhile, Castilian literature follows a path that in some respects reminds its readers of Catalan literary productions, while in other ways is quite different and highly original. The highlights of Castilian Medieval literature are the Castilian epic, the didactic yet personal and touching poems of Gonzalo de Berceo, the splendid, disorganized, exuberant, chaotic, contradictory, and captivating texts that the Archpriest of Hita wrote under the title *Libro de buen amor*, the rich collection of poems under the general title of "Romancero," and the mannered yet elegant poetry of the fifteenth century *Cancioneros*, with Santillana, Juan de Mena, Jorge Manrique, together with the first romances of chivalry, without forgetting the profusion of prose works drafted under the direction of Alphonse the Wise or Learned, Alfonso el Sabio.

It is now time to point out what the literature of Castile and that of the Catalan-speaking countries have in common, and in which ways they differ, first from the vantage point of the thirteenth and fourteenth centuries, and then as seen at the end of the fifteenth century, when the soft winds of the Renaissance start blowing from Italy towards the Iberian Peninsula.

highest point of development between 1150 and 1200 in Southern France. As the Swiss essayist and scholar Denis de Rougemont has stated, the Provençal Troubadours are the inventors of modern love, a sophisticated, intellectual relationship between men and women that is at the root of romantic love and is still one of the great forces driving the modern world. Love was a civilizing force, a school of moral education in which people raised themselves to the highest good and beauty. Provençal poetry was carried to Galicia and hence to Portugal by the pilgrim route to Santiago de Compostela in the second half of the twelfth century. French influence was especially strong in the kingdom of Portugal, which had been founded by Henry of Burgundy. The Galician lyrics of the twelfth century were essentially love songs that were assumed to be sung by women, and therefore were known as "cantigas de amigo." Some of the *cossantes* and *alvoradas* reach high levels of aesthetic effect in a slow unfolding movement of the verse. Images do not abound, but the complex metric forms allow the poets a framework in which they could display their virtuosity. In the thirteenth century Galician had become the language for lyric poetry not only in Galicia and Portugal, but also in Castile. Meanwhile in Catalonia the poets were also abandoning their language and were writing poetry in Provençal, or in *llemosí*, poetry inspired by the example of the troubadours. The temptation to imitate a poetic school that offered so many technical innovations was too intense to resist. Poets like Guillem de Berguedà, in the twelfth century, Guillem de Cabestany, Ramon Vidal de Besalú, and Cerverí de Girona, in the thirteenth century, wrote in an artificial, old-fashioned language that was not quite *llemosí* and not quite Provençal, often using Catalan words and expressions, poems that were sometimes exquisite, occasionally obscure, full of allusions that may have been understood at that time but the meaning of which has often been lost for readers of today.

One can see that from the very beginning both literatures subject to very similar outside influences. Provençal, Moorish, and Jew influences play a role in both instances. Americo Castro has pointed o the ways in which the Archpriest of Hita's *Libro de buen amor* can t linked to the Arabic culture and system of values. Likewise, certai Catalan authors, such as Llull and later Anselm Turmeda, will be almos mesmerized by the Arabic presence and will write many of their works in reaction to such a presence and often influenced by it, consciously or not. Similarly, the Jewish influence, present in Castile with Sem Tob and later with many other *converso* authors, is an important constant in Medieval and Renaissance Spain. One need only mention *La Celestina* and Rojas, as well as the fact that of the three greatest humanists Renaissance Spain produced, that is to say, Luis Vives, Luis de León, and Antonio de Nebrija, the first two, Vives and León, came from families who were originally Jewish and had converted to Christianity. Nothing of the sort can be found among Italian, French, or English humanists. As for Catalonia, the Rabbinical school of Girona was very active until the fourteenth century pogroms and continued working until 1492. Its impact upon Catalan writers is a subject that deserves careful examination.

The rise of lyric poetry offers certain aspects common to both Catalan lands and the lands of Central and Northern Spain. Two traditions take shape in the Spanish area, each deriving from the folklore of a particular region. One is the Castilian-Andalusian, based on the *villancico*, that is to say, the romance form of the Arabic stanza called *zéjel*. The other is the Galician-Portuguese of the *cantiga de amigo*. This last tradition became paramount in the early middle ages, while the former would have to wait until much later, when it was adopted by the cultured classes in the fifteenth century.

The dominant Galician-Portuguese poetic tradition owes much of its vitality and refinement to the Provençal tradition, which reached its

In both cases Castilians and Catalans write in a language that is not theirs. Catalans, however, were much closer to Southern France, geographically, linguistically, and spiritually, than Castilians to Portugal and Galicia. On the whole the tone of Medieval Castilian literature is energetic and optimistic, thus contrasting clearly with the vague melancholy tinged with *saudade* of the Galician and Portuguese poets. Yet King Alphonse the Wise in the thirteenth century chose Galician as the language in which he composed his four hundred songs celebrating the saintliness and the miracles of the Virgin Mary, his famous *Cantigas de Santa María.*

Alfonso X, surnamed El Sabio, has something in common with a great Catalan-writing author from the island of Majorca, the famous Ramon Llull. Both belong to a relatively happy century, the thirteenth century. Both were hard workers, prolific writers dealing with many subjects. Both accomplished much in the field of prose. The similarity, however, encompasses only part of their work. Both helped to create a standard prose in their respective languages. Both were fascinated by history and science, by what one would call today sociology and psychology, as well as by the natural sciences. Both devoted part of their literary effort to poetry.

Llull, however, was more intense, more heroic, in his life as well as in his writings. The Castilian King excelled at organizing and coordinating vast projects. Most of the works he signed were in fact the result of the work of many other writers and scholars.

Alfonso's great contribution would have been impossible without the close collaboration of teams of translators, both Christian and Jewish, and their mutual interest in Arabic culture or, more often, in culture transmitted by Arabic writers. The presence of Arabs and Jews around the vast production sponsored by the Christian King is a basic fact. For a few years, and in a few writing rooms and libraries, there was true cooperation and understanding among the three great religions in the Iberian Peninsula. It was a brief Golden Age, soon to be destroyed by suspicion and fanaticism.

Ramon Llull offers much the same as Alfonso. In his intellect one sees a constant presence of Christian and Arabic values; occasionally he also acknowledges Jewish texts and religious ideas. A synthesis of all the great religions, Llull probably thought, was not only possible but greatly to be desired, and it could come to pass only if the discussion took a theoretical, abstract turn, one that would be rational and also develop the necessary symbols and abstractions that could supersede the controversial technical and theological interpretations offered by the different holy texts.

Llull was fascinated by the Arabic culture. He learned the Arabic language and enjoyed some of the most sophisticated Arabic and Sufi mystical poems. He was also the author of mystical texts and created single-handedly the Catalan novel. Psychologically more refined and advanced than the Spanish monarch, some of his texts, such as the famous *Libre de les besties*, remind readers at the same time of a psychological novel, an Oriental fable, a Machiavellian description of a cynical and corrupt royal court, and a symbolic text close to a modern fable such as George Orwell's *Animal Farm*.

Moreover, Llull is the first writer to deal with philosophical and scientific matters in Catalan, and with two hundred forty-three published works, in Catalan and in Latin, besides his Arabic works, which have been lost, one could say that he is by himself a whole literature. In his *Ars Magna* he uses logic as a springboard towards metaphysics. His mystical texts, among which the *Libre de contemplació en Déu* and the *Libre de amic e amat*, which is part of *Blanquerna*, have no parallel in his generation in Castilian literature, and scholars will have to wait until the sixteenth century and the great Spanish mystics in order to find books that can be compared with Llull's mystical works.

Perhaps a preliminary conclusion at this moment can be that it is almost impossible to compare two literatures such as the Catalan and the Castilian. Both are rich and important, both have much in common, yet each retains a distinctive flavor and personality. Castilian literature is perhaps more democratic and popular in its beginnings, and offers the epic poem around the Cid and the lively, multifaceted book by the Archpriest of Hita. It can be said that the populist vein in Castilian literature is a solid one, and that it endures from the epic poem and the ballads written around the Cid to modern times in this century, with Lorca's ballads, without forgetting the fifteenth century emphasis on the "Romancero" and folk poetry, and later on, in the Golden Age, with Lope de Vega and his efforts to put plain peasants on a pedestal, exalting their valor in a play such as *Fuenteovejuna.*

Indeed, there can be no doubt about an essential fact: the most interesting and enduring characters created by Castilian literature are men and women of the people, close to the soil, rooted in the land. Compared to the noble Infantes de Carrión, the Cid is a mere upstart, not much better than a peasant. The Archpriest of Hita is as earthy as any writer can be. Perhaps the most interesting and lively character in Spanish literature is Celestina, a woman who is down to earth in her attitudes, her philosophy, her tastes. Later on, Lope de Vega's peasants, such as Peribáñez, turn out to be smarter and more high-principled than the overbearing Commanders who snobbishly despise them. Later still, in the nineteenth century, the best fiction writer Spain has produced in the modern era, Benito Pérez Galdós, built his best two novels, *Fortunata y Jacinta* and *Misericordia*, around two unforgettable women, Fortunata and Benina, with clear and authentic roots in the lower classes. One should not forget, of course, Lazarillo and all the other heroes, or antiheroes, of the numerous Picaresque novels. Moreover, in Cervantes' *Don Quixote*, it is the man of the people, Sancho, who slowly takes the upper hand in the second part of the novel, where his character develops fully and his role within the plot increases steadily until he almost eclipses the main protagonist, Don Quixote.

Compared to these Spanish characters, the heroes of Catalan literature are more refined and aristocratic, whether the Troubadours, or Ramon Llull, Jordi de Sant Jordi, Auziàs March, or the noble and courageous knight, Tirant lo Blanc, created by Joanot Martorell, himself a knight.

So far the essay has described two literatures that have grown side by side, under similar influences and necessarily have many common traits, yet it is the points in which they differ or diverge that have come first to mind. As one sees, Castilian literature is rooted in the soil and often adopts a moral tone, an ethical attitude. Catalan literature is better at examining psychologically the individual self. It produces, in the Medieval period, several attempts at autobiography. Moreover, Catalan literature is more open to external influences. It looks more closely, during the Medieval period, to the visions that come from Southern France, from the Arabic countries, and from Italy. One example comes to mind: its most distinguished writer during this period, Ramon Llull, was able to produce important works in his own native language, Catalan, and also in Provençal, in Latin, and in Arabic. There is no single writer in the rest of the Iberian Peninsula, let alone Castile, who could come close to this accomplishment.

Catalan literature offers the Catalan troubadours and Ramon Llull. Castilian historians around Alphonse the Wise try to construct a general panorama of world history, while Catalan historians and chroniclers are much more concerned with contemporary history. One can say that a pear is a fruit, and so is an apple, and that both are edible and delicious.

Beyond this, one deals with individual preferences and with pride in each cultural tradition.

The fifteenth century is especially important for the relationship between Catalan and Castilian literatures. It is the century of Auziàs March, and also of Joanot Martorell. Both carry their favorite genres, lyrical poetry in one case, the novel in the other, to full flower. In both cases their work is noticed beyond the borders of Catalan language. It is both noticed and influential. For the first time, if one sets aside the much admired and much misunderstood works of Ramon Llull, Catalan literature reaches a truly international dimension. This is a just victory, since there is no doubt that March is a great writer, perhaps the finest poet in Europe in the first half of the fifteenth century, and Martorell is one of the most distinguished pioneers of the modern novel, and scholars are always conscious that one of his many readers was Cervantes. For them, readers and admirers of Catalan texts, this is a reason to rejoice, and yet they are all too aware that they are listening to a swan song: classical Catalan literature seems to have exhausted its voice after these great efforts, and like the waters of a river flowing through a porous soil, it will disappear underground, only to reemerge, slightly changed, in modern times.

Anyhow, the Catalan candle, burning at both ends, does not last, but it sheds a strong light while it burns. Of the two major Catalan authors, it is the influence and prestige of March that has been best documented. He was highly praised by the Marquis of Santillana, who in his Letter to the Constable of Portugal described March as a "gran trovador, e home de assaz elevado espíritu," as well as by Joan Boscà Almogàver, that is to say, Juan Boscán, who most probably introduced March's work to his friend Garcilaso de la Vega. In addition to the thirteen surviving manuscripts copied during the fifteenth and sixteenth centuries, his poems were collected and published five times during the sixteenth century—once in Valencia, once in Valladolid, and three times in Barcelona. His poetry was also translated into Castilian by Jorge de Montemayor in 1560 and into Latin by Vicenti Marineri in 1634.

As Kathleen McNerney states, "the austere and tormented muse Ausiàs March, so different in his sensibilities and introspection from his Provençal and Italian predecessors, transcended the boundaries of time and space, forming an integral part of the evolution of Castilian poetry in the sixteenth century. So great was the influence of the Catalan poet of Love and Death in the Renaissance of the Castilian lyric that it can be compared with that of Petrarch, especially in its themes and striking imagery."[1] March influenced Boscán, Garcilaso, Fernando de Herrera, Hurtado de Mendoza, Gutierre de Cetina, Fernando de Acuña, Jorge de Montemayor. The critic José María Blecua sees traces of March's thought in Quevedo, particularly in Sonnet 471, one of the greatest sonnets of Castilian literature, "Amor constante más allá de la muerte."

Yet, at this very moment of triumph Catalan letters went into eclipse. They were betrayed by the Catalan nobility that had in large part created them. Llull was the son of a very distinguished and noble Catalan family, and moreover his book on chivalry became a standard for several centuries; Ausiàs March was a member of the Valencian nobility; Joanot Martorell was a knight. Catalan-speaking aristocracy followed the King to Aragon, then to Castile; they were co-opted, seduced, mesmerized by the new glory of Castile, and abandoned Catalan as their language. They paid dearly for this defection. Their punishment was silence and sterility. They contributed nothing, or next to nothing, to the Castilian language and literature they had adopted.

Catalan literature would have to be rebuilt along very different foundations. Meanwhile, Castilian letters flourished. After Rojas's *La Celestina*, a masterpiece that Shakespeare would have been happy to sign, Castilian letters create the great building blocks of the Golden Age's sumptuous palace, the poetry of Garcilaso, Luis de León, Saint John of the Cross, Herrer, Lope, Góngora, Quevedo; the national theater, from Lope to Calderón; the extensive prose writings of the Picaresque novels, the essay writers, finally the masterpieces of Cervantes. The list can go on and on.

Yet, also suddenly, there is pause, a hiatus, a void. From the death of Calderón to the first novels by Galdós, Pardo Bazán, and Valera, in the second half of the nineteenth century (and this is precisely the period when Catalan literature wakes up from its long hibernation), Castilian literature produces little that can be projected internationally. The only exceptions could be a few essays by Larra, one or two poems by Espronceda. The eighteenth century offers almost no great poem, no distinguished play (Moratín's plays are written at the very beginning of the nineteenth century). How can this void be explained, and is it in any way connected to the silence in Catalan letters that precedes it by two centuries and a half?

Perhaps at the end of the Baroque period, towards the last years of the seventeenth century, there is a double failure. Writers seem to disappear or become silent, but the public of readers and theater-goers have ceased to read carefully or to listen to them anyhow. Cervantes wrote a great novel, *Don Quixote*, as a funny book, a cautionary tale, a social satire, and an experimental novel, all at the same time, a most complex and compelling work of art. Yet his readers and critics could see in this great novel only, and exclusively, a funny book. It had to be discovered abroad, by Frenchmen, Englishmen, and ultimately German Romantic critics before it received its due in Spain.

There is more: Golden Age literature, at least in its first generation of writers, had established a firm moral tone. The Odes by Luis de León, as well as his great prose work, *On the Names of Christ*, and also Saint John of the Cross's poems, and Saint Theresa's autobiography, among many other books, come to mind. Even a novel such as *Lazarillo de Tormes* can be read as a courageous effort at social criticism and a rebuke of the official Church. Perhaps the greatest accomplishment of this first generation is to pay attention to aesthetic values, to enhance the beauty or effectiveness of style, without losing sight of the social and elevating role of literature. When one compares a work of the sixteenth century such as *Lazarillo* with a similar Picaresque novel of the Baroque period, such as Quevedo's *Buscón*, one realizes how deep and dehumanizing the change has been. Quevedo feels no sympathy for his characters. On the contrary, he is aloof, cold, and cruel. The emphasis is upon language and how to twist it into puns. Characters are less real than the language used to describe them. There is a tendency towards self-reference in Baroque literature: Lope writes a sonnet, "Un soneto me manda hacer Violante," all about the art, or perhaps the miraculous facility, of writing a sonnet. Self-reference may be great fun, but it cuts literature from its sources in the real everyday world. In a long poem such as Góngora's *Soledades* readers may enjoy the poet's original metaphors, yet they see Nature so thoroughly transformed and filtered through intellectual and erudite mythological references that they lose touch with the sights, sounds, and smells of the real world. Perhaps the point was to create a poem emblematic of the true situation of the Spanish Empire, more and more besieged by its enemies, and always precariously on the brink of bankruptcy: the poem deals with a young man who is shipwrecked, has lost his beloved, and wanders without a clear goal through a landscape of elusive beauty where he finds few friends and fewer opportunities. Yet not a single reader of the poem could at that time envisage such a meaning to Góngora's poem.

In other words, the state of Spanish society, economy, and politics became a drawback to the writers of the Baroque period, much in the same way that it had hindered the writers of the early Renaissance and the sixteenth century, but in a more pervasive and destructive way. Still in both periods the dangers to the thinkers and writers were real. Culture wars are a recurring phenomenon. Scholars still do not know exactly why such a literary genius like Fernando de Rojas stopped writing after producing *La Celestina*, but if Stephen Gilman is correct, his status as a *converso* discouraged him from success, which would only have called attention to his ancestry. As for Luis de León, he was punished primarily for being a true Humanist, preferring the Hebrew text of the Bible to its translation into Latin, heeding the advice of one of the first Italian Humanists, Lorenzo Valla, *"Ad Fontes!,"* to always study the original text, not its translations.

The situation of Spanish Humanism was a special one, since of the three greatest Humanists, Luis Vives, Luis de León, and Antonio de Nebrija, the first two were *conversos*, with all the dangers this condition implied. Vives left Spain never to return; León spent almost five years in the Inquisition jail. For Baroque writers who dared criticize the morality of the upper classes or of the Court, punishment was also readily available. Quevedo spent almost five years in jail, and Tirso de Molina and Baltasar Gracián were pressured by their ecclesiastical supervisors to stop writing. More successfully, in Mexico the great Sor Juana Inés de la Cruz managed to resist courageously the censorship of her bishop and her confessor, yet she finally acquiesced into silence. The Inquisition would have silenced Feijoo in the eighteenth century if the King had not extended his protection. The inescapable conclusion is that many of these writers were not only great artists, they were also true heroes.

Meanwhile the crisis of society and state was so serious that a new language was needed to address the pressing problems. Baroque styles had to be discarded in favor of the terse and direct Neoclassical discourse of Father Feijoo, and later Cadalso and Jovellanos.

New ideas were slowly filtering into the Spanish Empire. The rebellion of the colonies was inescapable. From a strictly literary viewpoint, the demise of the Baroque style and Golden Age aesthetic premises meant that no new viewpoint could be found for a long time that would provide a framework for plays, poems, and novels. Finally some poems and plays emerged. The novel had to wait much longer to be reinvented. In the second half of the nineteenth century it reappeared, made possible at last by the influence of foreign models—Balzac, Flaubert, Dickens, Zola. Soon the Russian models would appear. This was an exercise in humility for a culture that with the Picaresque and Cervantes had practically invented the genre.

Yet the recovery of Castilian literature was decisive. The best novels by Galdós and Clarín can compare with the best novels being written elsewhere in their generation. By 1898 this literature was ready to assume its responsibility and became the moral conscience of the whole country. Moreover, the Spanish language and its literature had spread across the world, and by the end of the twentieth century had become one of the great cultural languages of the century, one in which literary masterpieces are being produced on both sides of the Atlantic. Meanwhile, Catalan literature had entered a very creative period, producing poems of epic dimensions (*L'Atlàntida* by Mosèn Cinto Verdaguer), intense dramas such as Guimerà's *Terra baixa*, and realistic novels, especially those of Narcís Oller, appeared to critical acclaim and acquired many readers for Catalan letters. There was a feeling of urgency: Catalan writers had to bring every literary genre up to date; the Medieval past could not guide them, values and styles having changed deeply. Everything was accomplished, and was accomplished well. The essay, especially with Prat de la Riba, Eugeni D'Ors, and many others, was a beacon to the young and to the next generation. These successes were possible because of the long-standing fidelity of the Catalan people to their language. Stubbornness finally paid off and became the solid foundation of a cultural renaissance. This new Catalan literature springs from the bourgeoisie, not the nobility. Aribau's *Oda a la pàtria*, its official starting point, was a poem read to a gathering of bank employees.

Modern Catalan literature is more ironic, subtler, less passionate, on the whole, than Medieval Catalan texts. When one thinks about some of the best poems by Josep Carner, or a novel such as Llorenç Villalonga's *Bearn*, or the almost magical short stories by Pere Calders, one comes to understand that irony has become an essential part of the Catalan psyche.

The rebirth of Catalan literature, synchronized with the uplifting of Castilian writing in the second half of the nineteenth century, has been marked by a mutual recognition, a new sisterhood of the two cultures. Catalan writers have been keenly aware of Castilian authors during the modern period. Many Catalan writers have been bilingual. Castilian writers, often, have been aware of Catalan authors. Unamuno and Maragall corresponded; they admired each other. Galdós gave advice to Narcís Oller. In more recent times the relationship has continued. Goytisolo, Gil de Biedma, Vázquez Montalbán, for instance, are quite aware of Catalan writing. A gifted Catalan poet and critic, Pere Gimferrer, is now a member of the Royal Spanish Academy. As in a Hollywood film with a happy ending, both literatures are walking or riding side by side towards a sunset that is about to become a happy and creative future.

Yale University
New Haven, CT

Note

[1] Kathleen McNerney, *The Influence of Auziàs March on Early Golden Age Castilian Poetry* (Amsterdam: Rodopi, 1982): 114.

II. Language

Lluís Alpera

EL BILINGÜISME LITERARI AL PAÍS VALENCIÀ: EL CAS DE MARIA BENEYTO

Context Sòcio/literari de Postguerra

La situació de l'escriptor català fou més excepcional que mai durant el llarg període de la postguerra civil espanyola. La llengua, d'alguna manera, es va sacralitzar. Per a l'escriptor en català, la llengua en perill de desaparèixer "esdevingué el símbol totalitzador d'una pàtria que calia salvar," segons ens confessa J. Molas. El fet mateix d'editar era pràcticament una tasca extraordinàriament complicada, tant per les traves de la censura, com per la inexistència de lectors. Sense escola, sense mitjans de comunicació, amb les seqüeles de la repressió, el català estava condemnat a viure dins el tancat de la llengua minoritzada, amb les seues funcions ben limitades.

Davant un panorama tan crític, la decisió personal de Maria Beneyto (València, 1925), castellanoparlant (família, escola i formació autodidacta en castellà), per posar en pràctica dins la creació literària un bilingüisme *coordinat*, adquireix un ressò extraordinari. Fou així com l'escriptora de València va posar en marxa, després d'un esforç d'aprenentatge i de formació autodidacta en català, dos sistemes verbals independents que li han funcionat perfectament a l'hora de la praxi literària.

Maria Beneyto va traspassar la barrera de la primera llengua, el castellà, per motius de forta convicció d'identitat amb el país en què havia nascut i al qual havia tornat, i va mostrar tant en la seua obra en català com en la vida un apassionat amor per la terra, per la gent i pel llegat cultural que els valencians han rebut al llarg de la història. Aquesta actitud positiva d'integració i l'enorme capacitat lingüística en la pràctica literària en català han fet possible la consolidació d'una gran escriptora bilingüe al nostre país.

Maria Beneyto ha estat una escriptora que ha publicat alternativament en castellà i en català, amb un còmput d'obres favorable al primer. No ha estat, per tant, el cas de l'escriptor bilingüe que utilitza ocasionalment alguna de les dues llengües—òbviament el castellà—com a llengua instrumental en diaris o altra mena de publicacions, com fou el cas de J. Fuster o de V. A. Estellés. No fou així en el cas de Maria Beneyto, car la seua llengua familiar, com ja hem dit, fou el castellà.

El Bilingüisme de Maria Beneyto

"És una poetessa singular" i "una de les veus poètiques més interessants dels darrers trenta anys," talment com certifiquen els crítics Carbó/Simbor i E. Ferrer Solivares dins els dos panorames de literatura catalana de què disposem per al País Valencià. Corroboren, per tant, els elogis crítics que li van atorgar al seu moment el filòleg M. Sanchis Guarner i l'assagista Joan Fuster, sense oblidar-nos del suport decidit de personatges importants en la poesia espanyola com Vicente Aleixandre o Josep Ma. Castellet, en la seua primera etapa, o l'encoratjament epistolar de Salvador Espriu.

Maria Benyeto ha escrit poesia i prosa en castellà i en català, amb un total de 27 obres (17 en castellà i 10 en català). La relació de la

publicació de les obres en una i altra llengua fins l'any 1994 és la
següent:

1947	*Canción olvidada* (P)
1952	*Eva en el tiempo* (P)
1952	*Altra veu* (P)
1954	*Criatura múltiple* (P)
1956	*Poemas de la ciudad* (P)
1956	*Tierra viva* (P)
1956	*Ratlles a l'aire* (P)
1956	*Antologia general* (P)
1958	*Ratlles a l'aire* (P) (2ª edició)
1958	*La promesa* (N)
1960	*El río viene crecido* (N)
1965	*Poesía (1947–1964)* (P)
1966	*La gent que viu al món* (N)
1967	*La dona forta* (N)
1969	*Antigua patria* (N)
1974	*El agua que rodea la isla* (P)
1975	*Biografía breve del silencio* (P)
1977	*Vidre ferit de sang* (P)
1990	*La dona forta* (N) (2ª edició)
1993	*Antologia poètica* (P)
1993	*Després de soterrada la tendresa*
1993	*Archipiélago (Poesía inédita 1975–1993)* (P)
1993	*Nocturnidad y alevosía* (P)
1993	*Hojas para algún día de noviembre* (P)
1993	*Poemes de les quatre estacions* (P)
1993	*Antología poética* (P)
1994	*Para desconocer la primavera* (P)

Perfil biogràfic

Maria Beneyto naix a la ciutat de València l'any 1925. A l'edat de tres anys, el seu pare decideix de traslladar tota la família a provar fortuna, com a autor teatral, a la capital de l'Estat. Sembla que la il·lusió del pare era tan gran per estrenar algunes de les seues peces dramàtiques a Madrid que va abandonar un bon treball que tenia a València i va embarcar la família en una trista aventura, segons ens recorda l'escriptora en una de les seues novel·les (*Antigua patria*, 1969) d'una manera crítica i àcida, tot i retraure-li les conseqüències en la inestablitat econòmica que la família va patir durant alguns anys fins que a la fi el pare va decidir de tornar a València l'any 1937, en plena guerra civil.

Maria Beneyto, dins l'esmentada novel·la, projecta un sentiment d'il·lusió i vius records per tot allò que havien perdut: la mar, els tarongers, les fulles verdes, el paisatge de València: "Eras del mar, siempre lo fuiste, y te obligábamos de nuevo a la brusca mutación. Tenías que volverte, como todos allí, páramo y meseta. Respirar la sequedad de aquel poniente y no morirte, sino cambiar. Para mí Valencia era un sueño, una nostalgia de la sangre o una luz entrevista, entre naranjos u hojas verdes. Una esperanza más que nada. Para ti Valencia era el agua salada y la dulce humedad. La respiración perfecta, el lugar donde el cuerpo tenía su sitio intransferible. Valencia, más que tu tierra, era tu mar. Y a un ser *anfibio* como tú le traíamos a vivir entre vaharadas de horno."

En efecte, Maria Beneyto esbossa ja uns sentiments que, des del punt de vista psicolingüístic, podríem dir que són de decisió i d'il·lusió per retrobar-se amb la terra, amb l'estabilitat econòmica perduda i, sobretot, amb un paisatge amb què s'identifica plenament: la mar, la verdor, València. Així com també amb el fet diferencial que l'escriptora arrossegava en el subconscient: el català de la ciutat de València.

Com ha declarat darrerament l'autora en una entrevista (*Avui*, 26 set. de 1993) el "castellà s'ha parlat sempre a casa" i com ens ha confirmat personalment, els pares de Maria Beneyto, tot i procedir de famílies valencianoparlants; sobretot la mare, car la mare del pare era francesa i parlaven entre ells el castellà i, per supòsat, li parlaven a la filla en castellà. Per tant, mai no va escoltar el català a casa com a llengua de relació; tan sols, esporàdicament, com un acudit o alguna brofegada. En tot cas, segurament va sentir el català als carrers de València. L'escriptora, tanmateix, no entrarà de fet en un contacte més substanciós amb el català fins al 1937, data en què la família retorna a València, quan ella tenia 12 anys. Serà la gent dels pobles dels voltants, sobretot uns parents de Catarroja i Oliva, qui encoratjarà Maria Beneyto en la competència del català, cosa que li permetrà introduir-se més tard, com a catalanoparlant habitual, dins el catalanisme cultural del País Valencià, als anys cinquanta.

Un canvi en la situació familiar gràcies a una herència, als inicis de la postguerra, va permetre a la família de retrobar aquella estabilitat econòmica perduda. Maria Beneyto tenia aleshores uns vint anys i aquest canvi li va comportar dues coses ben importants: d'una banda, dedicar-se plenament a escriure i relacionar-se amb els cercles literaris respectius d'espressió castellana, catalana i, d'altra, mantenir una independència lúcida i rebel davant les estètiques, les escoles o les diverses llengües del país. Independència no sempre fàcil de mantenir quan en la dècada dels cinquanta fa amistat amb diversos grups literaris, castellans i catalans, a la ciutat de València. Maria Beneyto es trobarà aviat davant una realitat cultural bilingüe, amb les pressions corresponents de cadascun dels grups.

Davant la cruïlla que se li presenta, l'escriptora hi aplicarà una optica pragmàtica. Per un sentiment i una convicció d'identitat amb la seua terra decideix la pràctica literària en català com una opció indivi-dual, alhora que, pel seu monolingüisme famíliar i per la seua formació literària castellana, escriu en castellà i manté contactes amb Madrid, Barcelona i Caracas que l'encoratgen en aquesta llengua. Maria Beneyto serà, per tant, una escriptora monolingüe en castellà que, pel fet de ser plenament conscient de l'existència de les dues llengües en contacte a la ciutat de València, tria l'opció individual del que podríem anomenar bilingüe coordinat per un compromís personal amb el context en què viu.

Creiem, per tant, que és hora ja de rectificar la classificació atorgada a Maria Beneyto d'escriptora bilingüe la llengua "materna" de la qual era el català, com afirmava el mestre Sanchis Guarner (pròleg a *La dona forta*, 1ª edició 1967) o Francesc Vallverdú (*L'escriptor català i el problema de la llengua*, 2ª edició 1975). Així mateix, el crític Enric Ferrer l'erra quan diu de Maria Beneyto que a més de ser una "excel·lent escriptora en castellà, ha exhibit una fortunada capacitat idiomàtica en vers i en prosa en la 'pròpia llengua'" (*Literatura i societat: País Valencià, segle XX*). Finalment, tampoc no encaixa amb Maria Beneyto l'encasellament que hi fa Josep Ballester en considerar-la un cas de bilingüisme "natural," terme encunyat per Badia i Margarit i aplicable al que pot donar-se en casos de fills de pare i mare de llengües diferents o els qui es troben en contacte amb altres llengües diferents des d'abans mateix de la vida conscient.

Fases en la creació literària de Maria Beneyto

Tot i que sabem que la data de publicació pot no correspondre a la de la creació, fóra ben interessant comprovar les dades de publicació de les obres en una i altra llengua i en un i altre gènere per tal de configurar unes possibles fases. Així en podríem establir les següents:

a) Una primera fase des de 1947, data del seu primer poemari en castellà, fins a 1957, absolutament lírica, en què alterna el castellà amb el català, amb un lògic predomini del primer (7 poemaris en castellà al costat de tres en català més un conte).

b) Una segona fase des de 1958 a 1969, on pren carta de naturalesa la narrativa, novel·les i narracions curtes, amb tres títols en castellà i dos en català.

c) Una tercera fase, ben curta per cert, de 1974 a 1977, en què retorna a la poesia i publica dos poemaris en castellà i un en català.

d) Una darrera fase encara no conclosa que arrenca el 1990 amb la publicació de la segona edició de *La dona forta* dins la prestigiosa col·lecció "Biblioteca d'Autors Valencians," segueix amb la concessió del Premi d'Honor de les Lletres Valencianes per part de la Generalitat Valenciana el 1992, seguida d'una veritable eclosió de poemaris en castellà i en català al llarg del 1993: tres en castellà, dos en català i dues antologies, una en castellà i una altra en català/castellà. Ben recentment (1994), acaba de publicar un altre poemari en castellà.

Dins una primera anàlisi constataríem que Maria Beneyto en una primera fase mostra una major decantació envers el castellà, potser amb premis o distincions de més relleu—"València," accèssits del Boscán i de l'Adonais i, sobretot, el Calvina Terzaroli, premi internacional de poesia—que els que aconsegueix en català. També compta amb alguns encoratjaments de gent molt prestigiosa als anys cinquanta com el crític Josep Ma. Castellet o el poeta Vicente Aleixandre. Precisament Castellet li ofereix aleshores unes lectures bilingües a Barcelona on, a més del cenacle castellà, podrà conéixer personatges com Carles Riba, Octavi

Saltor, Roser Mateu que li accepten el fet bilingüe i l'encoratgen a continuar escrivint en català. A més d'aquests valuosos contactes i del suport editorial que li van oferir en un princip l'equip de l'editorial Torre de València, van afermar la convicció de Maria Beneyto que la tria opcional d'escriure en les dues llengües, bé simultàniament, bé successivament, pagava la pena. Caldria avançar, tanmateix, que tot i aquesta voluntat de bilingüisme coordinat que Maria Beneyto practicava amb la creació literària, ella era ben conscient que l'esforç en l'aplicació de les eines estilístiques i el necessari bagatge de lectures que calia practicar en català era major del que ella suposava. Potser aquest sigue el motiu pel qual ja no tornarà a publicar poesia en català fins vint anys més tard, concretament de 1956 a 1977.

Potser un personatge clau en l'encoratjament perquè Maria Beneyto escrigués també prosa narrativa fou Manuel Sanchis Guarner, el qual va saber atraure's novament al camp de la creació literària la nostra escriptora, després d'haver emmudit un cop publicats els dos primers poemaris. En aquesta segona fase, a més de publicar un llibre de narracions curtes i dues novel·les en castellà, producte, així mateix, de premis, s'arrisca per fi a escriure també prosa en català, amb una de les novelles més ambicioses de la postguerra, *La dona forta*, i un llibre de contes, *La gent que viu al món*. Segon sembla, la crítica, si és que n'hi havia alguna d'establerta, en va parlar ben poc ni a Barcelona ni a València, com tampoc en parlaria del retorn de l'escriptora a la poesia amb la publicació de *Vidre ferit de sang*.

El cas és que Maria Beneyto davant una resposta de crítics i lectors tan poc entusiasta va creure que el millor era el silenci, silenci que prolongarà de manera ostensible a partir de la publicació de *Vidre ferit de sant* l'any 1977. La mateixa autora, en una entrevista concedida a J. Ballester i reproduïda dins un interessant article, "Maria Beneyto i el bilingüisme literari" (*Revista de Catalunya*, 68, nov. 1992), arriba a confessar haver errat el camí en la pràctica del bilingüise: "L'obra bilingüe no em va afavorir gens. Era rebutjada per tots. Va ser una circumstància difícil i incòmoda. Em miraven malament els uns i els altres; finalment vaig haver d'exiliar-me dins de la meua ciutat i molts pensaven si m'havia mort o si me n'havia anat a viure a un altre lloc." Paraules crítiques ben dures davant una manca de resposta des del dur ofici d'esciure creació literària, sobretot a la València dels anys cinquanta, seixanta i setanta. Decepció que hom pot aplicar perfectament tant al gremi literari castellà com al català. I que en el cas de la literatura catalana al País Valencià no té cap disculpa després de la publicació de *Vidre ferit de sang*, excel·lent poemari que mostra el perfecte i difícil equilibri entre el món interior i la realitat del seu temps, amb una gran tendresa i sinceritat, qualitats que ja van destacar grans poetes com Vicente Aleixandre o Salvador Espriu.

En tot cas, caldrà recordar que les condicions socioculturals li foren bastant adverses a l'autora a l'hora de publicar en català. El fet de no existir unes editorials comercials desenvolupades, el fet que era el moment en què començaven tímidament a establir-se uns lligams de connexió entre el món cultural català de Barcelona i de València i el fet de vèncer els recels envers els escriptors bilingües, tot plegat eren massa obstacles per parar l'orella davant l'ingent esforç d'aquesta escriptora bilingüe que no volia perdre el tren de l'engranatge literari. A més, els personatges providencials en la cultura que saben escoltar, encoratjar i fins i tot ajudar en la publicació, cosa que en el cas de Maria Beneyto podia funcionar molt bé a causa del seu caràcter tímid i introvertit, van anar desapareixent de la vida de l'escriptora a poc a poc.

Conclusions

Tot i que el resultat de la pràctica del bilingüisme literari es tradueix sempre en les dues llengües, com en el cas que hem analitzat, el procés de creació poètica respondrà d'una banda, a una perspectiva psicolingüística, pel que fa a l'opció personal, i, d'altra, sociolingüística, per considerar el fet literari com a resultat d'un fet sòcio-cultural. D'aquí que ens ha interessat: a) fer un balanç en el còmput bibliogràfic dels poemaris en castellà i català que ha publicat l'autora fins ara, i classificar-los dins unes possibles etapes, en la mesura del possible segons el predomini o l'absència d'una o altra llengua, i b) esbrinar algunes vicissituds, influències o condicionaments externs que puguen haver influït en la necessitat o en la tria d'alguna de les llengües o l'ús de totes dues simultàniament.

L'estudi no ha pretés ser exhaustiu, car hem deixat per a més endavant un apartat interessant com fóra l'ànalisi mateixa dels poemaris, per veure quins temes i quina mena d'expressió ha dit fins ara de l'obra de Maria Beneyto que quan utilitza el castellà s'acosta a la poesia social i que quan escriu en català presenta una poesia més personal i intimista és de veres o no. Potser en un principi fou així, i a més corroborat per la mateixa escriptora. Però estem convençuts que a hores d'ara, després d'una llarga i fructífera trajectòria i nombroses vicissituds, aquest esquematisme ja no és en absolut vàlid.

No hem volgut discutir ara i ací la viabilitat o no del bilingüisme literari, fenomen vell i complex que hem patit els valencians al llarg de la nostra història. D'altra banda, la pràctica del bilingüisme literari ha desvetlat en general bastant polèmica al llarg i ample dels Països Catalans i ha estat objecte d'estudi darrerament de conspicus representants de la sociolingüística catalana.

El que sí que podem dir és que no podem estar d'accord amb Vildomec, que manté que hi ha una opinió generalitzada que els bilingües rarament es converteixen en grans artistes, per allò que el bilingüisme i el multilingüisme destorben segurament l'expressió literària (veg. Vildomec, Veroboj: *Multilingualism: General Linguistics and Psychology of Speech*, 1963). A casa nostra, Rubió i Balaguer, en parlar de la llarga Decadència literària, afirmava que en tornar-se Catalunya bilingüe en literatura, s'assecava la creació pura. Per la seua banda, Badia i Margarit afirma que la simultaneïtat del servei a dues cultures no és fa sense perills com ara el calc lingüístic, el calc "estilístic" i el calc "espiritual." Aquests perills assenyalats per Badia no es donaran per fortuna en el cas de Maria Beneyto ni el de l'alcoià Joan Valls, car tots dos bilingües, d'una diferent tipologia que faran l'esforç de l'aprenentatge autodidacta en totes dues llengües i consolidaran així dues excel·lents trajectòries literàries, amb escasses interferències, si n'hi ha alguna. En tot cas, com ja hem assenyalat, podrà ser un capítol ben interessant l'estudi i la comparança de totes dues produccions, la catalana i la castellana.

En suma, calia atansar-nos per múltiples raons al cas de Maria Beneyto i reivindicar, sobretot, la seua voluntat d'escriure en català en condicions ben adverses, tant personals com del context en què va haver de formar-se i viure. La seua darrera producció en català—*Vidre ferit de sang* (1977), *La dona forta* (2ª edició 1990), *Després de soterrada la tendresa* (1993), *Poemes de les quatre estacions* (1993), *Antologia poètica* (1993), a més d'un altre poemari en premsa—necessitava una nova resituació i valoració de la indiscutible aportació de Maria Beneyto a les lletres catalanes des del País Valencià.

Crec que el factor més decisiu era aclarir d'una per totes un fet importantíssim en la biografia de Maria Beneyto: la llengua de relació familiar va ser *sempre* el castellà. Mai no es va parlar a casa seua el català, llevant dels acudits o de les brofegades ocasionals que, òbviament, contribuïen a ignorar el català com a llengua de relació habitual i formal. Ja hem dit que en tornar de Madrid, als 12 anys, i entrar en contacte amb familiars de poble, molt més que la llengua del carrer de la ciutat de València, bastant influïda per la burgesia castellanitzada, va contribuir a desvetlar en l'autora un tresor de possibilitats i de riquesa anímica desconegudes fins a aquell moment. A partir d'aleshores, Maria Beneyto mostraria una decisió tenaç d'aprendre el català, alhora que es rebel·lava davant el menyspreu dels pares per la llengua del país. Així, a poc a poc, reforçaria una competència comunicativa que ja hauria estat passiva durant els quatre primers anys de la seua vivència infantil pel context sòcio-cultural de València, però posteriorment ben activa, cosa que va fer creure els escriptors valencians a primers dels cinquanta que Maria Beneyto havia parlat el català tota la vida.

Universitat d'Alacant

Milton M. Azevedo

SOBRE LES DUES VERSIONS DE
Els Argonautes / *Los Argonautas*,
DE BALTASAR PORCEL

En aquest article comparem alguns aspectes lingüístics de dues versions de la novel·la de Baltasar Porcel, la original catalana, *Els argonautes*, i la castellana, *Los argonautas*.[1] Una inscripció en aquesta darrera ens informa que es tracta d'una "versión castellana del autor" (pàg. 4), i així mateix ens invita a reflexionar sobre l'oposició entre *versió* i *traducció*, que és un tema amb un abast pràctic a l'ensems que teòric.

Com a autor bilingüe, Baltasar Porcel exemplifica una situació comú entre els escriptors de la seva generació. Nascut el 1937 a Andratx (Mallorca), té el català com a llengua materna, però en conrear el periodisme, l'assaig i la novel·la, ha emprat tant aquest idioma com el castellà. Ara bé, la tasca d'un traductor literari, com diu Mallafrè (58), consisteix normalment en "dir o escriure el missatge original en una altra llengua," és a dir, en passar a la llengua de traducció el contingut semàntic i, en la mesura del possible, també la forma d'una obra escrita en la llengua original. Tanmateix, aquest compromís de fidelitat a l'original és molt més flexible quan es tracta d'un autor bilingüe que transposa, ell mateix, la seva obra a l'altre idioma que fa servir igual de bé. Dit d'altra manera, un autor-traductor té uns drets de senyor que li permeten de refer l'obra, canviant i reorganitzant el material original. Tot

i així, la seva feina implica una tria (Rabassa 7) que li imposa l'obligació
de prendre unes decisions sobre allò que ha de conservar i allò que, per
diverses raons, ha de canviar o eliminar.

Ambdues versions de la novel·la que ens interessa tenen la mateixa
organització formal, amb catorze capítols que porten els mateixos títols.
Pel que fa al llenguatge, la versió catalana té la particularitat d'incloure
diversos passatges en d'altres idiomes. Per exemple, es transcriuen en
castellà o gallec unes cançons populars cantades per diversos personatges
(1). En textos com aquests, insertats en el context narratiu, el contingut
i la forma es troben íntimament lligats, de manera que hom no podria
traduir-los sense manllevar quelcom del seu interès a la vegada literari i
cultural. En la versió castellana, aquestes cançons es mantenen en
l'original i es troben traduïdes al castellà en una nota al peu de la pàgina.

(1)   a.   *Ai!, san Martiño, / que despóis de xantar / pan e*
                touciño / baixóu do monte bébedo / com un mociño.
                (508)

         b.   *S'altre dia una al·lota plorava / perquè se tractava de*
                despedir-se, / que s'al·lot que la festejava / a n'es
                port se n'anava per embarcar-se. (509)

La inserció del castellà en un context narratiu català, a més de reflectir
l'ambient bilingüe de la regió, exerceix la funció metalingüística de
representar la relació de cada idioma amb el poder polític. Això es veu
clarament quan uns representants del poble mallorquí d'Andratx han de
fer servir el castellà en el text de la inscripció gravada en un obsequi de
caràcter polític:

(2)   Anaven a reiterar la seva adhesió al règim i a portar unes
         palanganes de plata a uns quants personatges del govern, que

duien gravat *"Loor del pueblo de Andratx al Excmo. Sr. D."* i el nom del tipus. (398)

La mateixa relació de poder es representa en els diàlegs (3-4) que tenen lloc en un bou armat, al començament de la Guerra Civil. En l'exemple (3a) hi parla un sergent aragonès de l'exèrcit nacionalista, comandant de la tropa embarcada, i en (3b) li contesta el patró del bou, mallorquí com els demés mariners. A vegades, el sergent ha de fer servir un intèrpret catalanoparlant (4):

(3)   a.   El sergent botà com una molla, guiscant:
                  —*¡Disparen!* (387)

           b.   ... el patró Vic... es dirigia després al sergent Sordo Monreal—: *Claro, claro, desde luego...* (382)

(4)   —Hisseu bandera blanca i apagueu el motor, o disparem!—cridà en Xe, portantveu del ja enroquit sergent Sordo Monreal. (387)

En aquest context, veiem un recurs emprat sovint per a caracteritzar realísticament la parla de personatges que fan servir una varietat lingüística distinta a la de la narrativa.[2] Es crea així una mena de dialecte literari que, mitjançant l'ús d'alguns elements salients de la parla real, marca certs personatges com a aliens a la societat on es troben. Aquesta circumstància d'alienació adquireix una significància metalingüística, a la vegada que literària, en la mesura en què contrasta aquells personatges amb d'altres no-marcats, que parlen la llengua de la narrativa.

Aquesta alternància d'idiomes, o *code-switching*, permet subratllar diferents graus de solidaritat lingüística (en el sentit de Brown i Gilman 1960) entre els personatges. En l'exemple (5), dos militars mallorquins destinats a Cuba—llavors colònia espanyola—, el general Valerià Weyler i un membre de la seva guàrdia personal, el soldat Diumenge Cabré, xerren en català, tot i fent servir termes militars castellans, com ara *mi general* o *aclarar* i *ajusticiar*. Quan ha de donar ordres als seus subordinats castellanoparlants, el general canvia al castellà, la qual cosa assenyala la seva integració en la institució militar, que fa servir només el castellà.

(5)   ... en Diumenge... [a]nimava el general a engabiar més gent:
—Escolti, *mi general*, m'han assegurat que ahir...
—Què, què, què! Això s'ha d'*aclarar* i *ajusticiar*! *Ordenanza, que venga el coronel Bustamante!* I n'estàs segur, Diumenge?...
—Mal em mori ara tot d'una si és mentida, *mi general*!...
—Bustamante, Bustamante!
Entrava el coronel, amb barbeta i gest altisonant.
—*A las órdenes de...*
—*Ni órdenes ni mandangas! Represión total en ese pueblo. Léase el parte aquí contenido. Me interna la criollada en cualquier sitio, investiga los hechos y fusila en público a los culpables. Inmediatamente!* (396)

L'associació de l'idioma castellà amb el les institucions de l'Estat Espanyol es reafirma en la citació del discurs d'un altre militar (6a), o de la mateixa reina Isabel II (6b):

(6)   a.   ... el tinent d'Infanteria don Polián, que al poble de Bugarra va alçar una companyia de cent soldats al crit de *"Viva Isabel Segunda y sus cojones"*... (486)

         b.   ... la sobirana senyora... exclamà: *"¡Qué tío, anda! ¡Oye, Marfori, que le den un título!"* (486)

En la versió catalana, doncs, el contrast entre el castellà i el català té la funció metalingüística de reflectir la problemàtica coexistència dels dos idiomes i les seves relacions asimètriques de poder. Tanmateix, en la versió castellana aquest element metalingüístic es redueix o es perd. El contrast entre les dues llengües—metàfora del conflicte entre dues cultures—o bé queda implícit, com en l'exemple (7a), o ha d'ésser assenyalat expressament, com en els exemples (7b-7c), on els mots explicatius (que posem en negreta) indiquen el canvi d'idioma:[3]

(7) a. —Hisseu bandera blanca i apagueu el motor, o disparem!—cridà en Xe, portantveu del ja enronquit sergent Sordo Monreal (387) → El Xe Marió Romaní le gritó, convertido en portavoz del ya ronco sargento Sordo Monreal:—¡Izad bandera blanca y apagad el motor o disparamos! (20)

   b. Per a mi que ara no sé què renega de sa mare—comentava algú (382) → Para mí, que ahora reniega de su madre—comentaba un marinero, **en mallorquín**. (15)

   c. Vosaltres aneu dient que sí, que sí, i que canti fins que rebendi... —responia el patró Vic, i amb posat greu es dirigia després al sergent Sordo Monreal—: *Claro, claro, desde luego...* (382) → Vosotros id asintiendo, y que cante hasta que reviente—contestaba el patrón Vic, y luego, con ademán grave, se dirigía **en castellano** al sargento Sordo Monreal—: Claro, claro, desde luego... (15)

Pel que fa als modismes i frases fetes, són de natural seu essencialment idiossincràtics, fins i tot quan es tracta de parlars genèticament afins. Tot i que hi hagi molts modismes compartits, les circumstàncies del desenvolupament de cada idioma contribueixen a que es formi un corpus específic d'expressions idiomàtiques que constitueixen una de les àrees més problemàtiques per a la traducció.[4] Els exemples (8a-8d) ens donen una idea de l'abast de les solucions emprades:

(8)   a.   **Del teu pa faràs sopes,** Barral, tros de carn batejada! (507) → **¡Allá tú con lo tuyo,** Barral, pedazo de carne bautizada! (168)

        b.   Ja teniu raó, ja (399) → Ésta es una verdad como un puño (35)

        c.   —Prudenci, **em vols tocar el nas!**—li etzibà el nostramo, mosca (392) → —Prudenci, **¿qué quieres? ¿Fastidiar?**—se encrespó el nostramo. (26)

        d.   —Surt, home, i esverguem un parell de poalades d'aigua, que això és un forn. **Visca el nan,** m'he torrat! (422) → —Sal, hombre, y échame un par de cubos de agua, que esto es un horno. **¡Maldita sea,** me he asado! (64)

Incloem en les expressions idiomàtiques les paraulotes, blasfèmies i insults. Malgrat els casos en què l'original català té un equivalent exacte en castellà (9), hi ha diverses ocasions en què la versió castellana fa servir una expressió lèxicament diversa que té uns matisos distints (10a-10e):

(9)   Em cago en la mare del patró. (505) → Me cago en la madre del patrón. (165)

(10)   a.   —D'això, se'n diu una caldera, **revatua!**—exclamà satisfet. (392) → ¡Esto sí que es una caldera, **me cago en mi abuela!** (26)

b.   —¡Ni senyor **ni la santa punyeta!** (393) → ¡Ni señor ni mierda! (27)

c.   ... vostè... **és més beneit que els indiots** (392) ... usted... **es más tonto que el culo** (27)

d.   Vostè, capità **de les pastanagues** ... (394)   Usted, **capitán de los cojones** ... (29)

e.   Meditava en Pere Marcó que la vida era **una merda**. (505) → Meditaba Pere Marcó que la vida era **una desgracia**. (165)

Pel que fa al sistema verbal, hom nota unes diferències interessants entre les dues versions. En la catalana s'alternen, sense cap contrast aparent, les dues formes del pretèrit, la senzilla i la perifràstica, potser amb la intenció estilística d'evitar la repetició. Aquesta petita variació, naturalment, desapareix en la versió castellana, on hi ha només una forma del pretèrit (11a-11b):

(11)   a.   El patró **va marcar** la derrota, i la proa de la Botafoc **envestí** cap a llevant. (375) → El patrón **marcó** la derrota y la proa de la *Botafoc* **embistió** rumbo a levante. (7)

        b.   [el patró] **va abandonar** el timó i **agafà** les dues manetes del telègraf de màquines ... (375) → [el patrón] **abandonó** el timón y **agarró** las dos manivelas del telégrafo de máquinas ... (7)

Es troben alguns canvis de difícil classificació, com ara la utilització d'una forma verbal castellana no contínua per una forma verbal catalana contínua (12), o bé l'ús d'un imperfecte en castellà corresponent a un pretèrit en català (13):

(12)   (Continu → no continu:) la Botafoc ... **anava prenent** la
         vintena [de nusos]. (375) → la Botafoc ... **alcanzaba** la
         veintena [de nudos].

(13)   (Pretèrit → Imperfecte): Al cap de poca estona, el llagut **va
         virar** rumb al sud-oest. (384) → Al poco rato, el laúd **viraba**
         rumbo al sudeste [sic]. (17)

També contrasta clarament l'ús dels pronoms de tractament. El
sistema pronominal català amb referent de segona persona té tres
categories, és a dir, *tú/vosaltres*, informal o íntim, *vostè(s)*, formal, i *vós*,
aquest darrer força arcaïtzat avui a les àrees urbanes (malgrat alguns
esforços per a recuperar-lo), però no pas al camp, ni a les Illes Balears,
en l'època en què té lloc la narrativa. El sistema pronominal del castellà,
en canvi, té dues categories, o sigui, *tú/vosaltres*, informal o íntim, i
usted(es), formal. A més, ambdues llengües distingeixen d'altres nivells
de formalitat amb el tractament *vostè/usted*, segons s'empri o no un títol
de cortesia (com ara *senyor/señor*) o segons es faci servir el nom o el
cognom de l'interlocutor. La disponibilitat de tres formes permet distingir
en català uns matisos que no es troben en la versió castellana (14-15):

(14)   —Rellamp, patró, ja ho **podeu** dir! (460) → ¡Rayos, patrón,
         ya lo **puede usted** decir! (110)

(15)   [El cuiner Manuel Freire al capità Rigobert de Puig-Sa-
         vall:]—Rigobert, **escolteu**!... **Vós**, que **heu anat** a terra, ¿**heu
         mirat** si era un viver, aquella corda? [Rigobert]— Què, què?
         No sé ni de què em **parleu**. (478) → ¡Rigobert, **escucha**!...
         Tú, que **has bajado** a tierra, ¿**te has fijado** si era un vivero,
         aquella cuerda?—¿Qué, qué? No sé de qué me **hablas**. (132)

Pel que fa als continguts semàntics, la comparació dels textos revela
que diversos trossos van ser eliminats en la versió castellana. En certs

casos sembla que hi va haver una intenció simplificadora, com ara en l'exemple (16), on la referència a Cuba en l'original és reemplaçada per una referència a Montevideo en la versió castellana. En d'altres indrets (17a-17d), es van eliminar detalls potser considerats superflus, de cara a un lectorat poc informat sobre certes tradicions religioses, o aspectes del vestuari, o circumstàncies locals, o detalls tècnics.

(16)   ...en Xesc Torrer, que havia guanyat pessetes **a Cuba**, on tingué una fonda, i, segons deien, dugué part a un negoci que es féu els últims temps de la dominació espanyola, amb Weyler de capità general. (382) →

...Xesc Torrer, que se había forrado de duros **en Montevideo**, a base de organizar pomposas casas de prostitución, y vendiendo al Ejército medicinas que no eran más que agua con bicarbonato sódico. (14)

(17)   a.   Podia ser la Santa Companya, la processó de les ànimes en pena... per sobre mars, i muntanyes, **condemnats per Déu, la Santíssima Trinitat, la Verge i tot el Santoral**. (405) → Podía ser en efecto la Santa Compaña, la procesión de ánimas en pena ... atravesando mares y montañas. (42)

b.   Feia poc que la garriga s'havia calat foc i hi surava olor de socarrim. **L'endemà van veure que duien les espardenyes i els baixos del[s] pantalons plens de ratlles negres, fetes per les rabasses cremades.** L'olor de cremat es mesclava amb la de la mar, fresca, carregada de salnitre. Allí trobaren mestre Moll d'Es Vidal, que estava a l'aguait... (399) → Días atrás se había incendiado el monte y el olor a chamusquina se mezclaba con el de la mar, impregnado de yodo. Encontraron al veterano Moll d'Es Vidal ya al acecho... (35)

c.   En Tomàs Barral fou enterrat al cementiri republicà d'Andratx, un corral minso i humit, de terra amb herba gruixuda i d'un verd obscur, amb llimacs grassos i gèlids, **situat en una mena d'escletxa del cementiri dels capellans i de l'Ajuntament, al qual són enterrats tots els qui a darrera l'hora continuen dient amén i més amén. Naturalment, a la carn absolutament morta d'en Tomàs Barral tant li era una tomba o una altra. I al·lot se'n fotia. De fet, a més, quan van haver passat** tres o quatre mesos, en Vicenç començà a creure que... (427) → A Tomás Barral lo enterraron en el cementerio republicano de Andratx, un recinto breve y umbrío, de tierra con hierba jugosa, de un verdor oscuro, entre la que se arrastraban gruesos y gélidos limacos. Tres o cuatro meses después, Vicenç comenzó a creer que... (71)

d.   Va revisar els quatre extintors d'incendi, per assegurar-se que estaven a punt. **Els tenien collats sobre el motor de gasolina, en engegar el qual sempre hi havia perill que la benzina s'incendiés.** (420) → Se puso a revisar los cuatro extintores de incendios para asegurarse de que estaban a punto. (62)

L'eliminació de detalls de limitat interès per als lectors de castellà afecta també certs topònims secundaris (18) i algunes referències als vents de la Mediterrània, designats pels noms tradicionals en la versió catalana i traduïts pels noms dels punts cardinals en la castellana (19):

(18)   ... madó Calafella, la dona del sen Calafella que s'havia penjat l'hivern anterior, un dia que anà a collir figues a **Sa Gramola**; (381) → ...la vieja Calafella, cuyo marido se había ahorcado el invierno anterior. (14)

(19)   La Dragonera, illot de devers cinc quilòmetres d'extensió ...
S'estenia de **tramuntana a garbí**... (513) → La Dragonera
era un islote de cinco kilómetros de extensión... Se extendía
de **nordeste a sudoeste**... (175)

A més, hi ha alguns casos d'afegitons de caire explicatiu, com en els
exemples (20a-20b):

(20)   a.   [en una cursa de cavalls] El quart era un poltre
elegant... que portava de genet un tipus petit i prim,
amb pantalons curts i gorreta, que ningú no havia vist
mai per Andratx ni S'Arracó. (498) → El cuarto era
un poltro elegante... que llevaba de jinete un tipo
pequeño y flaco con pantalones cortos y gorrita, que
nadie había visto nunca por Andratx ni por S'Arracó.
"Es un jockey," se ufanó el señor de Son Eloi.
(156-157)

       b.   —Sí... I me'n vaig a jeure. Estic emprenyat, cansat.
(512) → —Sí... Y me voy a acostar. Estoy de mal
humor, cansado. **Y canta las cuarenta a esos tres
cuando salgan.**—No te preocupes, les pondré las
peras a cuarto. (174)

En alguns casos, l'ordre dels mots dins el sintagma nominal permet
variacions que atenen més a diferències de caire estilístic o semàntic. En
els exemples (21a-21b), es manté l'ordre de l'adjectiu respecte al
substantiu:

(21)   [Cat.] ADJ + N → [Cast.] ADJ + N

      a.   Una aigua **gèlida, transparent**, amb **delicades i
llargues herbes** tremoladisses ... (409) → Era un **agua**

helada, en la que transparentaban **delicadas y largas hierbas**. (48)

b. El gat es mirà en Pena, **el greixós i flàccid Manuel Freire Pena**. (403) → El gato miró a Pena, **el obeso y fláccido Manuel Freire Pena**. (40)

En els exemples (22a-22c), al contrari, la seqüència catalana substantiu—adjectiu passa a adjectiu—substantiu en castellà. Aquesta variació posicional sembla afectar també d'altres qualificatius en la mateixa oració, com en el exemple (23).

(22)   [Cat.] N + ADJ → [Cast.] ADJ + N

a. Van aturar-se davant **una garriga densa**, de pins, esbarzers i mates. (402) → La cuadrilla se detuvo en **una zona de denso boscaje**, entrelazado el ramaje de los pinos con zarzas y lentiscos. (38)

b. ... s'hi criava **una crancària corredissa i dinàmica**, de **carn blanca i fluixa**. (409) → ... se criaba **un huidizo y dinámico cangrejerío**, de **carne blanca y filamentosa**. (47)

c. Una massa de **boira, blanca**, flotava damunt les cases. (402) → Una masa de **nívea niebla** flotaba sobre el caserío, se elevaba. (39)

(23)   ... els rics i els militars, capitanejats **pel reietó Hassan**, vivint a mans plenes... (407) → Y los ricos y los militares, capitaneados **por Hassan el reyezuelo** viviendo a lo grande... (45)

En el conjunt de la novel·la, tanmateix, semblen ser més comuns casos on la seqüència original adjectiu-substantiu canvia a substantiu-adjectiu en la versió castellana, causant així un canvi d'èmfasi com ara (24a-24c):

(24)   [Cat.] ADJ + N → [Cast.] N + ADJ

        a.   Feia gairebé trenta-cinc anys... que en Llorenç Cabré havia pres part **per primera vegada** en un assumpte de contraban. (395) → ... que Llorenç Cabré había tomado parte **por vez primera** en un asunto de contrabando. (30)

        b.   ... com si fos **un ocellot blanc i immens**, que estengués les ales per emprendre volada. (402) → **blanco y grotesco pajarraco** como a punto de emprender el vuelo. (38)

        c.   ... va passar-se als maurins, per allò que l'il·lustre **barbó blanc** era també mallorquí. (397) → ... se pasó a los mauristas, por aquello de que la **ilustre y blanca barba** era también mallorquina. (33)

Aquest ventall de diferències de continguts que hom troba entre *Els argonautes* i *Los argonautas* es pot interpretar en el marc sociolingüístic dels idiomes participants. La traducció al un idioma d'àmbit internacional constitueix una eina imprescindible per a la divulgació d'una literatura—apart del seu valor intrínsec—escrita en un idioma d'un abast geogràfic més aviat limitat. En realitzar aquesta traducció, es canvia dràsticament el lectorat. En l'original, l'autor es dirigeix a un número relativament reduït de lectors, que hom pot pressuposar que siguin informats sobre la seva geografia, història i cultura. El traductor, en canvi, es dirigeix a un nombre teòricament molt més elevat de lectors, els quals, a més de trobar-se escampats pel món, potser s'adonen poc o gens d'aquells detalls geogràfics, històrics o culturals. Per a aquests lectors, com més cenyida sigui la traducció a certs detalls de l'original, tant més difícil podria ser-hi la seva comprensió.

Conseqüentment, el traductor té la doble tasca de trobar uns equivalent o substituts lingüístics, a l'ensems que cerca d'interpretar o adaptar uns continguts culturals. Aquesta feina interpretativa implica unes decisions sobre quins elements específics de la cultura hom ha d'incloure en la nova versió. Hi ha evidentment un perill de sobrecarregar els lectors amb una quantitat de detalls que, malgrat el seu interès intrínsec dins el marc de l'obra original, són innecessaris a la seva comprensió en la versió en un altre idioma. En la versió castellana de *Los argonautas* trobem precisament una reformulació de certs continguts culturals, de manera a conservar-ne allò essencial per a posar l'obra a l'abast dels nous lectors, sense exigir-ne massa esforços d'interpretació, i sense recórrer a unes notes explicatives que potser comprometrien el seu caràcter d'obra de ficció. En aquest sentit, tot i essent la mateixa novel·la, la versió castellana ens presenta uns trets distintius que li imparteixen un caràcter a l'ensems específic i original.

The University of California
Berkeley

Notes

[1] Pel que fa a la versió catalana, faig servir el text inclòs en el primer volum de les *Obres Completes* de Baltasar Porcel, titulat *L'alba i la terra* (Edicions Proa, 1991, 371–571). Hom hi llegeix, en les *Notes* a càrrec de Rosa Cabré, la informació "Edició revisada per l'autor" (567). Pel que fa a la versió castellana, faig servir l'edició de Seix Barral (Barcelona, 1990), en la qual consta la informació "versión castellana del autor" (4). No es consideren en aquest estudi ni la edició de Seix Barral de 1971, reeditada el 1993 (Barcelona, Círculo de Lectores), ni la edició de Plaza y Janés del 1975.

[2] Sobre aquest tema, vegeu Milton M. Azevedo, "Code-Switching in Catalan Literature", *Antipodas*, 5 (1994), 223–232.

[3] Els exemples es citen senyalant-se la direcció de la traducció amb una fletxa, català → castellà, i amb els números de les pàgines en parèntesis.

[4] Vegeu Mallafrè (1991) 192–197 i també els comentaris de Raspall i Castell (1986) 9–11.

Referències

Brown, R. i A. Gilman. "The Pronouns of Power and Solidarity." *Style in Language*. Ed. Thomas A. Sebeok. Cambridge, MA: MIT P., 1960. 253–276.

Mallafrè, Joaquim. *Llengua de tribu i llengua de polis: Bases d'una traducció literària.* Barcelona: Quaderns Crema, 1991.

Rabassa, Gregory. "No Two Snowflakes Are Alike: Translation as Metaphor." *The Craft of Translation*. Ed. John Biguenet i Rainer Schulte. Chicago and London: Univ. Chicago P., 1989. 1–12.

Raspall i Juanola, Joana i Joan Martí i Castell. *Diccionari de locucions i de frases fetes*. Barcelona: Edicions 62, 1986.

Carles Duarte i Montserrat

LOS POETAS CATALANES
ANTE EL BILINGÜISMO

La literatura catalana ha convivido intensamente con otras literaturas en diversos momentos de su historia. No puede pues sorprender que dediquemos nuestra atención a examinar la posición de los poetas catalanes ante el bilingüismo. De hecho, sin embargo, debemos referirnos a situaciones notablemente diferentes a la hora de analizar con detalle esta materia.

En la edad media "los primeros poetas catalanes de personalidad determinada y nombre conocido que escribieron en una lengua románica lo hicieron en provenzal" (Riquer, Comas, y Molas I: 21). Se trata de trovadores como Cerverí de Girona, Guillem de Cervera, el rey Alfonso el Casto, Ramon Vidal de Besalú, Berenguer de Palol, Guerau de Cabrera, Guillem de Berguedà, Ponç de la Guàrdia, Guillem de Cabestany, Huguet de Mataplana, i Jofre de Foixà. Son, pues, muchos y muy importantes los poetas que en los siglos XII, XIII, y XIV, a pesar de tener el catalán como lengua propia y habitual (de hecho, el rey Alfonso el Casto era hijo de un catalán y de una aragonesa), escribieron en occitano canciones, serventesios, planys, pastorelas, alboradas, danzas, baladas, sestinas (composición concebida por Arnaut Daniel y que Joan Brossa ha cultivado magistralmente en el presente siglo)... Además, es bien conocido que incluso uno de estos poetas, Ramon Vidal de Besalú, es autor de una importante obra gramatical y estilística sobre el occitano,

Las rasós de trobar. El uso del occitano como lengua de expresión literaria por parte de los poetas catalanes es general hasta Ausiàs Marc. Así, Ramon Llull, autor de una obra monumental, escribió su producción rimada en un catalán repleto de occitanismos. Añadamos que una parte significativa de su obra fue traducida al latín y al árabe. Claro exponente de la continuidad del uso del occitano como lengua literaria por parte de los poetas catalanes es que a finales del siglo XIV se creó, a imitación del que se había constituido en Toulouse, el Consistori de Barcelona, que convocaba concursos de poesía de carácter trovadoresco.

En el siglo XV, cuando la poesía escrita en catalán llegó a su momento culminante con Ausiàs Marc, empezamos a encontrar ya los primeros testimonios de un uso esporádico del castellano por parte de poetas catalanes. Este es el caso de Pere Torroella, autor que vivía en la corte del rey de Navarra y que escribió diversas composiciones poéticas en lengua castellana, o de Bernat Fenollar, autor, entre otras obras, de *Lo procés de les olives* y *Lo somni de Joan Joan*, con poesías en castellano que encontramos en el *Cancionero general* de Hernando del Castillo.

Por otro lado, a finales del siglo XV nació el escritor barcelonés Joan Boscà, que fue uno de los impulsores de la introducción en la península ibérica de la métrica italiana y que escribió una notable obra poética en castellano y una breve esparsa de diez versos en catalán, una especie de homenaje a Ausiàs Marc, poeta a quien contribuyó a difundir en el ámbito de la literatura castellana de la época.

Por otra parte, junto a la poesía en castellano escrita por autores catalanes de la llamada Decadencia, cabe señalar la imitación del modelo métrico castellano y la incorporación de numerosos castellanismos en poetas catalanes que escribían su obra en catalán, como ocurre con Pere Serafí o Vicent Garcia, "Rector de Vallfogona."

Al dejar atrás el período de la Decadencia y adentrarnos en la "Renaixença" encontramos, sobre todo en la etapa inicial, un uso del castellano por parte de poetas que dan comienzo al proceso de reencuentro del catalán como lengua de expresión literaria. Es el caso de Bonaventura Carles Aribau, quien escribió la mayor parte de su obra poética en castellano (*Ensayos poéticos...*) y quien, además del catalán y del castellano, empleó el latín y el italiano en la redacción de sus poemas; de Joaquim Rubió i Ors, quien escribió abundantes poemas en lengua castellana, o de Teodor Llorente, autor de la colección *Versos de juventud*, junto a su producción poética en catalán.

De principios del siglo XX quiero citar aquí el caso de tres escritores catalanes que usaron el francés en sus textos poéticos: Josep Maria Junoy, Joan Salvat-Papsseit y Josep Pla. El primero fue una de las principales figuras de la vanguardia literaria en Cataluña del primer tercio de siglo. Junoy es autor de una obra precursora que se sitúa a caballo entre la poesía, el dibujo y la pintura y que está vinculada al cubismo. Josep Maria Junoy mantuvo un contacto permanente con el mundo artístico parisino y empleó ocasionalmente el francés en sus textos poéticos. Lo mismo sucede en el caso de Salvat-Papasseit, por ejemplo en uno de los caligramas de *El poema de la rosa als llavis* (Salvat-Papasseit escribió además un libro en castellano, *Humo de fábrica*, recopilación de artículos de opinión de su primera época).

Por otro lado, Josep Pla es autor de una obra gigantesca en prosa en catalán y publicó también bastantes textos en castellano, como había hecho previamente Eugeni d'Ors, impulsor inicial del movimiento "noucentista," aunque en este texto dedicado estrictamente a poesía es oportuno que me refiera concretamente, aunque pueda tener carácter anecdótico, al hecho de que Josep Pla escribió en 1932 algún bello poema en francés dedicado a Lilian Hirsch y recogido en *Un amor de Pla al Canadell*. Sabido es también que Carles Riba cultivó en su adolescencia el gallego como lengua de exposición poética.

La guerra civil significó una brutal ruptura del mundo literario catalán y el exilio de muchos de los autores más destacados. Ello explica que, por ejemplo, Josep Carner, quizá la figura más representativa de la poesía catalana de su época, publicase en 1940 en Méjico una primera versión castellana hecha por él mismo de su gran poema *Nabí*, que se publicó en 1941 por primera vez en catalán, en Buenos Aires; o que en 1943 Josep Carner publicase en Méjico *El misterio de Quanaxhuata*, dramatización de una leyenda azteca, que en 1951 se publicó en catalán en Perpiñán; o que cuando en 1950 Carner publica el libro *Paliers* en Bruselas lo haga en edición bilingüe en catalán y en una versión francesa del propio Carner y de Émilie Noulet, su segunda mujer. El exilio es también lo que nos permite comprender la publicación de dos libros en francés de Ventura Gassol, el poeta neorromántico y neopopularista de *Les tombes flamejants*. Efectivamente, en 1943 publicó el libro *Fleurs*, compuesto en buena parte por traducciones de sus poesías catalanas publicadas o inéditas, y en 1950 publicó *Mirages*, libro en edición bilingüe catalano-francesa.

Si el exilio es lo que provoca que poetas catalanes publiquen en algunos casos poesías en otras lenguas, en Cataluña encontramos el esfuerzo de jóvenes generaciones (Joan Triadú, Jordi Saranedas, Josep Palau i Fabre, Josep Romeu...) por reconstruir el panorama literario en catalán, y así aparecen revistas literarias, como *Poesia* (1944) o *Ariel* (1946) y surgen iniciativas como las sesiones privadas de "Amics de la Poesia" (1942) o el concurso de poesía de Cantonigròs (1944).

No obstante lo anterior, las condiciones de la posguerra hacían difícil la proyección pública de la literatura catalana, contrariamente a la difusión que al mismo tiempo se hacía de la literatura castellana. Este fenómeno y la consolidación y el aumento de la inmigración a Cataluña de personas de lengua castellana constituyen la razón de que la poesía en lengua castellana adquiriese en Cataluña una consistencia que no había tenido en el período anterior a la guerra civil.

En Cataluña, por ejemplo, se escriben en aquel entonces obras poéticas consistentes en lengua castellana, como las de Enrique Badosa, Carlos Barral, José M. Valverde, Alfonso Costafreda, Jaime Gil de Biedma, José Agustín Goytisolo y otros autores de la llamada Escuela de Barcelona. Uno de los autores más representativos de este grupo es Jaime Gil de Biedma, quien publicó su primer poemario, *Según sentencia del tiempo*, en 1953. Francesc Codina ha examinado los vínculos que existen entre Jaime Gil de Biedma y Gabriel Ferrater, uno de los poetas en lengua catalana más importantes de este período. Gil de Biedma y Ferrater coincidieron a partir de 1951 en el núcleo de redactores y colaboradores de la revista *Laye*. Ferrater se refería curiosamente en 1972 a esta relación en una entrevista que le hizo Baltasar Porcel para *Serra d'Or*, con estas palabras: "la complicidad, la confabulación que hicimos Jaime Gil de Biedma y yo, en la que tuvimos una suerte fantástica, porque uno escribía en catalán y el otro, en castellano, ya que, si no, nos habríamos copiado mutuamente, y así nos salió diferente."

Uno de los poetas catalanes más destacados de la posguerra es Joan Perucho, autor de una obra literaria singular en prosa y en verso. Perucho, al recopilar su producción poética entre 1947 y 1982 en el volumen *Obra poètica completa* (1984), incluye en adenda dos poemas en castellano con fecha (1943 y 1944) anterior a su primer libro de poemas. Perucho se decidió a escribir su obra poética en catalán a pesar de que, como consecuencia del contexto contrario al uso del catalán en la inmediata posguerra, escribió unos primeros poemas en castellano. Algo semejante ocurrió en el caso del gran poeta ibicenco Marià Villagómez, quien, con anterioridad a su ambiciosa y admirable obra literaria en catalán, publicó en 1945 en castellano el libro *Sonetos mediterráneos*, que más tarde Villagómez tradujo al catalán. De una generación posterior es la escritora valenciana Maria Beneyto, que constituye un claro ejemplo de una obra literaria escrita en dos lenguas. Como poeta ha alternado el uso del catalán (*Ratlles a l'aire* de 1956) y del castellano (*Eva en el tiempo* de 1952) en su admirable producción lírica.

En los años sesenta surge en Cataluña una voz poética que ha llegado a ser punto de referencia para las últimas generaciones. Me refiero a Joan Margarit, poeta y arquitecto, que inició su trayectoria poética publicando cuatro libros en castellano: *Cantos para la coral de un hombre solo* (1963), *Doméstico nací* (1965), *Crónica* (1975) y *Predicción de un bárbaro* (1979), y, además, ha traducido al castellano a Miquel Martí i Pol y a Gabriel Ferrater. A partir de 1981, Joan Margarit adoptó el catalán como lengua de expresión poética y desde entonces ha publicado libros tan extraordinarios como *Llum de pluja* (1987) y *Edat roja* (1989). Joan Margarit ocupa un lugar central en la llamada poesía de la experiencia, y su poesía es sintética, contenida, de tono nostálgico y elegíaco, con tendencias a la confesión moral.

El reencuentro, pues, del catalán como lengua de expresión poética en un autor de obras ya tan importantes en lengua castellana como Joan Margarit, es un claro exponente de la incidencia que en el mundo literario tuvieron, ahora en sentido inverso al que observábamos después de la guerra civil, las transformaciones políticas que se produjeron con la muerte del general Franco y la institución del régimen democrático.

Las consideraciones que acabo de presentar sobre el cambio de opción de Joan Margarit, por lo que se refiere a su lengua de expresión poética, las podemos aplicar también a Pere Gimferrer, autor de una obra poética excepcional, fruto del rigor y de la coherencia con que ha emprendido su trabajo literario. Pere Gimferrer publicó en 1966 su magnífico libro *Arde el mar*, con el que ganó el Premio Nacional de Literatura. Pero en 1970, unos cuantos años antes, pues, que Joan Margarit, adoptó el catalán como lengua de expresión poética y publicó

Els miralls, su primer libro de poesía en catalán, al que han seguido, entre otros, libros tan importantes como *El vendaval* (1989) y *La llum* (1991).

Marta Pessarrodona, perteneciente a la misma generación que Gimferrer, a pesar de haber publicado su obra poética en catalán, ha reconocido que: "A los 14 años yo quería ser García Lorca, porque entonces todavía escribía en castellano."

Aunque pueda parecer inmodesto referirme a mí mismo, lo quiero hacer en este caso, porque, formando parte de una generación muy distinta de la de Perucho y claramente posterior a la de Margarit o a la de Gimferrer, también, fruto de mi entorno escolar, empecé a escribir poesía en castellano, concretamente en 1973, que publiqué en diversas revistas. Pero cuando en 1975 se me presentó la oportunidad de publicar mi primer libro de poesía, renuncié a ello, convencido ya entonces de que mi obra poética tenía que escribirse en catalán, porque el catalán era la lengua que había escuchado habitualmente en casa y porque, por encima de todo, era y es mi propia lengua y la de mi país. Mi primer libro de poesía escrito, pues, en catalán, que, no debo negarlo, me costó un considerable esfuerzo redactar porque significaba conseguir un dominio escrito de mi lengua que no me había facilitado la escuela, apareció finalmente en 1984. Posteriormente he traducido para alguna publicación poemas míos al castellano y, en diversas ocasiones, he escrito poemas en una doble versión, en catalán y en inglés.

Últimamente, Àngels Cardona, autora de diversos poemarios en lengua castellana (*El libro del alba*, de 1991...) y presidenta del capítulo de Barcelona de la Academia Iberoamericana de Poesía, ha iniciado una interesante producción poética en lengua catalana, con su libro *Miratge d'amor*.

No sería aceptable dejar de mencionar en esta intervención el hecho de que algunos poetas catalanes de territorios en los que el francés o el italiano es lengua oficial han practicado un cierto bilingüismo. Valga como ejemplo reciente el caso del poeta, narrador y dramaturgo alguerés Antoni Arca, que ha escrito su obra literaria en catalán, italiano y sardo.

Quiero finalizar este análisis examinando con más detalle un autor importante y ejemplo reciente de poesía bilingüe. A la hora de hablar hoy de poetas bilingües en Cataluña, hay que dedicar atención específica a José Agustín Goytisolo. José Agustín es, junto con sus hermanos Juan y Luis, ambos más jóvenes que él, un notable escritor barcelonés en lengua castellana. Nacido un año antes que Gil de Biedma, ha publicado excelentes libros de poesía, como *Salmos al viento* (1958) o *Los pasos del cazador* (1980), y ha llevado a cabo un extraordinario trabajo de traducción al castellano de poesía catalana contemporánea.

Ahora bien, lo que motiva que deba referirme en este punto a José Agustín Goytisolo es sobre todo la publicación en 1993 de su interesante *Novísima oda a Barcelona/Novíssima oda a Barcelona*, largo poema redactado por el autor en catalán y en castellano y publicado en ambas lenguas. Esta *Novísima oda* de José Agustín Goytisolo es una obra netamente arraigada en la tradición poética catalana reciente y está dedicada a la memoria de Jacint Verdaguer, Joan Maragall y Pere Quart, autores también de sendas odas dedicadas a Barcelona. Jacint Verdaguer escribió su *Oda a Barcelona* en 1883, y fue premiada en los Juegos Florales y divulgada por el Ayuntamiento de Barcelona en una edición popular de cien mil ejemplares. Recordemos sus versos:

> Quan a la falde et miro de Montjuïc seguda
> m'apar veure't als braços d'Alcides gegantí
> que per guardar sa filla del seu costat nascuda
> en serra transformant-se s'hagués quedat aquí.

Joan Margall escribió en 1909, influido por la *Oda a Barcelona* de Verdaguer, su *Nova oda a Barcelona*, en la que encontramos los sentimientos contradictorios que nacen en el autor al hablar de su ciudad, expresados desde la lucidez y con una visión crítica que refleja el hecho de que entre el inicio de la redacción del poema y su conclusión había tenido lugar la Semana Trágica, que había conmocionado a la sociedad catalana y que había afectado profundamente el ánimo de Joan Maragall. Recordemos los versos finales:

> Tal com ets, tal te vull, ciutat mala:
> és con un mal donat, de tu s'exhala:
> que ets vana i coquina i traïdora i grollera,
> que ens fa abaixar el rostre.
> Barcelona! i amb tos pecats, nostra! nostra!
> Barcelona nostra! la gran encisera!

Y Joan Oliver, "Pere Quart," escribió también su *Oda a Barcelona* en trágicas circunstancias, en 1936. De hecho, la primera edición del poema la hizo el Comisariado de Propaganda y la ilustró Joan Junyer. El poema, comprometido, de espíritu nacionalista y revolucionario y con referencias internas a la oda de Maragall, acaba con estos versos:

> Trevalla. Calla
>
> Malfia't de la història.
> Somnia-la i refés-la.
>
> Vigila el mar, vigila les muntanyes.
> Pensa en el fill que duua a les entranyes.

Por lo que se refiere a la oda bilingüe de José Agustín Goytisolo, ilustrada por Josep Guinovart, se trata de un texto en el que el autor, a través de la voz de diferentes personajes de épocas diversas, construye un recorrido reflexivo por la historia de la ciudad, que acaba con un personaje actual, Victor Alexandre, nacido en Barcelona en 1986, pocos años antes de los Juegos Olímpicos de Barcelona de 1992, y con un mensaje esperanzado e integrador. Recordemos aquí estos fragmentos:

A)   I teníem de nou la Generalitat
      i el Parlament també, i l'idioma nostra
      eixí de les cavernes i entrava a les escoles

      Y tuvimos de nuevo la Generalitat
      y el Parlamento también, y nuestro idioma
      salió de las cavernas y se metió en la escuela,

B)   Ningú no distingeix avui entre nosaltres
      els ciutadans antics dels immigrants
      perquè ja som un tot: i la gent parla
      no sols el català i el castellà,
      sinó també el francès i encara molts l'anglès.

      Nadie distingue entre nosotros hoy
      a ciudadanos viejos de inmigrantes
      porque somos un todo: la gente habla
      no sólo catalán y castellano
      sino muchos también francés e inglés.

En este breve estudio, he intentado presentar la diversidad de formas que ha adoptado el bilingüismo en el transcurso de la historia de la poesía catalana. Me he referido a la presencia de la literatura trovadoresca en Cataluña y a la incidencia que tuvo el castellano en la poesía catalana del período de la Decadencia, en los momentos iniciales de la "Renaixença," en el exilio posterior a la guerra civil y en la posguerra en Cataluña; pero también he querido citar el uso del francés por poetas catalanes en diversas ocasiones y el proceso de recuperación del catalán como lengua de expresión poética que ha adquirido gran vigor a raíz del restablecimiento de las instituciones de autogobierno de Cataluña. He querido acabar mencionando la situación específica de la poesía catalana en los territorios en los que el francés o el italiano es lengua oficial y presentando unas notas sobre el último y significativo exponente de poesía bilingüe, la *Novísima oda a Barcelona*, que, recogiendo una importante tradición de la literatura catalana, nos ofrece una visión poética del momento presente de la vida barcelonesa y una mirada abierta hacia el futuro de la sociedad catalana.

Barcelona, Generalitat

Joan Solà

EL CATALAN ACTUAL Y EL DEL SIGLO XXI

1. La España lingüística de hoy[1]

Además de la lengua castellana o española, en España se hablan hoy dos lenguas románicas, el catalán y el gallego, y otra no románica, el vasco. En Asturias y en Aragón se ha hecho algún intento de recuperar el bable y el aragonés, respectivamente, que desde el punto de vista lingüístico son actualmente poco menos que dialectos del español, con muy pocos hablantes, muy fraccionados y fuertemente castellanizados ya desde antiguo. Por todo lo cual, las posibilidades de conseguir para estas dos hablas una vida social amplia parecen muy escasas. (Véanse detalles en Gargallo, 125–132.) En cambio, para las tres primeras se han dado en los últimos quince años pasos más o menos importantes en esta dirección.

Durante los años de régimen franquista (1939–1975) se impuso, a menudo violentamente, la ideología de "un estado, una nación, una lengua." Las lenguas distintas del castellano sufrieron una persecución tanto más violenta cuanta más fuerza social habían tenido o seguían teniendo, y esta fuerza era proporcional, a su vez, al sentimiento "nacional" diferencial de las comunidades que las hablaban. Creo que no es ninguna exageración afirmar que el catalán se hallaba, sin ninguna duda, en el primer sitio entre las tres, y por tanto fue víctima de una represión más refinada. Hoy sigue en este primer lugar, igualmente de forma destacada, y me atrevería a decir que por esta misma razón siguen siendo más numerosas e importantes las dificultades políticas que encuentra a su paso.

Muerto el dictador, poco a poco hubo una recuperación de estas lenguas en el aspecto legal y en la realidad social (véase el libro de Siguán).

1.1. *Aspecto legal*

Desde el punto de vista legal, entre 1982 y 1986 se promulgaron leyes especiales de regulación de estas lenguas. El Estado español se halla hoy políticamente compartimentado en las llamadas "autonomías" o "comunidades autónomas," que son unidades político-administrativas territoriales en general coincidentes con ciertas realidades históricas más o menos claras, que en algunos casos responden a realidades económicas y culturales diferenciadas. Las leyes lingüísticas aludidas son leyes particulares de las comunidades afectadas. La Constitución española (artículo 3) hace una breve referencia a las lenguas distintas del castellano (y a las "distintas modalidades lingüísticas de España"), de las cuales dice que son "un patrimonio cultural que será objeto de especial respeto y protección," pero no existe ninguna ley general que se refiera a ellas, con lo cual a menudo surgen conflictos difíciles de resolver, por ejemplo, en casos en que está implicado el ejército, el poder judicial, las comunicaciones o los transportes.

1.2. *Realidad social*

Socialmente hablando, la realidad actual es notablemente diferente de una lengua a otra y de una parte de España a otra. El catalán está bastante bien implantado en la vida pública de Cataluña, pero menos en las otras dos comunidades que lo hablan, las Islas Baleares y Valencia. El gallego y el vasco no han llegado al grado de recuperación social del catalán. Fuera de la vida pública y oficial, el uso normal diario de estas lenguas también es considerablemente diferente de un lugar a otro. En general, los grandes movimientos migratorios que se han producido en España desde los años sesenta, el hecho de que la televisión haya nacido precisamente en esta época histórica (hasta muy recientemente la única lengua imaginable y permitida en este decisivo medio de comunicación era el castellano), todo ello reforzado con las aludidas dificultades que las lenguas minoritarias experimentaron para poderse mantener entre los nativos y expandir entre los inmigrados, ha provocado que el castellano haya adquirido en las comunidades que ahora nos interesan una fuerza que nunca antes tuvo. Este vigor ha contrarrestado siempre y ha neutralizado a menudo la voluntad de recuperación de las otras lenguas. E incluso, como insinué más arriba, ha provocado nuevos conflictos y nuevas crispaciones dentro y fuera de las comunidades afectadas. Me parece que soy objetivo si afirmo que en este punto se da una paradoja muy significativa: los más espectaculares conflictos y crispaciones aparentemente lingüísticos que hemos vivido en los últimos años no responden a dificultades *lingüísticas* surgidas dentro de las comunidades que tienen una lengua propia y que intentan recuperarla, sino que son provocados por intereses *políticos o ideológicos*. Lo cual no hace más que confirmar lo que se sabe desde siempre, que las lenguas no son entes indiferentes, que el franquismo no pasó en vano por nuestra geografía y, sobre todo, que, por encima de la vida diaria de las personas, existen fuertes realidades de poder y de rivalidad entre las minorías dirigentes.

Creo de sumo interés referirme en este momento a dos hechos acaecidos durante la celebración del simposio de Washington y en el mes siguiente.[2]

El día 8 de noviembre de 1994, la Real Academia Española de la Lengua dirigió al presidente del gobierno, Felipe González, una carta en que se expresaban reticencias sobre el empuje de las lenguas minoritarias de España y se pedía explícitamente protección para la lengua castellana en las comunidades autónomas donde hay alguna de dichas lenguas minoritarias. No se aludía explícitamente a ninguna lengua minoritaria, pero todo el mundo, sin ninguna excepción, interpretó el escrito como un acto más de una feroz campaña contra Cataluña que empezó en setiembre de 1993. Dicha campaña se relaciona estrechamente, según la mayoría de comentaristas políticos, con el hecho de que la coalición que gobierna en Cataluña (Convergència i Unió, de signo nacionalista) pactara anteriormente con el partido que gobierna en España (el Partido Socialista de Felipe González). El hecho de que una institución como la Academia entrara en ese turbio juego produjo en Cataluña durante un mes un auténtico diluvio de escritos oficiales, institucionales y privados contra dicha institución. Un detalle nada secundario, sino muy central a mi modo de ver, es que ni así ni después de la segunda noticia de que hablaré enseguida los académicos han comprendido el alcance de su acción ni mucho menos han reconocido el error. Se trata, pues, de dos mundos mentales (y emocionales) irreconciliables.

El segundo hecho me parece todavía más importante. Uno de los hechos de la campaña aludida, lanzada y alimentada por la prensa de Madrid y por la cadena de radio Cope, una de las más influyentes en todo el territorio del Estado, fue la impugnación legal de la ley de normalización lingüística de Cataluña. Como les decía más arriba, el catalán es la lengua que más fuerza tuvo en el pasado y la que más empuje tiene en la actualidad dentro de las minoritarias, por lo cual es el blanco de las iras de muchísimos españoles que no pueden tolerar esa revitalización. Dicha impugnación llegó al Tribunal Supremo, que la acogió y manifestó él también las mismas reticencias, por lo cual pidió al Tribunal Constitucional (TC) que se manifestara sobre la posible inconstitucionalidad de la ley que en Cataluña ha permitido una modestísima recuperación de la lengua oprimida y a la vez ha fomentado la convivencia pacífica entre las dos lenguas. Esta convivencia pacífica ha sido subrayada continuamente por los responsables lingüísticos y políticos durante la campaña, pero, además, sólo hay que vivir en Cataluña para respirar dicho ambiente de convivencia. Como es sabido, el TC es la máxima instancia legal en el Estado. La posibilidad de que el TC se manifestara reticente con nuestra ley lingüística había levantado una enorme expectación. Téngase en cuenta tan sólo que la ley fue en su día elaborada por todos los partidos políticos y votada en el Parlamento autónomo *por unanimidad por todos ellos*, circunstancia trascendental en una comunidad en que la lengua es quizá el factor más apto para desencadenar tempestades, circunstancia, además, que refleja diáfanamente lo civilizado del comportamiento catalán. El hecho de que el Tribunal Supremo o el TC se manifestara en contra de esa ley significaría, inevitablemente y por lo menos, un conflicto gravísimo entre dichos órganos y nuestro Parlamento, que es también un órgano superior del Estado. Pues bien, el TC dictó sentencia el día 23 de diciembre y, contra todo pronóstico (por tratarse de un tribunal estatal), manifestó de manera contundente la total constitucionalidad de la ley; más aún, dijo explícitamente que "es legítimo que el catalán, en atención al objetivo de normalización lingüística de Cataluña, sea *el centro de gravedad*" del sistema de bilingüismo existente en nuestra comunidad. Los catalanes no hemos sido nunca demasiado afectos a las instituciones estatales, y yo debo manifestar con toda sinceridad que jamás habría imaginado que el TC no se hubiera limitado, en el mejor de los casos, a dar una sentencia ambigua que intentara contentar a ambas partes. No lo hizo; la prensa recogió la reacción unánime de congratulación en Cataluña, así como de malestar en los medios madrileños hostiles. Es todavía pronto; escribo esto a los tres días de la sentencia, pero esta sentencia podría ser uno de los hitos de nuestra España actual, aunque la política es cosa frágil por naturaleza, y será mejor no lanzar las campanas al vuelo ni bajar la guardia.

1.3. *Resumen*

En definitiva y como resumen de los dos aspectos político y social, subsiste la ideología anterior de que, fuera de las comunidades con lenguas propias y en las relaciones generales entre estas comunidades y el gobierno central, la única lengua del Estado, la única posible y tolerada, es el castellano, y que dentro de las comunidades con lengua propia, el castellano debe tener una presencia general garantizada, "de tal forma que ningún español pueda sentirse desorientado y peregrino en su tierra," con palabras de la carta aludida de la Academia; es decir, y ahora me sirvo de las palabras de la constitución vigente en el Estado (artículo 3.1): todo español tiene *el deber de conocer el castellano y el derecho a usarlo en exclusiva* en todo el territorio del Estado. No parece de momento ni imaginable una realidad como la de Suiza, Bélgica o el Quebec, en que el aspecto político y el lingüístico se hallan bastante bien diferenciados o por lo menos tienden a estarlo. Subrayo que lo más grave de la situación es que dicha ideología se halla profundamente arraigada en el espíritu de todos los españoles, casi como una verdad eterna, como un axioma, tan profundamente arraigada que incluso muchos catalanes la comparten. Una frase significativa que resume dicha mentalidad es: "Estamos en España." Esta frase significa lo siguiente para la inmensa mayoría de españoles: yo tengo todo el derecho a hablar el castellano y a ignorar las otras lenguas en todo el territorio del Estado, y tú tienes la estricta obligación de guardarte tu lengua cuando estés delante de mí y de hablarme en la lengua de España. Hoy por hoy en España es totalmente inconcebible e incomprensible una postura como la siguiente, que es la única que acepta el que esto escribe (y la única que aceptan comunidades como las aludidas de Bélgica, Suiza y el Quebec). Mi lengua y yo somos una misma cosa y yo no voy a aceptar ningún recorte en ninguna de las características de mi personalidad; en todo caso, si la convivencia lo hace inevitable, exijo por lo menos dos cosas: por una parte, igualdad absoluta de las lenguas ante la ley y en los órganos centrales del Estado, y por otra parte, preeminencia de mi lengua en su territorio propio.

Sin embargo, después de la sentencia del TC tengo que manifestar algo más de optimismo sobre el futuro de nuestra convivencia. La lectura del libro de Gauthier, Leclerc y Maurais fácilmente puede producir la impresión indirecta de que la España actual quizá no está tan mal desde el punto de vista de la legalidad lingüística. Las lenguas son realmente motivos constantes de fricciones en todas partes, y no todos los textos legales llegan a la altura de los nuestros, aunque esto no significa de ninguna manera que nosotros tengamos que sentirnos satisfechos. Nuestro único objetivo posible es la igualdad legal absoluta y la protección proporcional necesaria para que nuestra lengua pueda vivir con la máxima normalidad posible en un mundo en que, sin embargo, parece que esto no va a ser fácil.

2. Cómo se trata el plurilingüismo en el mundo

No me voy a ocupar de un tema tan prolijo, pero puede ser útil recordar las líneas más importantes de política lingüística existentes. Antes de empezar digamos que en el mundo hay unos 200 Estados para unas 6.000 lenguas; el plurilingüismo parece que tendría que ser, por lo tanto, una cuestión ineludiblemente presente en el ordenamiento jurídico de casi todo el mundo, y que tendría que constar con sumo detalle. Pero no es así; sólo unas pocas constituciones se preocupan de este problema, por lo menos formalmente o jurídicamente o con el detalle necesario (véase el libro de Gauthier, Leclerc, y Maurais). Por ejemplo, según Milian (51), sólo unas 22 constituciones se preocupan del problema lingüístico en su aspecto escolar, un aspecto central en toda convivencia. (En lo que sigue tomaré datos de los libros que doy en la lista de obras citadas, sin peocuparme de citarlos explícitamente).

Esquemáticamente, los dos principios más claros de convivencia lingüística son el *territorial* y el *personal*. "Una política basada en el *principio de la personalidad*... garantiza al individuo determinados servicios en su lengua, independientemente del lugar en que se halle.... El criterio de la *territorialidad* consiste en limitar a ciertas regiones definidas el derecho a beneficiarse de los servicios públicos en la propia lengua, que allí mantiene una alta prioridad" (Ninyoles, 120 de la edición catalana; 150 de la castellana). Sin embargo, la realidad es siempre mucho más compleja y dinámica; vistos en funcionamiento, estos principios acostumbran a tener múltiples componentes correctivos o complementarios que pueden incluso desfigurarlos. Suiza y Bélgica son los ejemplos más claros y vivos de política territorial. Finlandia posee legalmente el principio personal. En Canadá existe una mezcla desigual de ambos principios, y parece que en Quebec se está imponiendo el territorial. En general, el principio personal es mucho más caro y difícil de aplicar. Por tanto, el territorial queda como el más viable, a pesar de las múltiples dificultades inherentes a la cuestión lingüística.

Existe otro principio, el del *bilingüismo*, pero los especialistas afirman que el bilingüismo equilibrado, es decir la convivencia igualitaria y pacífica en un mismo territorio entre dos o más lenguas, no existe. Si no se adopta alguna medida de protección, siempre una de las lenguas acaba ahogando o subordinando a la(s) otra(s), lo cual equivale a subordinar a quienes las tienen como propias. Confirma definitivamente esta afirmación de los especialistas el caso de Finlandia, uno de los ejemplos más verídicos de respeto *legal* y *social* de las lenguas nacionales. Según los autores, a menudo la defensa del bilingüismo no responde a otro interés que el de una minoría privilegiada que se resiste a aprender la lengua territorial. Esto es lo que hoy sucede en la práctica en Cataluña (aunque en una medida afortunadamente muy exigua) y sobre todo en el resto del dominio lingüístico catalán.

Aparte de los tres principios expuestos (personal, territorial y bilingüe), hay otras formas de tratar políticamente el plurilingüismo. Si una de las lenguas se declara o se trata como lengua única del Estado, tendremos el *monolingüismo absoluto*. Es lo que sucede en Turquía y lo que sucedía en España en tiempos de Franco. La constitución turca, aparte de declarar que la lengua oficial del Estado es el turco, dice cosas como las siguientes: "Aucune langue autre que le turc ne doit être enseignée aux citoyens turcs ou utilisée en tant que langue maternelle dans les établissements d'éducation et d'enseignement"; "Aucune langue interdite par la loi ne peut être utilisée pour exprimer et diffuser des idées."

Si el Estado reconoce otras lenguas pero se indentifica con una de ellas, tendremos la situación actual de España, ya descrita más arriba. Esta identificación tiene una trascendencia mucho más importante de lo que a primera vista pueda parecer; la lengua se convierte en uno de los *signos identificativos del Estado*, como la bandera, el mapa o ciertos personajes históricos o artísticos. El ciudadano recibe continuamente, de manera directa o subliminal, el mensaje de que si pertenece a tal Estado, *su* verdadera lengua, *su* verdadera bandera, *sus* personajes nacionales son los que propone el Estado. Después de más de quince años de democracia, hoy en España todavía casi todo el mundo encuentra lo más "natural" del mundo, como dije más arriba, el hecho de que si estamos en España el castellano tenga la preeminencia legal y social que tiene. Otra consecuencia nefasta de esta identificación del Estado con una lengua es la creencia íntima de que esa lengua es *la* lengua verdadera e indiscutible, mientras que las otras son entes menos o mucho menos claros, son excepciones, "particularidades," rarezas, empeños o antojos de unos pocos, y en definitiva limitaciones o *defectos* de esos pocos. Adviértase

que todo lo que llevamos dicho desemboca forzosamente en el estableci-
miento de dos tipos de ciudadanos: los privilegiados que tienen como
lengua propia aquella con la que el Estado se identifica, y los ciudadanos
de segunda, los otros, que continuamente tienen que ceder ante los
primeros, incluso avergonzándose de su lengua. No creo que sea
necesario decirlo, pero quizá no sea superfluo decirlo ante un auditorio
que supongo que tiene como lengua propia la más privilegiada del
mundo. Las lenguas no son exclusivamente medios de comunicación, sino
características personales y colectivas que los interesados nunca aceptarán
ver pisoteadas, desprestigiadas o discriminadas de la manera que sea.

El hecho de que los principios teóricos del plurilingüismo se
conviertan en la práctica en complicados sistemas jurídicos y políticos,
como sucede en Bélgica, Suiza, Italia y Quebec (véase el libro de
Milian), hace decir al profesor McRae, de la universidad canadiense de
Carleton, que la mejor política es la de negociación y adaptación continua
(véase su texto en Bastardas y Boix). Me atrevería a decir que esta es
precisamente la realidad actual de Cataluña. El gobierno autonómico de
Cataluña desarrolla una política lingüística tendente a reforzar la lengua
propia del territorio, pero al margen de ella negocia y se adapta continuamente a las circunstancias que van surgiendo. Y es que, en definitiva,
mucho más importantes que las lenguas son las personas que las hablan.
Precisamente uno de los pensamientos centrales del texto de Viletta sobre
la política lingüística suiza es que en esa confederación no se pretende
exactamente salvaguardar las lenguas sino, de manera más central,
proteger la integridad de los derechos del individuo, y uno de esos
derechos inalienables es la lengua.

Breve paréntesis sobre Finlandia

Como la situación en ciertos países aludidos es mejor conocida, me permito hacer aquí un breve paréntesis sobre Finlandia, con información sacada de Jukka Havu.

Habitantes de Finlandia: 5.000.000. Son lenguas "nacionales" el finés, el sueco (las dos más importantes, obligatorias además en la escuela) y el lapón. Nadie se siente más o menos finlandés por razón de su lengua propia, ni se consideran matrimonios "mixtos" los contraídos entre dos personas de lengua finlandesa diferente. Este último fenómeno es de gran importancia, por lo menos considerado desde Cataluña, donde hasta ahora la diferencia lingüística ha constituido un signo de diferencia "nacional."

No existe el fenómeno del doblaje (incluidas lenguas no finlandesas): la TV pone subtítulos, como máximo—otro detalle de enorme interés para territorios como España, donde una política de este tipo conllevaría enormes beneficios lingüísticos y sobre todo psicológicos. Desde el punto de vista lingüístico, sólo el vasco (entre las lenguas de España) se resistiría a ser, en breve plazo, una lengua comprensible para todos, como lo serían el italiano y el portugués. A veces el teleespectador llega a sentir vergüenza de que se le traduzcan noticias en estas lenguas, enormemente parecidas al castellano, el catalán y el gallego, y otras lenguas como el inglés dejarían de ser perpetuamente "extranjeras" a pesar de que casi todo el mundo las estudia hoy en España. Desde el punto de vista psicológico, todo el mundo *conocería* la realidad plurilingüe que ahora se oculta sistemáticamente y todo el mundo la *aceptaría*.

Finlandeses con lengua propia finesa representan el 94%; con lengua propia lapona, unos 3.000 (y hay otros 40.000 lapónhablantes entre Noruega y Suecia; en Finlandia hay más hablantes de inglés que de lapón); con lengua propia sueca, el resto (sobre todo en la costa sudoccidental y en la isla autónoma de Aland, donde es obligatorio dominarlo, por ejemplo, para poder comprar un terreno).

En Finlandia rigen dos principios lingüísticos: el personal y el territorial. Por el principio personal, en teoría todo el mundo puede vivir en Finlandia en una sola de las dos lenguas principales, pero el sueco (que es de familia diferente del finés) va encontrando resistencias cada vez mayores, a causa de la dificultad que conlleva aprenderlo. Por el principio territorial, los municipios son administrativamente monolingües o bilingües; son bilingües si la lengua minoritaria cuenta por lo menos con 3.000 personas o con más del 8%. En todos los documentos del individuo consta cuál es su lengua "personal," que el individuo puede cambiar cuando quiera.

El inglés es cada vez más importante, sobre todo en la enseñanza universitaria; casi todos los textos están en inglés, y en esta lengua se escriben y publican muchas tesis y muchos profesores la usan en la enseñanza. (El 25% de todos los libros del mercado de Dinamarca son en esta lengua, que es obligatoria en Suecia.)

3. Situación actual del catalán

3.1. *Recuperación pública de la lengua en los últimos años*
A partir de la ley de normalización lingüística de Cataluña (1983), el catalán ha ido poco a poco recuperando una parte importante del espacio público y oficial que le corresponde y que en gran parte había conseguido ya antes del franquismo, a pesar de que desde el inicio del siglo XVIII había sido perseguido política y legalmente. Vista de manera global, esta recuperación es un hecho altamente sorprendente para cualquiera que haya vivido en España entre 1939 y 1975; la intención de Franco era eliminar toda lengua que no fuera el castellano, sobre todo la más tenaz,

el catalán, y hay que decir que los catalanes llegamos a pensar que ese objetivo llegaría a conseguirse. Para que una lengua desaparezca sólo hay que expulsarla completamente de la vida pública; a partir de aquí, si subsiste en la vida familiar, se irá corrompiendo, fraccionando dialectalmente y anticuando con el paso del tiempo, hasta que ya no sirva a sus hablantes para las funciones administrativas, sociales y científicas; entonces ellos mismos se avergonzarán de ella y la rehusarán.

Pues bien, hoy el catalán se usa de manera casi exclusiva en toda la administración autonómica de Cataluña (mucho menos en las otras dos comunidades); se enseña obligatoriamente en la escuela y tiene una presencia notable en la televisión. En Cataluña hay dos cadenas televisivas que emiten exclusivamente en esta lengua, y en el País Valenciano hay otra cadena propia que lo usa a medias. Las dos cadenas estatales lo usan también parcialmente. Sin embargo, en las cadenas privadas a penas se usa. Y el problema aumentará espectacularmente a medida que se puedan captar más emisoras por satélite y por cable.

En un nivel científico y culto en general, se usa de manera variable, pero con normalidad creciente, en las universidades. Los catalanes que son especialistas en cultura catalana y en lingüística general tienen hoy la misma talla que cualesquiera especialistas de otras culturas. Hay, por ejemplo, especialistas en la teoría lingüística generativa reconocidos internacionalmente. En lo que se refiere al estudio del catalán, contamos hoy con empresas informáticas no inferiores a las de culturas como el francés o el italiano y que superan en calidad y envergadura a otras homólogas de la lengua española. Por otra parte, la producción y la edición de libros tiene una fuerza que hay que calificar de buena y que incluso es muy notable en calidad y cantidad en algunos géneros como la novela y el libro infantil y juvenil. En este punto, se observan incluso paradojas que no sabemos en qué acabarán. Por ejemplo, en el País Valenciano, donde el catalán se encuentra con enormes dificultades de subsistencia a nivel popular, existen en cambio realidades de las más esperanzadoras: por una parte, hay cuatro editoriales catalanas que parecen tener una buena vida económica; por otra parte, allí se edita un semanario de información general de calidad comparable a cualquiera de otra cultura y que parece tener una salud económica normal; finalmente, en las universidades valencianas existen colectivos de los más activos y serios por lo que se refiere al estudio y difusión de la cultura catalana.

En niveles más populares, se puede hacer referencia al auge que ha adquirido la lengua en algunos sectores importantes de donde años atrás estaba ausente. Se empezó introduciendo tímidamente la lengua en las radiaciones de partidos de fútbol, el deporte que cuenta con millones de espectadores y radiooyentes. Hoy el catalán es prácticamente la única lengua en que se transmiten los grandes partidos por radio y TV. La introducción del catalán en el cine y en el vídeo ha sido menos afortunada y es sólo simbólica, probablemente por los fuertes condicionantes económicos de este sector. Sin embargo, las televisiones sí usan el catalán en las películas, con lo cual esta lengua, que en un principio sorprendía por lo exótico en este ámbito (la gente estaba acostumbrada a oír a los artistas en castellano y con una determinada voz prestada, la de los dobladores), se siente hoy en él como normal. Finalmente, existe hoy una nutrida red de grupos de rock que usan preferentemente o exclusivamente la lengua del país. Son tres sectores enormemente importantes para toda lengua que quiera penetrar de manera efectiva en el tejido social.

Nos queda no poco en la vida pública y oficial. Por ejemplo, la administración central, que subsiste superpuesta a la autonómica, usa nuestra lengua tan sólo en un porcentaje más bien simbólico; el mismo porcentaje, o menos, existe en los transportes públicos estatales o internacionales (ferrocarril, aviación) y en otros servicios estatales como correos. (Sin embargo, en muchos de estos servicios el cliente es atendido oralmente en catalán.) El ejército tiene como única lengua el español.

En la vida no oficial nos quedan también importantes sectores a los que el catalán accede poco o nada. En periodismo, contamos con publicaciones comarcales bastante arraigadas en Cataluña, pero casi nada existe en las otras dos comunidades. Sólo poseemos un diario que pueda considerarse de ámbito general. En el sector de las revistas, existe alguna de notable difusión, pero ninguna en absoluto de las más populares, las llamadas "del corazón." Otro terreno de gran importancia en que el catalán no ha penetrado todavía en absoluto es la burocracia de la industria y del comercio (excepto, en el último caso, de forma oral). Más abajo veremos todavía otros detalles no favorables a las lenguas pequeñas.

En resumen, dejando aparte las enormes diferencias que existen entre unos lugares y otros del dominio lingüístico, cabría decir que el catalán se va sintiendo nuevamente como "natural" en su territorio. Seguidamente veremos otros aspectos que nos permitirán tener una visión más objetiva de la situación de la lengua.

3.2. *Cambios sociales importantes que afectan al catalán*

He terminado la sección anterior con optimismo. Sin embargo, sería muy fácil cargar las tintas por el lado negativo, destacando lo mucho que nos falta para que nuestra lengua sea una lengua normal en el sentido en que expuse este objetivo más arriba. Puede interesar saber que hoy entre los especialistas en la cultura catalana hay quienes son más bien optimistas y quienes ven el panorama con pesimismo, y que entre unos y otros surgen a veces polémicas que terminan en tablas.[3]

Quien esto escribe, muchas veces ha visto el panorama desde el lado pesimista. Hoy me pregunto si he llegado a comprender qué significa en el mundo actual que una lengua pequeña sea "normal." Probablemente habría que provocar en nuestra sociedad un debate largo y sincero sobre este punto crucial. El futuro dirá si el catalán puede o no puede mejorar

o por lo menos subsistir en medio de las enormes presiones a que se ve
y sobre todo se verá sometido. Lo más prudente será, pues, no dar ningún
pronóstico y limitarse a exponer muy brevemente cuáles son estas
presiones.

En síntesis, los principales problemas externos con que debe
enfrentarse el catalán son los movimientos masivos de personas, los
cambios tecnológicos y los medios de comunicación.

Hasta hace unos cincuenta o sesenta años, el dominio lingüístico
catalán había experimentado constantes movimientos inmigratorios, pero
había podido asimilarlos lingüísticamente. Desde los años sesenta de este
siglo se ha producido la inmigración proporcionalmente más importante
de nuestra historia, procedente sobre todo de las regiones españolas que
no hablan catalán, y ahora esas enormes cantidades de personas han
asimilado el catalán muy superficialmente y con mucha lentitud. Pero
lingüísticamente hablando no es menos preocupante el turismo, que tiene
un gran peso tanto en Cataluña como en el País Valenciano y en las islas
Baleares.

El turismo está produciendo cambios muy profundos en las costum-
bres lingüísticas de las zonas costaneras, donde el turista es quien manda
y hay que servirle en su propia lengua, sobre todo en alemán y en inglés;
en muchos de estos lugares de gran afluencia el catalán se encuentra
prácticamente desterrado. Por otra parte, también los catalanohablantes
tenemos hoy mucha más facilidad de viajar a otros países, con lo cual se
hace más perentoria la necesidad de saber otras lenguas. Este aspecto, que
es sin ninguna duda sumamente positivo en la vida de las personas,
también tiene su incidencia negativa en lenguas pequeñas como la
nuestra: por una parte, puede fomentar cierta creencia de que otras
lenguas son más "importantes" que la nuestra; y por otra parte, la
integridad lingüística de la lengua pequeña es más difícil, es decir es más
fácil la incorporación de palabras, giros y expresiones ajenas.

Hay otro aspecto en el que la actual mobilidad de las personas nos afecta. En Europa existen programas para fomentar el intercambio de estudiantes entre universidades. La universidad de Barcelona ha sido en algunos momentos la primera del Estado en recibir estudiantes europeos. Estos estudiantes acuden sabiendo, a lo sumo, la lengua castellana, una lengua cada vez más conocida en Europa, y ejercen una presión eficaz para que los profesores que usan el catalán en clase lo cambien por el castellano.

Los cambios tecnológicos han ido paralelos a los grandes movimientos de personas y en parte son su causa. La revolución que se ha producido en la vida material del mundo ha repercutido profundamente en su soporte lingüístico. Usos e instrumentos que habían tenido una vida de siglos e incluso de milenios han desaparecido en muy pocos años, y con ellos han desaparecido las palabras y las frases que las vehiculaban, al igual que los pensamientos que en ellos se inspiraban. Las nuevas maneras de trabajar y de divertirse, los incesantes inventos, las nuevas profesiones, etc., han venido acompañados de otras palabras, otras frases y otro mundo mental que han prácticamente borrado a los primeros. Hasta hace muy poco, todas esas realidades nos venían a los catalanes vehiculadas en castellano. Recientemente se ha hecho en el dominio lingüístico catalán un esfuerzo considerable por poner al día el lenguaje administrativo y la terminología en general y se está haciendo otro paralelo por actualizar el léxico más corriente. Sin embargo, la fuerza ambiental que ha adquirido el castellano entre nosotros neutraliza a menudo ese esfuerzo, como ilustraré más abajo.

Respecto a los medios de comunicación de masas, sobre todo los audiovisuales y la informática, los catalanohablantes hemos estado siempre atentos a incorporar el catalán en esos mundos, pero la presión que ejercen las lenguas estatales, los grandes intereses económicos internacionales y la decisiva desventaja que representa el que un Estado se identifique con una sola lengua (que es el caso español), todos estos factores producen un marginamiento proporcionalmente creciente de nuestra lengua en esos medios. Quizá sea útil un detalle que sin duda será incomprensible para quienes se hallan lejos de nuestra realidad. En catalán hay una tradición relativamente notable de traducciones; en varias épocas se ha dado el caso de que ciertas obras de prestigio se han traducido antes a nuestra lengua que al castellano. Pues bien, desde hace años las editoriales que producen en castellano bloquean muchas veces los derechos de autor (si se compran por ámbitos estatales en lugar de comprarse por ámbitos lingüísticos) para evitar esa circunstancia y sólo cuando la obra lleva varias ediciones en castellano se puede traducir al catalán. Se comprenderá lo que esto significa en un territorio en que todos los que leen en catalán pueden hacerlo también en castellano. Parece imposible que una lengua que cuenta con unos seis o siete millones de potenciales compradores de literatura (si descartamos a los habitantes del dominio lingüístico que no leen en catalán) pueda hacer sombra a una lengua que se jacta de poseer trescientos millones de hablantes nativos, aparte de muchos otros millones que la saben por haberla estudiado.

Probablemente va a ser inevitable en ámbitos supranacionales e incluso estatales esta múltiple presión y la correspondiente necesidad del catalán de convivir con varias lenguas, y entonces la mejor o la única solución tendrá que ser el conseguir por lo menos que el catalán no se debilite dentro de su propio territorio, pretensión tampoco nada fácil de conseguir.

3.3. *Dos problemas muy concretos*
Es cierto que los cambios sociales de que hemos hablado afectan en general a todas las lenguas pequeñas e incluso a las menos pequeñas. Por

eso me preguntaba más arriba qué significa la normalidad lingüística en el mundo actual. Sin entrar en esta cuestión, hay que reconocer sin embargo que los medios de defensa de las grandes lenguas y de las que por lo menos son estatales no tienen proporción con los medios que tienen lenguas pequeñas no estatales. Voy a referirme ahora a dos problemas muy concretos y específicos que afectan al catalán y que en todo caso afectan mucho menos a esas otras lenguas.

a) *Uso efectivo del catalán y actitud ante esta lengua*

Hasta hace un par de años los sociolingüistas catalanes ponían en el centro de todas sus preocupaciones el siguiente hecho: se aceptaba que el conocimiento pasivo del catalán había aumentado espectacularmente en los últimos años, como consecuencia de la escolarización y de las demás medidas políticas que hemos visto, pero se constataba que el uso activo no aumentaba en la misma proporción, aunque no había pruebas objetivas que redujeran a números dicha constatación intuitiva. Al catalán, exagerando un poco, podía sucederle como al latín, que siguió siendo lengua de estudio mientras iba dejando de ser lengua de comunicación; o como al francés que se entudiaba entre nosotros años atrás, que no pasaba de ser lengua escolar. La alarma era mayúscula y se divulgaba en una frase polémica: "Nunca se ha sabido tanto el catalán, pero nunca se ha usado tan poco." Me limito a recordar la preocupación.

Sin embargo, recientemente se ha divulgado en letras de molde otro hecho quizá todavía más alarmante, aunque relacionado con el anterior: los jóvenes del área metropolitana de Barcelona (donde viven la mitad de los seis millones de habitantes de Cataluña) sienten una indiferencia creciente ante la opción de una de las dos lenguas ambientales, el catalán y el castellano. Les da lo mismo usar una que otra y no por ello se sienten más o menos catalanes. Este hecho se halla bien expuesto en el libro de Emili Boix. En un ambiente como el de Washington, debo aclarar que lo que acabo de decir representa una herejía para la mayoría de los catalanohablantes (por lo menos de Cataluña) de más de treinta años, algo que muchísimos se niegan o se negarían a aceptar. Es una verdadera catástrofe o revolución mental. Muy en concreto, representa que el catalán ya no es la lengua que de alguna manera tiene más fuerza interior, la que se ha sedimentado en exclusiva o con más eficacia en los años infantiles, decisivos lingüísticamente, la que, en definitiva y precisamente por las razones a que acabo de referirme, hemos defendido los catalanes durante siglos contra viento y marea, la que flota cuando surge un conflicto. Los lectores que no tengan experiencia de conflictos lingüísticos encontrarán páginas interesantes en este sentido en el libro de Esmeralda Santiago que acaba de aparecer en las librerías. Podríamos ver aquí un fenómeno parecido al que más arriba apuntábamos de Finlandia, donde el sentimiento de pertenecer a la comunidad no depende de la lengua hablada. Algo parecido se da también en el País Vasco, donde muchísima gente se siente profundamente vasca sin hablar la lengua propia. No sé hasta qué punto las situaciones son comparables; en Cataluña es un fenómeno demasiado reciente y demasiado candente para poderlo juzgar con objetividad. Lo único que puedo decir es lo que ya he dicho: que hoy por hoy parece un fenómeno negativo desde el punto de vista que aquí interesa. Y no puedo referirme a lo que sucede en las otras dos principales comunidades catalanohablantes, las islas Baleares y sobre todo el País Valenciano, donde el problema es sin duda de proporciones mucho más alarmantes.

Estos son los hechos, que puede comprobar a diario quien sin prejuicios pase por la calle o se tome un café en un bar. Más arriba (§ 3.1) decía que el catalán ha vuelto a naturalizarse en su territorio, contra muchos pronósticos de los años del franquismo. Pero ahora tenemos otro hecho de gran trascendencia: también el castellano ha conseguido, finalmente, naturalizarse entre nosotros. Y uso esta palabra con toda la carga semántica que tiene. Nunca antes había sucedido tal cosa; el castellano se sabía más o menos bien según los lugares, los estratos sociales y la cultura de cada cual, pero en el noventa y cinco por ciento de los casos era claramente una lengua poco segura, en definitiva, una lengua ajena, segunda.

Las consecuencias de este hecho pueden ser decisivas en un futuro muy próximo, si hay que dar razón a los especialistas, que niegan que dos lenguas puedan convivir en plan de igualdad. La más fuerte, el castellano, terminará ahogando a la más débil, el catalán, a menos que suceda un milagro. Como yo no creo en milagros, dejo otra vez el hilo del discurso en suspenso.

Sí quisiera añadir algo, sin embargo, algo que a mí me dice que la realidad es todavía más preocupante de lo que señala el libro de Boix. Hoy se dan en nuestra sociedad catalanohablante dos fenómenos extremadamente significativos. En primer lugar, cada día es más frecuente oír a catalanes que dicen el nombre de una planta o de un animal en catalán y que lo "aclaran" acto seguido en castellano. En definitiva, el término castellano es más transparente, es mejor referente de la realidad, que el término catalán. Nombres como los de animales o plantas es normal que se desconozcan progresivamente en una sociedad cada vez más urbana, pero es significativo que los correspondientes castellanos sean los únicos que puedan aflorar, como palabras conocidas por lo menos culturalmente o por haberlas difundido los inmigrantes, y que, en cambio, las palabras que hipotéticamente trajeron a la ciudad los campesinos catalanes se hayan perdido. Y todavía es más significativo el hecho de que el fenómeno se va extendiendo rápidamente a cualquier tipo de palabra. Vean unos ejemplos sacados de la más estricta cotidianidad:

(1) ...i en aquell bosc vam poder fotografiar esquirols, *ardillas*: n'hi havia pertot. ["y en aquel bosque pudimos fotografiar 'esquirols', ardillas: las había por todas partes"]

(2) Els llibres em van quedar tots socarrimats: ben *xamuscats*, em van quedar. ["Los libros me quedaron chamuscados por completo"]

(3) [Carta de un restaurante, en catalán; entre [ ] traducción mía; entre ( ) traducción de la misma carta:]

.....

conill	[conejo]
xai	[cordero]
llom	[lomo]

.....

| guatlles | (codornices) |

.....

| codonyat | (membrillo) |

.....

Cerrado ya este artículo, encuentro un extraordinariamente significativo ejemplo de nuestro fenómeno. Se trata del periódico *Avui*, el único de periodicidad diaria y de difusión general en Cataluña. El director del periódico tiene en él una columnita fija, de una extensión de poco más de un folio mecanografiado a doble espacio (es decir, que tiene que exponer las ideas sin rodeos ni repeticiones). Pues bien, el artículo del día 6 de enero de 1995 empieza así (traduzco las palabras que puede desconocer un lector no familiarizado con el catalán): "Des de les eleccions del 6 de juny del 93, la vida del govern espanyol recorda la d'un saltamartí, aquella joguina [juguete] que en castellà s'anomena «tentetieso.» El saltamartí és un ninot [muñeco] al qual es donen cops [golpes] que aparentment estan a punt de tombar-lo..., però que sempre es torna a posar dret [derecho]...."

Una especie de este mismo fenómeno podría ser la tendencia observada en avisos y letreros públicos a recurrir a las palabras catalanas más parecidas a las castellanas o simplemente iguales. Por ejemplo, en una prohibición de aparcar, escribir, al lado de la señal, (4a) en lugar de (4b):

(4) a) Excepte laborables.

   b) Llevat feiners.

Años atrás este recurso existía por otra razón: la prohibición de usar el catalán en la vida pública aguzaba el ingenio de la gente para encontrar palabras que se escribieran igual en catalán y castellano: per ejemplo, existía una *Editorial Selecta* (con colecciones llamadas "Biblioteca Selecta" y "Biblioteca Perenne") y una *Banca Catalana*.

El segundo caso no es menos revelador. Como el conocimiento real del catalán es muy deficiente en nuestra sociedad, la

(5) Va fer una lectura *sesgada* del document. [*esbiaixada*] [hizo una lectura sesgada del doc.]

(6) —Pots venir un moment? —Ara *vaig*. [*vinc*] [—¿Puedes venir un momento? —Ahora *voy*]

(7) —Em pot donar una *servilleta*, sisplau? [*un tovalló*] [¿Me puede dar una servilleta, por favor?]

En cambio, los casos inversos producen indefectiblemente una sonrisa más o menos burlona y una corrección más o menos severa (en el caso de 8), cuando no un sarcástico estrépito de risa (en el caso de 9):

(8) —¿Puedes venir un momento? —Ahora *vengo*. [*voy*]

(9) —¿Me puede dar un *tovallón*, por favor?

Debo añadir que tal reacción se produce no exclusivamente o precisamente entre los oyentes que no tienen el catalán como lengua materna, sino sobre todo o precisamente entre los mismos catalanes. Los otros probablemente evitan la reacción negativa, entre otras razones, porque deben de sentir interiormente algún tipo de inferioridad o de envidia ante quienes son capaces de expresarse en las dos lenguas, aunque sea con vacilaciones.

La moraleja que hay que sacar de los dos casos anteriores es muy clara: a pesar de todos los avances de la lengua catalana en nuestra sociedad, esta lengua sigue siendo una lengua de segunda, poco importante o poco seria. No saberla o no saberla bien es la cosa más natural del mundo, a nadie produce rubor ni preocupación alguna. Es exactamente lo contrario que sucede con el castellano. Quien esto escribe presenció la siguiente escena. En una reunión de una familia mixta un catalanohablante informó a un matrimonio de una llamada telefónica con las palabras siguientes:

(10) No ha sido nada: dice que su madre ha tenido como un mareo y le han dado una camamilla.

El matrimonio se quedó como si la frase fuera incompleta: no entendieron. El informante repitió y se reprodujo la cara expectante. Hasta que aquel se percató de lo que sucedía y corrigió:

(10') ...bueno, que dice que le han dado una manzanilla.

La pareja lleva más de treinta años en Cataluña, donde ha trabajado siempre y ha tenido a sus hijos. En este caso no se produjo ninguna sonrisa, por lo menos exterior, debido a la consideración en que se tenía a la persona que hablaba (y debido a lo que dije más arriba). Pero lo significativo es que se pueda vivir treinta años en Cataluña sin enterarse de que *manzanilla* se dice en catalán *camamilla*.

Podríamos añadir una coletilla a la moraleja. Desde los primeros años del franquismo (1939-1975) se instaló en nuestra sociedad la costumbre nefasta de cambiar el catalán por el castellano en cualquier caso en que hubiera presente una persona que no hablaba catalán. En la inmensa mayoría de los casos la costumbre no era requerida por la necesidad de asegurar la comprensión, puesto que la persona afectada seguía perfectamente la conversación. La costumbre nació por dos razones: primero por la represión que en aquellos años había contra el catalán, y segundo por la naturalísima reacción de toda persona que sabe la lengua del interlocutor si este no sabe la de aquel. (Las dos razones van cronológicamente en el orden expuesto. Hasta al cabo de bastantes años los catalanes no fuimos capaces, en general, de usar el castellano con suficiente fluidez.) El fenómeno se daba no sólo en conversaciones entre dos o tres personas, sino en cualquier reunión o grupo en que hubiera una sola persona no catalanohablante. Esta costumbre terminó por convertirse en otra rutina más grave; ante cualquier situación en que no se conocía al interlocutor se usaba el castellano. Incluso con extranjeros que hablaban catalán con el lógico acento. Más aún, en situaciones formales, en reuniones algo numerosas, en lugares de administración, en salas de conciertos, etc., etc., es decir en cualquier situación más o menos formal, se usaba casi exclusivamente el castellano. Este fenómeno producía dos efectos nefastos; impedía aprender la lengua a los inmigrados y creaba la conciencia de subordinación del catalán al castellano. Por lo menos subordinación lingüística; afortunadamente las personas como tales nunca se han sentido inferiores a los no catalanohablantes, y esta ha sido una de las causas que han impedido una mayor decadencia y marginación de la lengua.

b) *La calidad de la lengua catalana*

Los catalanohablantes hemos sido siempre muy sensibles a lo que llamamos la pureza de nuestra lengua. Quizá nadie sería capaz de definir con alguna precisión qué significa la pureza de una lengua, sobre todo en nuestros días. Dejaré también en el aire esta inquietante pregunta, pero no sin advertir, igual que antes, que la inquietud está mucho más fundamentada cuando afecta a unas lenguas que cuando afecta a otras. Me limitaré, pues, a ilustrar brevemente el objeto de nuestra preocupación.

Antes diré tan sólo que nos preocupa mucho más un castellanismo que, por ejemplo, un galicismo, lo cual es perfectamente lógico. En cantidad y en calidad, la influencia de la lengua castellana sobre la catalana es infinitamente más visible que la que ejerce sobre ella el francés. En cambio, hoy empieza a preocupar seriamente el inglés, por la misma razón exacta; aunque hay una diferencia sustancial muy humana. El inglés se nos hace menos antipático porque no es nuestro vecino de escalera. El castellano es especialmente preocupante porque es una lengua que presenta en muchas ocasiones una estructura idéntica o muy parecida o por lo menos paralela a la estructura del catalán. En muchísimos casos de léxico, fraseología, morfología, fonética o sintaxis *no se puede saber a priori* si tal o cual forma es o no es genuina. Por ejemplo, en el terreno estrictamente léxico, palabras como *chamuscar* (que vimos antes) o *pañal* podrían ser perfectamente catalanas por su fonética y su morfología, aunque resulta que nuestras correspondientes palabras, cada vez menos conocidas, son *socarrimar* y *bolquer*. La palabra castellana *cuatrimestre* es en los diccionarios catalanes *quadrimestre* (que suena igual excepto por la *d*), pero sólo media docena de personas lo saben y aun tienen que reflexionar un momento cada vez que tropiezan con ella. Y esta sutil y extremadamente molesta diferencia está continuamente al acecho. *Hungría* se escribe en catalán *Hongria* (palabra que se pronuncia también llana), *polaco* es *polonès* (i no un hipotético y perfectamente lógico *polac*), *atmósfera* es en catalán *atmosfera* (palabra llana), *dioptría* es *dioptria* (esdrújula). Etc., etc.

Todo lo cual, unido a lo que hemos dicho antes (§ 3.3a) y al hecho de que el castellano es la lengua más fuerte (es decir, la que influye sobre la otra), dibuja el panorama de confusión lingüística que hemos también esbozado ya. Hoy existen defectos lingüísticos generalizados en nuestra sociedad. El caso de (11), de sintaxis, está claramente prohibido por la gramática normativa, y en cambio se oye absolutamente a todo el mundo, incluidos catedráticos universitarios de catalán y miembros de nuestra academia de la lengua, el Institut d'Estudis Catalans (IEC) (doy también la forma correcta a continuación):

(11) No m'he recordat de que avui teníem un sopar. [*que*] [No me acordé *de que* hoy teníamos una cena]

El defecto de pronunciación de (12) ([s] por [z]) lo he oído, mientras preparaba esta conferencia, en cinco o seis oficinas de información de entidades oficiales, de la Generalitat, del IEC y de radios públicas:

(12) Telèfon 402 46 00: "quatre [s]ero dos - quatre sis - [s]ero [s]ero"

El caso de (13) es de léxico y procede de un folleto de información de la Universitat Oberta de Catalunya (1994):

(13) El *número* d'assignatures obligatòries és... [nombre]

Y el de (14), de morfología y de léxico, procede de un programa oficial de un departamento universitario de catalán (1994):

(14) Anàlisi *lingüístic* de textos / *quatrimestre* [*lingüística*, femenino, y quadrimestre]

Como se trata de fenómenos generalizados, y por tanto naturalizados en nuestra sociedad, creo que va a ser muy difícil hacerlos retroceder de manera significativa. No me refiero, claro está, a hechos individuales como el de (13) o el segundo de (14), sino a la vacilación constante y universal que se produce entre los catalanohablantes. De hecho, uno de los grandes problemas que hoy tenemos en la enseñanza, a todos los niveles, es el de no poder exigir a los alumnos una pulcritud lingüística que no se encuentra en ninguna parte, incluidos los profesores que deberían exigirla. ¿Cómo puede un maestro de niños exigir o conseguir que sus alumnos pronuncien el sonido inicial, palatal lateral, de *llapis* (que es como el castellano de *lluvia*) o que diferencien entre [s] y [z] si él mismo no pronuncia el primero ni distingue los segundos?

He ilustrado la situación con casos ejemplares, casos sacados de las capas que teóricamente saben o deberían saber mejor la lengua. No bajaré a los detalles infinitos de la vida de la calle ni recogeré dos docenas de ejemplos de los innumerables tratados de barbarismos de nuestro mercado. Les pondré ahora unos ejemplos de fraseología, que es una de las parcelas más vulnerables de la lengua. Estos ejemplos muestran con la misma claridad lo indefensa que es una lengua frente a otra tan próxima. No opino sobre las formas castellanas inductoras de las catalanas, pero en todo caso son formas habituales en aquella lengua (doy también el equivalente correcto o adecuado):

(15) *Anem a veure*

Bé, sembla que encara no disposem de les imatges que els anuncià vem. *Anem a veure* si els en podem oferir unes altres. [*vejam, a veure, mirarem*; tomado de la televisión autonómica] [Bien, parece que todavía no disponemos de las imágenes que les hemos anunciado. *Vamos a ver* si podemos ofrecerles otras]

(16) *Aquí tenen*

a) [Repetición por TV de un gol en el fútbol, y comentario:]

Aquí tenen. [vet-ho aquí] [Aquí tienen]

b) [En una tienda, el vendedor al entregar la compra al cliente:]

Aquí té. [tingui] [Ahí tiene, ahí tiene usted]

(17) *Portar endavant*

Té problemes per *portar endavant* la campanya ecològica. *[endegar, engegar, fer, muntar,* etc.] [Tiene problemas por *llevar adelante* la campaña ecológica]

(18) *Emportar-se per davant*

Els aiguats *s'han emportat per davant* cinc cotxes. *[han arrossegat, s'han endut]* [Los aguaceros *se han llevado por delante* cinco coches]

(19) *Fer front a*

Hem de *fer front* a les dificultats. [Tolerable o normal] [Tenemos que *hacer frente* a las dificultades]

Hem de *fer front* a massa despeses *[atendre,* etc.] [Tenemos que *hacer frente* a demasiados gastos]

Terminaré con unas construcciones que en catalán eran hasta hace poco inexistentes y que la presión del castellano ha consolidado definitivamente. En algún caso puede que la presión provenga también de otras lenguas. El catalán antiguo tenía una estructura léxica y sintáctica más parecida o idéntica a la del francés y el italiano. Hoy creo que hay que admitir que el catalán se parece más, por lo menos en estos dos aspectos, a las lenguas iberorrománicas, castellano y portugués. En el caso de (20), el francés y el italiano suprimen la preposición *de*; el catalán sigue hoy el camino del castellano:

(20)   cast.   No os preocupéis *de si* llueve o no.
         port.   Nao vós preocupéis *de se* chove ou nao.
         fr.   Ne vous préoccupez pas *s'*il pleut ou pas.
         it.   Non vi preoccupate *se* piove o no.
         cat.   No us preocupeu *de si* plou o no.

El castellano de hoy acumula preposiciones; el catalán le imita:

(21)   El tren pasará por Valencia *en lugar de por* Zaragoza. [cat. El tren passarà per València *en comptes de per* Saragossa].

La construcción que vemos en (22) (un relativo seguido de un infinitivo) es una innovación recentísima de la lengua escrita, sin duda a través del castellano, aunque otras lenguas la poseen también:

(22)   No lleva ningún abrigo *con que cubrir* su desnudez. [cat.No porta cap abric *amb què cobrir* la seva nuesa].

El caso de (23) es una propaganda del metro de Barcelona que se encuentra estos días en las calles en las dos lenguas:

(23)   El metro: *tu otro coche. [cat. El metro: el teu altre cotxe]*.

Dicha frase tendría que ser en catalán *l'altre cotxe teu*.

No quisiera dejar aquí ni de esta forma un tema tan sensible. Voy a añadir brevemente otro aspecto preocupante. Todo lo que hemos visto hasta ahora es consecuencia de un conocimiento y de una vivencia muy débiles del catalán por parte de toda la sociedad. Esta situación provoca muy a menudo que una persona ignore una palabra o un giro en catalán; y si se encuentra al alcance otra persona que presumiblemente sabe mejor la lengua, se produce el siguiente texto:

(24) Vam anar a casa de l'àvia a buscar l'aguinaldo. ¿Com se diu, *aguinaldo*, en català? [Fuimos a casa de abuela a buscar el aguinaldo. ¿Cómo se dice *aguinaldo* en catalán?]

La pregunta es las más de las veces retórica, en el sentido de que quien la formula no suele esperar una respuesta que de hecho no le preocupa, según dijimos más arriba. Pero, en cambio, sí tiene el efecto negativo de preocupar al que presumiblemente se espera que sepa la respuesta y que muy a menudo tampoco la sabe o no la recuerda. Esta persona (a diferencia de la otra) sí tiene continuamente la mala conciencia de no saber bien su lengua. Dicho de otra manera, quienes tienen un interés positivo en la lengua (y en principio este es el caso de la mayoría de los que trabajan en ella profesionalmente) viven continuamente con más o menos preocupación o vergüenza frente a la misma. No sé si transmito a los lectores de este texto la sensación de exageración, pero les aseguro que pueden abandonar esa sensación. La duda lingüística constante asalta hoy en el dominio lingüístico catalán absolutamente a todo el mundo, desde el catedrático universitario hasta el empleado de banco. Imagínense lo que significa, por ejemplo, estar esquiando y oír continuamente a diestra y siniestra *telearrastre, telesilla* o hacer la *cuña*, indiferentemente en boca de esquiadores que hablan castellano o catalán. Ninguna de estas palabras es catalana; quien sea sensible a esta lengua se resistirá a pronunciarlas, lo cual le singularizará, o bien tampoco sabrá las adecuadas, lo cual le producirá la sensación de vergüenza o malestar a que me refiero. En ambos casos, esa persona no esquiará con el relajamiento completo de los miles de deportistas que le rodean. Algún sociolingüista ha dicho que la tragedia de los catalanes, frente a otros ciudadanos de este mundo, consiste en que no pueden vivir tranquilos con su lengua. Esta intranquilidad tiene, como vemos, un doble aspecto: el político-social y el puramente lingüístico.

Tampoco quisiera dejar en estas líneas una falsa impresión de masoquismo generalizado. Lo que he dicho es cierto, en gran parte, por lo menos entre los profesionales de la lengua. Pero, por fortuna, más de cuatro poseen la suficiente independencia interior para no dejarse amordazar por este peligro. Supongo que ya son muy pocos, por lo menos entre los jóvenes, los que hoy ocuparían el lugar de los protagon- istas de anécdotas reales como las dos siguientes. Cuando salió al mercado el conjunto de sofá y butacas llamado *tresillo*, alguien prefería no comprarlo para no tenerlo que denominar con dicha palabra castellana (a la postre ha resultado que la palabra ha sido aceptada en nuestro diccionario, como era inevitable). Otros se resistieron durante años a comprar televisor porque en aquellos años la televisión sólo hablaba en castellano, y se jactaban de ello (aunque a urtadillas procuraban enterarse de lo que pasaba en aquel mundo que se habían autoprohibido).

La sociedad catalana hace frente a este inmenso problema como puede. Yo diría que más bien tiene la ilusión, cada vez más débil, de poderle hacer frente. Me refiero, claro está, a la posibilidad de conseguir que esta lengua se hable con la pureza que nos gustaría a los especialis- tas. Lo que hoy existe en nuestra sociedad para controlar el panorama es una red muy tupida de "servicios lingüísticos," integrados por licenciados especialistas en catalán que están en las empresas para traducir o corregir los textos que van a circular oralmente o por escrito, para orientar las actividades de las empresas respecto a la política lingüística a seguir y para organizar clases para quienes quieran aprender el catalán o mejor- arlo. Se trata de un esfuerzo cívico y económico de proporciones considerables, que hay que interpretar como la respuesta que nuestra sociedad ha sabido dar a los problemas descritos. Visto en esta perspectiva, el fenómeno es todavía más interesante, porque muestra la vitalidad de la sociedad que tiene detrás, vitalidad que es una de las mejores esperanzas de cara al futuro. Esta organización, sin embargo, también tiene algún aspecto que podría no ser totalmente positivo: donde hay un responsable lingüístico, los demás miembros de la oficina, del departamento, de la redacción del periódico o de la TV pueden relajar su responsabilidad lingüística. En la medida en que esto suceda, el problema no sólo no se soluciona sino que puede que se agrave. Aunque tengo alguna sospecha negativa en este terreno, como no dispongo de datos que me permitan sacar ninguna conclusión, voy a dejar el tema aquí.

4. El futuro del catalán

4.1. *Una polémica reciente*

Hace algo más de cuatro años se produjo una de las innumerables polémicas que la situación actual o la supervivencia del catalán han provocado. Quienes veían ambos aspectos con pesimismo lanzaron una frase que la prensa aisló y potenció, como sucede tantísimas veces, provocando que quedara en el aire la anécdota y no el fondo del problema. La frase decía que el catalán podía desaparecer en más o menos el tiempo de una generación, unos cincuenta años, a lo cual no faltó quien respondió con el optimismo opuesto, y por tanto con una buena dosis de exageración, que el catalán estaba hoy en vías de consolidación, que gozaba de más salud que nunca, y que otras lenguas se encontraban exactamente igual—el inglés es el gran peligro de todas ellas, etcétera.

No voy a entrar en un debate que se ha enriquecido con otros puntos de vista; por ejemplo, cada vez hay más voces que claman por el control catalán de los grandes medios de comunicación y de imagen, que en definitiva son los que definen en cada momento la salud de las lenguas y su futuro. Esta y otras polémicas son en todo caso reflejo de las grandes preocupaciones que los catalanes tenemos respecto a nuestra lengua. Voy a limitarme a repasar brevemente los aspectos de esta preocupación.

4.2. *El reto interior*

En el interior del dominio lingüístico los aspectos más relevantes se pueden resumir en tres: conseguir más usuarios activos del catalán, conseguir más ámbitos de uso para esta lengua y poder evitar que el catalán se degrade.

El primero es conseguir aumentar el número de usuarios activos (en concreto, de hablantes) de la lengua. Como vimos más arriba (§ 3.3a), existe el doble peligro-realidad de que la lengua se estudie pero no se use y de que los jóvenes se muestren indiferentes frente a las dos lenguas existentes en el ambiente. Las aportaciones recientes sobre la sociolingüística catalana hacen especial hincapié en este aspecto. Poco se conseguirá si no se ganan millones de hablantes para la lengua en los próximos años, aunque ello implicase (y yo creo que inevitablemente implica) un mayor relajamiento del aspecto purista.

El segundo aspecto es conseguir más ámbitos de uso de esta lengua. También recientemente los sociolingüistas han subrayado lo absurdo y peligroso que representa que toda la actual juventud en edad laboral ya haya estudiado el catalán en la escuela (por lo menos en Cataluña) y, en cambio, se incorpore a un mundo económico donde el catalán casi no se usa. Es absurdo porque representa haber estudiado algo que no hace falta usar, y es peligroso porque los individuos afectados pueden reaccionar contra tal esfuerzo inútil. Como sucedió en Quebec años atrás, nos damos cuenta de que la lengua que se quiere defender tiene que usarse en la escuela y en la administración oficial, en los periódicos y en la televisión, tal como ya sucede más o menos en nuestro dominio lingüístico; pero también en otros ámbitos en que el catalán se encuentra todavía o totalmente ausente o muy poco comprometido, como el comercio y la industria, el deporte y el turismo, las diversiones, la telecomunicación, la justicia, el ejército y todos aquellos en que se usan las otras lenguas consideradas normales. Al catalán le falta muchísimo terreno por recorrer, y el problema está en que en la mayoría de estos ámbitos no se puede o es muy difícil introducir la lengua por decreto. Por tanto, hay que ensayar otras vías, siempre de eficacia más problemática sobre el papel. En definitiva, y viendo en perspectiva lo que ha sucedido en Cataluña en estos últimos once años (desde la ley de normalización lingüística de 1983), se constata que hemos optado siempre por la vía no conflictiva, no punitiva, no impositiva; seguramente, la única vía posible tratándose de una comunidad (y lo mismo hay que decir de las otras del dominio lingüístico) sometida a un Estado central que a lo sumo acepta a regañadientes que otras lenguas compitan con el castellano.

El tercer aspecto que preocupa en el interior del dominio lingüístico es conseguir una dignidad lingüística suficiente para esta lengua, es decir, conseguir que el catalán no parezca cada día más un dialecto del castellano, que sea autónomo. Lo que he dicho sobre la calidad de la lengua más arriba (§ 3.3b) es suficientemente clarificador de lo problemático que este aspecto es y sobre todo va a ser en un futuro inmediato. El dilema es duro: por una parte, una lengua de cultura, una lengua nacional, no puede parecer una sublengua, pero por otra parte, en estos momentos me parece humanamente muy difícil conseguir que los diez millones de habitantes de nuestro dominio lingüístico (de los cuales por lo menos tres o cuatro no tienen el catalán como lengua materna y muchísimos no lo usan en absoluto) posean un conocimiento y un uso del catalán acordes con tal deseo.

4.3. *El reto exterior*

Hay otros aspectos que son más bien exteriores al dominio lingüístico o que, aun afectando la vida interior de la comunidad hablante, tienen repercusiones importantes en el exterior, en las relaciones internacionales. Veámoslos rápidamente.

En primer lugar están los grandes medios de comunicación, especialmente la televisión (ordinaria, por cable o por satélite). Una lengua que quede excluida o limitada en estos ámbitos, a la larga no podrá dejar de ser lengua secundaria o terciaria.

Están después las tecnologías punta: el cambiante mundo de la electrónica, con los ordenadores, los bancos de datos y demás derivaciones.

El turismo es otro fenómeno importante del mundo actual, y precisamente es una de las principales fuentes de riqueza de una parte importante de nuestro dominio lingüístico. Pero el turismo no quiere cortapisas ni lingüísticas ni de ningún tipo. De hecho, el castellano ha sido siempre para nosotros el vehículo más generalizado de comunicación con el turismo, y esta realidad no hace más que fortalecerse a medida que el castellano adquiere más importancia en el mundo.

La industria y el comercio son otros dos ámbitos que tampoco admiten dificultades del tipo que nos ocupa. Y no hablemos de la ciencia, que usa el inglés de manera creciente y ya casi exclusiva.

Alguien ha querido ver en el actual proceso de unión europea una cierta esperanza para comunidades y lenguas como las nuestras, en el sentido de que esas comunidades serán menos dependientes de unos Estados poco propensos a la igualdad idiomática, y que la defensa de otras lenguas políticamente aunque no demográficamente más fuertes (por ejemplo, el sueco o el finés) puede extender la protección a las más débiles. Otras opiniones son menos optimistas. No voy a terciar en este debate de hipótesis. Quizá lo único positivo previsible o posible sea estar siempre al acecho de las nuevas circunstancias. No hay que ignorar que los más pequeños o más débiles están por ley natural en constante peligro de ser absorbidos por los más fuertes. Estudiar, pues, con sensatez la situación en cada momento y no perder ninguna oportunidad de mejorarla. Saber, en fin, hasta dónde podemos y queremos llegar. En este sentido no nos faltan motivos de esperanza; en nuestras comunidades ha habido siempre una gran vitalidad en muchos de los terrenos enumerados—medios de comunicación, relaciones internacionales, etc.

4.4. *Resumen*

La lengua catalana tiene claros motivos de pesimismo o de alarma: un Estado poco proclive al pluralismo y unas condiciones internacionales cada día más difíciles para las lenguas pequeñas. Pero tiene también positivos motivos de esperanza: la misma resistencia secular en condiciones a veces muy adversas, la experiencia reciente de normalización lingüística, la más reciente sentencia del TC, la vitalidad de nuestras comunidades, y quizá la pertenencia a la realidad política, económica y lingüística de la Unión Europea.

En todo caso, los catalanohablantes debemos tener claro que, por lo menos en teoría, no podemos renunciar absolutamente a nada respecto a nuestra lengua, y por lo tanto tenemos que luchar sin tregua hasta que en España se entienda y se instale esta igualdad absoluta (y se compense de manera adecuada la desigualdad secular provocada por la ideología contraria). Lo mismo hay que decir, también en teoría, en el ámbito internacional. Y lo primero que habrá que conseguir es que los mismos catalanohablantes lleguen a creerse de verdad lo que acabo de decir: los siglos de distorsión mental y de represión política no han pasado en vano ni para los demás españoles ni para nosotros.

Respecto a la calidad de la lengua, opino que habrá que rebajar considerablemente las exigencias que todavía hoy constituyen uno de los dogmas indiscutibles para una parte (creo que pequeña) de los profesionales, y por tanto preveo que esta va a ser una de las grandes piedras de escándalo de nuestro futuro inmediato. Tampoco aquí me atrevo ni me interesa vaticinar. Pero no se puede tener con mala conciencia al noventa y nueve por ciento de los hablantes ni se puede disponer indefinidamente de un ejército de asesores lingüísticos que remedien las "ignorancias" de todos los demás.

Sobre este aspecto, quisiera hacer una última reflexión. En muchas ocasiones me ha parecido constatar que la inmensa mayoría de hablantes de una lengua no saben o no se dan cuenta de la proximidad o lejanía filológicas entre su lengua y otras; la conciencia lingüística de estar hablando una determinada lengua y no otra les basta. Lo mismo pasa con los que aprenden una lengua determinada; la ilusión y la dificultad de ir sabiendo detalles nuevos supera la constatación de parecidos con otras lenguas próximas. El inglés sería, con respecto a hablantes de lenguas románicas, un caso paradigmático de lo que digo. Si esto es así, lo importante para el futuro del catalán no será tanto su integridad filológica como su vitalidad política y social.

Como dice McRae en el libro de Bastardas y Boix, se impone la negociación y la adaptación continuas. Lo demás el futuro lo dirá. Pero, en cualquier caso, las personas somos más importantes que las lenguas y habrá que procurar por todos los medios que la jerarquía entre estas dos realidades no se altere.

Universitat de Barcelona

Notas

[1] Este trabajo forma parte del proyecto "Variació en el llenguatge" de la Universidad de Barcelona, financiado por la CIRIT (CS93-1017) y por la DGICYT (P90–0505).

[2] Aprovechando la circunstancia, normal en todo congreso, de que he podido entregar el texto dos meses después de la celebración del simposio, introduciré en él algún detalle o ejemplo cronológicamente posteriores a dicho acto. No creo necesario advertirlo de nuevo.

[3] Alguna vez a los polemizantes incluso se les escapan palabras poco mesuradas. Quiero ahora pedir públicamente perdón al sociolingüísta Francesc Vallverdú por unas duras e injustas palabras con que le ofendí en otro escrito publicado en Madrid en 1992. Por lo menos las personas de letras tendríamos que procurar dar ejemplo de calma, tolerancia y diálogo, en un mundo en que no siempre se hallan estas virtudes imprescindibles.

Obras citadas

Bastardas, Albert, y Emili Boix (directores). *¿Un Estado, una lengua? La organización política de la diversidad lingüística.* Barcelona: Octaedro, 1994. (Con una introducción de los directores y textos de William F. Mackey, Pete van de Craen, Kenneth D. McRae, Dr. Rudolf Viletta, Jaume Vernet i Llobet, Rafael L. Ninyoles y Oriol Ramon i Maimó.)

Boix, Emili. *Triar no és trair: Identitat i llengua en els joves de Barcelona.* Barcelona: Edicions 62, 1993.

Gargallo Gil, José Enrique. *Les llengües romàniques: Tot un món lingüístic fet de romanços.* Barcelona: Empúries, 1994.

Gauthier, François, Jacques LeClerc y Jacques Maurais. *Langues et constitutions.* Québec: Les Publications du Québec, 1993. (Con un prefacio de José Woehrling.)

Havu, Juk[k]a. *El finès, de llengua dominada a llengua normalitzada.* Barcelona: Generalitat, 1987. (Véase también su conferencia en Barcelona, 1992, resumida por J. Solà, "Bilingüisme a Finlàndia," *Avui* (Barcelona), 11.IV.1992, IX)

Milian i Massana, Antoni. *Drets lingüístics i dret fonamental a l'educació: Un estudi comparat: Itàlia, Bélgica, Suïssa, el Canadà i Espanya.* Barcelona: Generalitat, 1992.

Ninyoles, Rafael Ll. *Estructura social y política lingüística.* Valencia: Fernando Torres, 1975. (Edición renovada en catalán: *Estructura social i política lingüística,* Alzira: Bromera, 1989.)

Santiago, Esmeralda. *Cuando era puertorriqueña.* New York: Vintage, 1994.

Siguán, Miquel. *Conocimiento y uso de las lenguas de España: Investigación sobre el conocimiento y uso de las lenguas en las Comunidades Autónomas bilingües.* Madrid: Centro de Investigaciones Sociológicas, 1994.

Francesc Vallverdú

LOS MEDIOS DE COMUNICACION Y EL PROCESO DE NORMALIZACION LINGÜISTICA: EL IMPACTO DE LOS MEDIOS AUDIOVISUALES

I. Introducción

Mi propósito es examinar el proceso de normalización lingüística habido en Cataluña a favor de la lengua territorial, el catalán, a lo largo del siglo XX, poniendo especial énfasis en el papel ejercido por los medios de comunicación de masas (MCM) en la recuperación cultural catalana.

Como es sabido, España conoció a principios del siglo XVIII la Guerra de Sucesión (1702–1714) entre los candidatos de la corona: Felipe de Borbón, pretendiente apoyado por el reino de Castilla, y el archiduque Carlos de Austria, pretendiente apoyado por los antiguos reinos de la Corona catalano-aragonesa (es decir, los países de lengua catalana: Cataluña, Valencia, Islas Baleares, y Aragón). El triunfo de Felipe V significó para los reinos partidarios del archiduque Carlos, derrotado en la contienda, la pérdida de sus instituciones y su autogobierno, así como la abolición de su derecho particular, que fue substituido por el derecho y las instituciones del reino de Castilla. Por otra parte, en los reinos de lengua catalana, el catalán perdió su carácter de lengua oficial y paulatinamente desapareció de la vida pública, siendo reemplazado por el castellano.

De esta forma se inicia un largo proceso de substitución lingüística a favor del castellano, que culmina en el siglo XX durante las dos dictaduras militares—la dictadura breve y algo episódica del general Primo de Rivera (1923–1930) y la larga dictadura fascista del general Franco (1939–1975), instaurada después de una feroz guerra civil (1936–1939). De todos modos, ese proceso asimilista contra la lengua catalana tuvo desde épocas muy tempranas reacciones a favor de su uso. En efecto, a lo largo del siglo XIX se observan tendencias contradictorias que marcan la inestabilidad de la política española. Por un lado, las tendencias favorables a la unificación de España y a la castellanización de todas sus regiones se reafirman, al principio, en nombre del progreso y de la modernización del Estado; pero pronto se descubre que el centralismo que defienden las fuerzas más reaccionarias y antiliberales nada tiene que ver con la realidad histórica española.

No es extraño, pues, que, frente a estas tendencias que asfixian cualquier atisbo de diferencia, surjan al mismo tiempo tendencias favorables a las reivindicaciones de los antiguos reinos anexados; así en Cataluña aparecen pronto señales inequívocas reivindicando el autogobierno y el uso público del catalán. En este contexto, se comprende que en España las fuerzas políticas liberales y progresistas de la segunda mitad del siglo XIX ya tuvieran un carácter federalista o regionalista (nacionalismo catalán, vasco y gallego).

Las contradicciones socioculturales del siglo XIX quedan reflejadas en dos episodios muy significativos para Cataluña y su cultura, ocurridos casi simultáneamente. En 1857 se promulgó la Ley Moyano, que, al establecer la enseñanza obligatoria en España, demostraba sus intenciones progresistas; pero al mismo tiempo, al olvidar las demás lenguas del Reino, venía a ser el tiro de gracia contra estos idiomas. Poco tiempo después, en 1859, se restauraron con gran solemnidad, en el salón de actos del Ayuntamiento de Barcelona, los Jocs Florals—fiesta literaria medieval, en la que los poetas cantaban al amor, a la patria y a la fe. El salón municipal quedó totalmente lleno, pero lo más singular del acto— y así lo destacaron los cronistas—fue que durante más de dos horas en el recinto solo se oyeron discursos y poemas en catalán, hecho que no acaecía desde la Guerra de Sucesión, es decir, desde hacía más de un siglo.

Este proceso complejo y contradictorio define gráficamente el movimiento de la Renaixença (es decir, "el renacer") que se desarrolla a fines del siglo XIX y cuyas consecuencias se prolongan hasta la guerra civil 1936–1939. Cataluña experimenta las primeras etapas de autogobierno desde 1711—la etapa de la Mancomunitat (1914–1925), esencialmente administrativa y con pocas competencias políticas, que fue interrumpida por la Dictadura de Primo de Rivera; y la etapa de la Generalitat republicana (1931–1939), con verdaderas competencias políticas, que fue brutalmente abolida por el general Franco.

II. La situación sociolingüística actual

Ahorraré al lector la descripción del intento de genocidio lingüístico y cultural llevado a cabo por el régimen franquista (1939–1975). Baste recordar que el porcentaje de catalanohablantes en Cataluña pasó del 75% en 1930 al 60% en 1975. También en el País Valenciano y en las Islas Baleares se produjeron importantes reducciones de catalanohablantes, del 75% al 55% en el País Valenciano y del 90% al 75% en las Baleares.

Con el nuevo régimen democrático y particularmente a partir de 1979 en que se aprueba el Estatuto de Autonomía de Cataluña y a continuación se aprobaron también otros Estatutos, entre ellos los del País Valenciano y de las Islas Baleares, la recuperación del catalán en algunos ámbitos de la vida pública fue rápida, mientras que en otros no; en el ámbito privado, como es natural, los progresos son más lentos porque los cambios en los hábitos lingüísticos no son fáciles.

Es difícil sintetizar con objetividad la situación en que se encuentra la lengua catalana, en ocasiones contradictoria y paradójica. Por eso prefiero recurrir a la ayuda de un autor con indudable reputación científica, el profesor Joshua A. Fishman, que en su obra *Reversing Language Shift* (1991) ha intentado un sistema objetivo de medición del "estado de salud" de las lenguas amenazadas; el catalán figura precisamente entre las lenguas estudiadas por el autor. El sistema de medición de Fishman se inspira en la famosa escala de Richter para medir la intensidad de los movimientos sísmicos. Los estadios que Fishman contempla en su Escala Graduada de Ruptura Intergeneracional (en inglés GIDS) son ocho:

Estadio 8: La mayor parte de usuarios residuales de la lengua amenazada es gente anciana socialmente aislada y la lengua necesita ser recogida de sus bocas y memorias para poder ser enseñada a adultos demográficamente no concentrados.

Estadio 7: La mayor parte de usuarios es población socialmente integrada y etnolingüística activa, pero se encuentra por encima de la edad de tener hijos.

Estadio 6: Se consigue la oralidad informal intergeneracional, su concentración geográfica, y su refuerzo institucional.

Estadio 5: La lengua amenazada se aprende en casa, en la escuela, y en la comunidad, pero ese aprendizaje no tiene un refuerzo extracomunitario.

Estadio 4: La lengua amenazada entra en el circuito de la educación básica, según los requerimientos de leyes de educación obligatorias.

Estadio 3: Empleo de la lengua amenazada en el ámbito laboral bajo (fuera de la vecindad o de la comunidad lingüística), lo cual comporta interacción entre hablantes de esta lengua y hablantes de la lengua dominante.

Estadio 2: La lengua amenazada se emplea en servicios gubernamentales inferiores y en los *mass media*, pero no en las más altas esferas de los unos y de los otros.

Estadio 1: El empleo de la lengua amenazada se da en el más alto nivel de la educación, la ocupación, la administración pública, y los *mass media* (pero sin la seguridad derivada de la independencia política).

Analizando la situación sociolingüística catalana, y comparándola con la del hebreo en Israel y el francés en Quebec, Fishman llega a la conclusión de que el catalán se encuentra en el estadio 1 de la GIDS (se refiere sobre todo a Cataluña, pues la situación en el País Valenciano y Baleares nos llevaría más bien a los estadios 2 o 3).

Precisando más los niveles de empleo del catalán en los cuatro grandes ámbitos señalados por Fishman, se puede añadir lo siguiente:

a) en el más alto nivel de la educación: eso es cierto, pero debe observarse que en la Universidad se emplean *otras lenguas*, además del catalán (castellano, inglés, etc.);

b) en la ocupación: aquí deberíamos hablar más propiamente de tendencia y no de realidad plena (téngase en cuenta que muchos obreros y empleados proceden de otras regiones españolas y algunos tardan en aprender el catalán);

c) en la administración pública: tanto en el gobierno autonómico como en la administración municipal el empleo del catalán es general; sin embargo en otros ámbitos de la administración (justicia, policía,

militar, etc.) la cooficialidad de lenguas funciona todavía irregular-
mente;

d) en los medios de comunicación: en los medios de titularidad
pública la presencia del catalán en algunos casos es total y en otros
parcial; en los medios privados, los programas en catalán son escasos.

Para completar el panorama sociolingüístico de Cataluña es interesante
compararlo con los demás territorios de lengua catalana del Estado
español (Valencia, Baleares) y con el resto de comunidades autónomas
que tienen lengua propia (Galicia, País Vasco y Navarra). Para ello, me
remito a los cuadros A, B y C procedentes del estudio más completo
llevado a cabo en España sobre las lenguas nacionales.

Primero, sobre el cuadro A cabe hacer un comentario previo. En
Valencia existe una polémica acerca de la denominación de su lengua:
todos la denominan "valenciano," pero la mayoría es consciente de que
se trata solo de una variante del catalán. Sin embargo, ciertos grupos
extremistas consideran el valenciano como lengua independiente.
(Compárese el caso del flamenco en Bélgica, denominado así por sus
hablantes, aunque todos saben que forma parte del neerlandés.) Obsérvese, asimismo, que Cataluña, a pesar de ser la región con mayor número
de inmigrados no catalanohablantes, presenta el mayor porcentaje de los
que entienden, hablan, leen, y escriben (41%) la lengua territorial.
También puede comprobarse que existen diferencias notables entre los
Países Catalanes, lo que indica una mayor consciencia lingüística en
Cataluña. Por otra parte, en Galicia, debido a la escasa diferencia
existente entre el gallego actual y el castellano, se da el porcentaje más
bajo de gente que no entiende la lengua territorial (1%). En cuanto al
vasco, lengua no latina muy distinta de las demás lenguas peninsulares,
tiene unos problemas específicos. Además, mientras en el País Vasco es
lengua cooficial, en Navarra solo lo es en las comarcas del norte.

Segundo, sobre el cuadro B quisiera observar que las diferencias existentes entre los datos de los censos lingüísticos (el último es de 1991) y los de la encuesta se deben principalmente al hecho de que los primeros tenían en cuenta toda la población, mientras que la encuesta se ha realizado con los mayores de 18 años. Obsérvese que solo en Cataluña y en el País Vasco la cifra de los que hablan las respectivas lenguas territoriales es superior según la encuesta (74% en Cataluña, 31% en el País Vasco). Ello indica la presencia de un sector importante de la población menor de edad castellanohablante que aprende la lengua territorial en la escuela.

Tercero, sobre el cuadro C, quiero subrayar el hecho de que contempla no solo conocimientos de lenguas sino hábitos y usos lingüísticos. Aquí la comunidad autónoma más destacada es Galicia, con un 56% de gallegos que afirman tener la lengua territorial como su lengua principal. Ello se debe a que en Galicia apenas existe inmigración, por lo cual la cifra en lugar de ser positiva para la salud del gallego es más bien negativa. En cambio en Cataluña, donde la mitad de la población o proviene de otras regiones españolas o es descendiente de inmigrados, el hecho de que un 50% de la población considere el catalán como su lengua principal y un 23% lo hable aunque no lo tenga como principal nos da idea de la vitalidad de este idioma.

III. El catalán y los medios de comunicación social

En tiempos de la II República (1931–1939) el catalán conoció una gran expansión en los diferentes medios de comunicación. Aunque esta expansión a veces se ha mitificado (por ejemplo, la prensa en castellano siempre tuvo mayor difusión que la prensa en catalán), debe reconocerse que el desarrollo fue notable; pues en el siglo XIX la recuperación había avanzado a ritmo muy lento. En los años treinta el libro en catalán conoció un gran auge y llegó a más de 700 títulos anuales (1936). Respecto a la prensa, desde 1879 en que se fundó el primer rotativo moderno, su desarrollo fue lento pero constante hasta culminar en 1936 con siete periódicos en catalán sólo en Barcelona (en todas las ciudades importantes de Cataluña se publicaba por lo menos un diario). En cuanto a la radio, establecida en España en 1924, precisamente en Barcelona y en catalán (pero pronto cayó en manos del Gobierno de Madrid), tuvo también una gran expansión en catalán en este período con Ràdio Associació. Finalmente, poco hay que contar sobre el cine, ya que el cine sonoro (y el doblaje) vivieron poco tiempo de "normalidad" (1931–1936).

A partir de 1939 hay el silencio más absoluto en todos los campos; solo se permitía el uso del castellano. Para valorar los efectos devastadores del franquismo respecto a la lengua y a la cultura catalanas, no entraré en detalles históricos; me limitaré a describir la situación en el año 1981, *seis años después* de la muerte de Franco. Se había emprendido un nuevo camino político (la Monarquía quedó refrendada por la Constitución de 1978, en este mismo año se implantó la enseñanza obligatoria del catalán, en 1979 se aprueba el Estatuto de Autonomía de Cataluña, y en 1980 tienen lugar las primeras elecciones al Parlamento de Cataluña). Pero, ¿cuál era la presencia del catalán en los *mass media* en 1981? Repasemos rápidamente la situación:

Libros: en este capítulo la recuperación avanzó rápidamente (en 1981 se publicaron 2000 títulos en catalán).

Prensa: desde 1976 existe un rotativo catalán, *Avui*, de ámbito general y en 1981 ya existían periódicos en lengua catalana de ámbito comarcal.

Radio: también desde 1976 existía una emisora de FM en catalán y algunas emisoras municipales que emitían en catalán o en ambas lenguas; frente a estas emisoras existía una vasta red de OM y FM en castellano (a veces con algún programa en catalán).

Televisión: Cataluña estaba cubierta por dos canales de RTVE, que en esta época emitían unas 20 horas semanales en catalán.

Cine: se proyectaban algunas películas catalanas en doble versión (en catalán y en castellano) y se doblaron algunas películas extranjeras al catalán.

Vídeo: en esta época no existían en catalán.

En resumen, la situación de los medios de comunicación de masas (MCM) en catalán era muy deficitaria, comparándola con la experiencia republicana (1931–1936), y demostraba hasta qué punto había sido aniquiladora la acción de la Dictadura a lo largo de casi cuarenta años.

Para aportar otra prueba del carácter genocida del régimen franquista, baste recordar que si en 1939 la población de Cataluña entendía en su práctica totalidad la lengua del país (un 95% aproximadamente), en 1975, el año de la muerte de Franco, solo entendía el catalán el 74,3%, y en 1981, a pesar de estar bajo un régimen democrático y con la Generalitat de Catalunya en marcha, no se había producido un incremento notable entre los que afirmaban entender el catalán (un 77,1%). Pero esta situación iba a cambiar muy pronto, sobre todo gracias al desarrollo de los MCM en lengua catalana.

IV. El impacto de los medios audiovisuales en catalán

A partir de 1983 se produce una verdadera "revolución cultural" en el campo de los audiovisuales en catalán. El Parlamento de Cataluña, desoyendo las propuestas de retrasar la implantación de MCM propios de Cataluña, aprobó la Corporació Catalana de Ràdio i Televisió, ente público que puso inmediatamente en marcha una red de emisoras radiofónicas y un canal de televisión que emitían en catalán.

A partir de 1983, pues, se produce un fenómeno imparable en el campo audiovisual en Cataluña. Por una parte, inician sus emisiones Catalunya Ràdio y otras emisoras de la Generalitat, que poco a poco van ocupando el espacio radiofónico catalán hasta alcanzar los primeros puestos; y asimismo inicia su programación TV3, que en seguida se convierte en un competidor del primer canal de RTVE, y a partir de 1989 funciona C33, como segundo canal de Televisió de Catalunya. Por otra parte, la oferta audiovisual en catalán se multiplica: en radio, el éxito de Catalunya Ràdio contribuye a ampliar las emisoras FM en catalán y además se produce un incremento notable de la programación en catalán de las emisoras públicas y privadas de la red española; y en televisión, los dos canales de RTVE también incrementan su programación en catalán (sin embargo en los últimos años, con la aparición de los canales privados de televisión, la presencia global del catalán en el ámbito televisivo se ha reducido relativamente).

Este importante progreso en el campo audiovisual no ha repercutido de la misma manera en otros MCM. Aunque con retraso, el cine y el vídeo ya no son exclusivamente en castellano y la presencia del catalán es cada vez más notable, particularmente en los doblajes y las películas subtituladas. También ha conocido una importante expansión la industria editorial, con más de cinco mil títulos en catalán. En cambio, poco progreso se nota en la prensa, un solo diario de ámbito general, aunque numerosos diarios de ámbito comarcal o intercomarcal, y un solo magazine semanal.

Todos estos cambios ¿han repercutido en el conocimiento de la lengua? Para dar respuesta a esta pregunta, recordaré los datos de los últimos censos lingüísticos acerca del conocimiento del catalán entre los habitantes de Cataluña (véase cuadro D).

En primer lugar, compárese los valores del apartado de la comprensión, superiores al 90% a partir de 1986, con los datos que hemos comentado en el capítulo anterior, y constataremos un salto muy espectacular desde los años setenta. En las demás habilidades no tenemos datos anteriores a 1986, pero puede comprobarse que en la habilidad de "saber hablar" el progreso de más de cuatro puntos entre 1986 y 1991 es muy notable. En cuanto a los saltos considerables en la lectura y la escritura se explican por el progreso de la catalanización escolar en los últimos años. (En efecto, cuando se examinan los censos detalladamente por grupos de edad se constata que entre los mayores de 30 años, es decir aquellos que ya no están en edad escolar, el progreso en lectura y escritura es mínimo, lo cual confirma la decisiva aportación de los escolares en el avance global de estas habilidades.)

En resumen, parece indiscutible que la radio y la televisión catalanas han sido el motor principal de la extensión de la *comprensión* del catalán (con un 94% de la población que lo entiende) y en el incremento del *hablar en catalán* (más del 68% en la actualidad). Pero la influencia de la radio y la televisión no solo tiene aspectos cuantitativos, sino también cualitativos. Vamos a examinar algunos cambios socioculturales debidos en gran parte a la consolidación de los MCM en catalán:

a) El catalán anterior a 1983 tenía desde luego prestigio—de hecho, nunca lo había perdido del todo, gracias a su brillante período medieval, pero ese prestigio sólo era plenamente reconocido en círculos minoritarios. Una anécdota puede ilustrar esa situación: en 1984 cuando la famosa serie norteamericana *Dallas* se pasó por TV3 doblada al catalán causó una cierta sorpresa en nuestro público, que estaba acostumbrado a seguirla doblada al castellano. Las acusaciones de "falta de naturalidad" se esfumaron rápidamente, a medida que los telespectadores comprendieron que la única "naturalidad" posible era ver la serie en inglés y que tan "artificial" resultaba en catalán como en castellano. Por otra parte, los telespectadores se dieron cuenta que el doblaje en catalán era de mayor calidad que el doblaje en castellano, lo que redundó en un plus de "prestigio" no solo para TV3 sino para la lengua utilizada. Así fue como un incidente al principio negativo para la lengua catalana acabó convirtiéndose en un factor positivo.

Actualmente, la lengua catalana tiene reconocido un amplio prestigio a todos los niveles. Tanto es así que por primera vez en la historia, militares, policías y guardias civiles destacados en Cataluña asisten a cursos de catalán, cada día en mayor número.

b) Antes de 1983 no era siempre posible practicar las conversaciones y las reuniones bilingües (cada interlocutor hablando su lengua), pues a menudo se levantaban protestas de que algunos no entendían el catalán. (Esta práctica empezó a utilizarse activamente por los partidarios de la recuperación pública del catalán a partir de los años sesenta, cuando el régimen franquista entró en una etapa más tolerante. Los defensores de esta práctica, que algunos designan erróneamente como "bilingüismo pasivo," consideran que gracias a ella el catalán no desapareció de las asambleas y las reuniones más concurridas, donde siempre podía presentarse alguna persona que no entendiera el catalán y por lo tanto imponer el uso exclusivo del castellano.)

En la actualidad, la práctica de que cada interlocutor utilice la lengua de su preferencia está ampliamente generalizada y aceptada. A ello han contribuido en gran manera los programas de radio y de televisión catalanes, en los que los presentadores mantienen la lengua del medio aun cuando el interlocutor utilice el castellano (evidentemente se trata de castellanohablantes residentes en Cataluña).

c) Antes de 1983 el *estándar catalán* era conocido sobre todo en su forma escrita, mientras que oralmente casi podía decirse que el estándar no se "concretaba."

Actualmente, también en este campo la situación ha variado positivamente. Puede decirse que, en general (hay excepciones puntuales pero muy minoritarias), los telepresentadores respetan el estándar oral de la radio y la televisión, desde luego cuando es vehiculado por los profesionales más conscientes a nivel lingüístico.

Existe todavía un largo camino a recorrer, ya que no *todos* los profesionales de la comunicación salen de la Facultad con un conocimiento alto del estándar y de los registros de la lengua (de momento solo salen preparados lingüísticamente una parte); pero esto sólo se alcanzará con una mejora substancial en las etapas de aprendizaje inferior (preescolar y escolar).

d) Finalmente, en cuanto a la cultura catalana en general, los medios audiovisuales en catalán le han aportado un dinamismo nuevo. Ciertamente, no todo el mundo juzga esta influencia positiva, pero, de hecho, las críticas que se dirigen a la radio y a la televisión son muy parecidas a las que se dan en toda Europa, lo cual relativiza nuestro problema.

En otras palabras, yo mismo, como intelectual, puedo tener una opinión más o menos crítica de ciertos tipos de programas y es legítimo que defienda mi posición. Pero como sociolingüista, creo que la normalidad, es decir, ser parecidos a los países "normales" de Europa, es el único camino seguro para la normalización lingüística.

En conclusión, los medios audiovisuales en catalán han representado para la lengua y la cultura catalanas—muy especialmente en Cataluña, pero sin olvidar el País Valenciano, las Islas Baleares y la Cataluña francesa, donde estos medios también tienen buena parte de su audiencia—un factor determinante para la normalización lingüística y la modernización cultural de nuestra sociedad.

Grup Català de Sociolingüística
President
Barcelona

Bibliografía

Azevedo, Milton M., ed. *Contemporary Catalonia in Spain and Europe.* Berkeley, CA: Univ. of California, 1991.

Fishman, Joshua A. *Reversing Language Shift: Theoretical and Empirical Foundations of Assistance for Threatened Languages.* Clevedon: Multilingual Matters Ltd., 1991.

Siguán, Miquel. *España plurilingüe.* Madrid: Alianza, 1992.

Vallverdú, Francesc. *Ensayos sobre bilingüismo.* Barcelona: Ariel, 1972.

___. *El conflicto lingüístico en Cataluña: Historia y presente.* Barcelona: Península, 1981.

___. "A Sociolinguistic History of Catalan." *International Journal of Sociology of Language* 47 (1984): 13–28.

___. *L'ús del català: Un futur controvertit.* Barcelona: Edicions 62, 1990.

Webber, Jude y Miquel Strubell. *The Catalan Language: Progress Towards Normalization.* Sheffield: Sheffield Academic P., 1991.

Woolard, Kathryn A. *Double Talk: Bilingualism and the Politics of Ethnicity in Catalonia.* Berkeley, CA: Stanford Univ. P., 1989.

A N E X O S

Cuadro A: Nivel de conocimiento de la lengua de la Comunidad (en porcentaje).

	Catalán (Cataluña)	Valenciano (Valencia)	Catalán (Baleares)	Gallego (Galicia)	Euskera (P. Vasco)	Euskera (Navarra)
Entiende, habla, lee y escribe	41	12	22	32	20	3
Entiende, habla, y lee	24	19	32	26	6	3
Entiende y habla	9	24	17	30	5	4
Entiende	22	35	23	10	15	8
No entiende	4	10	6	1	51	82
No contesta	-	-	-	1	1	-
TOTAL	100	100	100	100	100	100
(N)	(1.007)	(771)	(473)	(681)	(615)	(452)

Fuente: Centro de Investigaciones Sociológicas *Conocimiento y uso de las lenguas de España* (Encuesta 1993) Madrid 1994.

Cuadro B: Nivel de conocimiento de la lengua de la Comunidad: Comparación entre los datos censales y los de la encuesta (en porcentaje).

	Catalán (Cataluña)	Valenciano (Valencia)	Catalán (Baleares)	Gallego (Galicia)	Euskera (P. Vasco)	Euskera (Navarra)
Habla:						
Censo	64	57	79	91	25	10
Encuesta	74	55	71	88	31	10
Solo entiende:						
Censo	26	17	10	6	18	5
Encuesta	22	35	23	10	15	8
No entiende:						
Censo	10	26	11	3	57	85
Encuesta	4	10	6	1	53	82

Fuente: Centro de Investigaciones Sociológicas *Conocimiento y uso de las lenguas de España* (Encuesta 1993) Madrid 1994.

Cuadro C: **Lengua principal y competencias lingüísticas del conjunto de la población (en porcentaje).**

	Cataluña	Valencia	Baleares	Galicia	P. Vasco	Navarra
No entiende la lengua de la Comunidad	4	10	6	1	54	82
Entiende la lengua de la Comunidad pero no la habla	22	35	23	10	15	8
Habla la lengua de la Comunidad pero no principalmente	23	20	16	29	9	4
Habla la lengua de la Comunidad y la considera su lengua principal	50	34	50	56	20	5
Habla ambas lenguas por igual	1	1	4	2	1	1
No contesta	-	-	1	2	1	-
TOTAL	100	100	100	100	100	100
(N)	(1.007)	(771)	(473)	(681)	(615)	(452)

Fuente: Centro de Investigaciones Sociológicas *Conocimiento y uso de las lenguas de España* (Encuesta 1993).

Cuadro D: **Conocimiento del catalán en Cataluña (en porcentage).**

	1986	1991
Lo entiende	80,6	93,8
Sabe hablarlo	64,2	68,3
Sabe leerlo	60,7	67,6
Sabe escribirlo	31,6	39,9

Fuente: Censos lingüísticos de Cataluña en 1986 y en 1991.

III. Literature

Roberto J. González-Casanovas

CULTURAL POLITICS IN CASTILIAN AND CATALAN CHRONICLES OF THE RECONQUEST

Introduction: Historiography and Historicism

The vernacular historiography that emerges in the thirteenth century in the royal courts of Castile and Aragon represents a complex cultural and literary phenomenon. It combines various popular traditions, clerical learning, social orders, political codes, and religious propaganda into exemplary narrative modes that, although in prose, can be characterized as epic discourse. The royal chronicles written at the height of the Christian Reconquest of Iberia from the Moors are at the center of this extraordinary enterprise; they are sponsored by Alfonso X of Castile (*Estoria d'Espanna* 1270–75) and Jaume I of Aragon (*Llibre dels feits* 1244–74). An analysis of the interpretative strategies of the major Iberian chronicles can serve not only to distinguish the ruling elites' perception of their national identity and destiny, but also to question their own understanding of the imaginative and ideological functions of historical writing. By means of such an analysis, it is possible to accomplish three tasks: (1) to investigate the ways in which royal authority serves to mediate the reception of these texts as exemplary stories; (2) to recognize the appropriation of epic and chivalric narrative genres, as well as the adaptation of clerical historiography and hagiography, into a new mythography that fuses the discourse of royal power with the contexts of particular national cultures; and (3) to determine the process through which the rhetorical codes that operate at the royal courts come to establish relationships between mythopoetic and sociopolitical orders. These tasks highlight the parallel transformation of Iberian history and historiography in the thirteenth century.

The critical questions posed by Iberian narratives of the Reconquest —questions about literature and politics, national consciousness, history itself, and exemplarity—are the types of questions currently being explored by the new cultural historicists, who, in the words of Louis Montrose, attempt to determine the historicity of texts and the textuality of history (Veeser 20). Such inquiry assumes a fundamental principle of historiography that has recently been fully elaborated by Hayden White: all history is story, that is to say, all historical narrative involves a discursive text, a coherent fiction, an explicatory *mythos*, and an exemplary lesson (White ix–x). A historicist critique of late-medieval narratives of Iberian expansion offers a way of understanding the dialectic of history and story that is at work in any chronicle, but that grows in complexity in those hybrid genres from transitional periods in which the question of authority itself (as textual interpretation and contextual legitimation) is submitted to a series of revisions. Any historical narrative about the Reconquest serves to privilege the discourse of power in terms of what Montrose calls the poetics and politics of culture (Veeser 20). The cultural politics involve interpretative ideology and the cultural poetics consist of the social rhetoric that operates in exemplary historical writing. A historicist reading of the chronicles of the Reconquest also offers a model of cultural reception that explains the function of their exemplarity in terms of a model of national community. This corresponds precisely to Frye's understanding of mythography: "Myth has two parallel aspects: as a story, it is poetic and is recreated in literature; as a story with a specific social function, it is a program of action for a specific society. In both aspects it relates not to the actual but to the possible" (Frye *Great* 49). The historicity and narrativity of the Iberian chronicles are intertwined in such a way as to create exemplary stories of the past that serve for the moral direction, political enlightenment, and social benefit of the present.

Iberian Historiography as Epic Mythography

Both Alfonso X and Jaume I take an active part in making the history of the Reconquest as well as in promoting the historiography of Iberia's medieval renaissance. Beyond the synchronicity of their lives and works, one finds familial ties: Jaume I of Aragon is Alfonso X's father-in-law, as well as one of his models as legislator and chronicler, along with Alfonso's uncle Frederick II Hohenstauffen of Sicily (1212–50). The understanding of Iberian history that emerges in these two chronicles reflects the common experience of the Christian Reconquest of the Peninsula, the shared values of the ruling elite of these kingdoms, the similar rhetorical strategies of redefining contemporary courtly authority, and the related goals of fostering a national or regional reception. At the same time, one should note marked differences in the particular historical conceptions, literary styles, and ideological codes of the two chroniclers.

Alfonso X's *Estoria d'Espanna* represents a critical edition of all the national histories of Spain that is supervised by the king as part of his program of royal and imperial enlightenment:

> Nós don Alfonsso, por la gracia de Dios rey..., mandamos ayuntar quantos libros pudimos auer de istorias en que alguna cosa contassen de los fechos d'Espanna..., et compusiemos este libro de todos los fechos que fallar se pudieron della, desdel tiempo de Noé fasta este nuestro. E esto fiziemos por que fuesse sabudo el comienço de

> los espannoles, et de quáles yentes fuera Espanna maltrecha...; et cómo fueron los cristianos después cobrando la tierra...; et después cuémo la ayuntó Dios, et por quáles maneras et en quál tiempo, et quáles reyes ganaron la tierra fasta en el mar Mediterráneo; et qué obras fizo cada uno, assí cuémo uinieron unos empós otros fastal nuestro tiempo. (*Estoria d'Espanna* prólogo; 1: 4)

Such a vernacular *summa* would further Alfonso's dream of ruling a re-united Hispania as well as his ambition to be crowned Holy Roman Emperor (he persisted in his futile claims for 17 years); at the same time, the whole literary enterprise would serve as a memorial to his father Fernando III (1217–52, canonized in 1671): "Agora la estoria ua contando las nobles conquistas del rey don Fernando, et cuenta de las obras de piedat que este don Fernando fizo" (*Estoria d'Espanna* c 1046; 2: 733). What is striking is not only that the history tells of Fernando's complete heroism as ruler, commander, and saint, but that the whole vast history of Spain is told for the sake of the narrative of that very heroism. Alfonso's father was the unifier of Castile and Leon (1230) and the reconqueror of Cordoba (1230) and Seville (1248), and hence the ruler most responsible for the creation of "modern Spain" as it was perceived in the later Middle Ages (before Fernando and Isabel's definitive dynastic union in 1474). The "history of Spain" as such constitutes the story of the rise and fall and restoration of Christian Iberia, which extends over twelve centuries and culminates in the very recent past with the dominant power of Castile as defined by Fernando III's reign:

> Rey de todos fechos granados,... que sacó de Espanna el poder et apremiamiento de los contrarios de la fe de Cristo et les tollió el sennorío et los tornó al suyo a quantos al su tienpo eran.... En Dios touo su tienpo, sus oios et su coraçón por que él sienpre fue tenudo del ayudar et guiar en todos sus fechos et del adelantar et puiar en todas ondras. (*Estoria d'Espanna* c 1131; 2: 771)

For Alfonso's court chronicler the royal interests of Castile are transformed into a nationalist ideology for the new expanded Castile that is to
become Spain. Alfonso in effect enhances his own authority by reinforc-
ing his father's heroic image and showing that as his son he has
safeguarded the dynastic and national inheritance. Moreover, the use of
Castilian for the official national chronicle now extends into the realm of
language (and with it political consciousness) the very expansion and
unity of Spain realized by these two new kings of Castile-Leon.

Alfonso X the Wise participates in his father's (St. Fernando III's)
reconquest of Seville in 1248, which is the major event of the Castilian
Reconquest since Toledo's capture by Alfonso VI in 1085. Alfonso X
also directs the recapture of Murcia in 1243. He is the political and
cultural heir of Fernando III, whose policy of unification develops four
particular aspects: *cristianización* (overriding rule of faith), *castellanización* (unity of central and local administration), *romanización* (unity of
civil law), and *mudejarización* (synthesis of Oriental and Western
traditions, studied in relation to Alfonso X and Sancho IV in Márquez
Villanueva 1990 and 1994). Alfonso X sees the need to link his own
vision of imperial unity and dignity (as Holy Roman Emperor and
emperor of the Christian Hispanic kingdoms), the so-called *fecho
d'Imperio*, to the interpretation of the history of the Reconquest, the *fecho
d'Espanna* that dominates the *Estoria d'Espanna*, and interpretation of
world history, the *grandes fechos* of biblical and classical antiquity that
define the *General estoria*. For the Alfonsine chroniclers (those working
during three successive reigns from 1250 to 1295 under the direction of
Fernando III, Alfonso X himself, and Sancho IV), even Iberian history
acquires universal dimensions within the general history of Western
Christendom and the crusades.

In this universalist light, there are certain key aspects of the *Estoria
d'Espanna* that merit further critical study and revision. First, it consti-

tutes a pan-Hispanic historiography on the evolution of all the peoples of the peninsula who are heirs to the Romano-Visigothic eras. As Burke and Deyermond have noted, it promotes a cultural understanding of history in which the people's deeds, or *fechos*, are seen more as exemplary processes of formation and transformation than as a series of dramatic moments or events. Second, it represents an effort to establish a neo-Roman or Romance historiography in political and cultural as well as linguistic and rhetorical ways. As Fraker and Cárdenas have pointed out, it seeks to redefine imperial authority in relation to modern (late-medieval) contexts and textualities that call for multiple levels of translation and *translatio*. Third, the *Estoria d'Espanna* assumes the para-biblical status of a secular scripture (as defined by Frye 1976 and Buda); in effect, it strives to replace the clerical authority of Latin chronicles and the oral authority of vernacular epic-verse histories. As Pattison and Rico have observed, not only does it stress the national mission in terms of a providential history modeled upon Old Testament narratives, but it also seeks systematically to integrate the biblical, classical, clerical, and epic texts (both oral and written) that are then available into a master text of Christian Hispania's rise, fall, trials, and restoration within the metatext of Christianity's and Christendom's own growth, crises, and transformations. This integrationist intention is reinforced by the Wise King's alleged plans (as posited by Rico) to take up once again the abandoned project of the history of Hispania as the continuation and culmination (in effect the missing seventh part) of the world history. Fourth, the Alfonsine chronicles come to function as new epic and didactic narratives on the heroism and virtue of the Hispanic peoples and their leaders. As Catalán, Gómez Redondo, and Rico have shown, the literary aspects of Alfonsine historiography go beyond generic or stylistic concerns of the narrative to embrace questions of interpretative patterns of didactic and cultural significance. The *fecho d'Espanna* thus becomes more than a heroic theme or an epic mode, since it emerges as the central mythic story, symbolic paradigm, and receptive code of values for the ruling dynasty, the contemporary court of nobility and clerics, and the new nation of greater Castile-Leon (including the recent conquests in Andalucía).

Jaume I's *Llibre dels feits* constitutes the official autobiography dictated by the king, who emerges as the principal actor and author of what is seen as the contemporary, collective epic of his nation's rise as a Mediterranean empire:

> [Ç]o que Déus vol no pot negú desviar ni tolre, e plaer-vos ha, e tindrem per bo que vós aquella illa [Mallorca] conquirats per dues raons: la primera que vós ne valrets més e nós, l'altra que serà cosa meravellosa a les gents que oiran aquesta conquesta que prengats terra e regne dins en la mar on Déus lo volc formar. (*Llibre dels feits* c 47: 28)

In the context of the whole history, it is clear that the royal "we" often stands for the common consciousness and collective action of the Catalan nobles and people, for Jaume is an exemplary ruler not only for his individual heroism but also for his representation of the emerging national ethos. The chronicle itself serves as a monument to the two major conquests undertaken by the king—the islands of Mallorca, Menorca, and Ibiza, along with the coastal kingdom of Valencia—that in effect transform the mountain counties of the Northeast (the old Spanish Marches of the Carolingian empire) into a new federal crown extending from the Pyrenees mountains across the whole east of Iberia and into the sea facing North Africa and Italy. In particular, these conquests are understood by the king and his contemporaries to represent major historical accomplishments that serve to redefine both the stature of the monarch and the status of his nation:

Don Blasco [d'Alagó]...dix: "Senyor, ver diu lo Maestre de l'Espi-
tal, que pus part mar vos ha Déu dat conquerir, que a lo que està
a la porta del vostre regne que ho conquirats. [València] és la mellor terra e la pus bella del món.... E no ha vui dejús Déu tan de-
litós llogar com és la ciutat de València e tot aquell regne...; e si
Déus vol que aquell conquirats, e volrà-ho, la mellor cosa haurets
conquesta de delits e de forts castells que sia al món.... Si aquella
prenets, podets ben dir que sots lo mellor Rei del món e aquell qui
tant ha feit." (*Llibre dels feits* c 128–29: 63)

The royal chronicle serves in effect as a programmatic text on the
national mission that anticipates the next three centuries of Aragon's military and commercial expansion all around the Mediterranean (with half
of Italy and parts of Greece under its rule and a consulate in every major
Christian and Muslim port). For Jaume, moreover, the choice of the
vernacular reflects the secular power that emerges from the political and
economic alliance of royalty, aristocracy, and burghers. The fact that the
Catalan language, rather than Aragonese (a dialect of Castilian Spanish)
is chosen, serves to underscore the dynamic ascendancy of the Catalans
in all areas of "modern" public and national life from the royalist court
to the bourgeois cities. As the king explains to his Castilian allies, although all Iberian Christians have a duty to unite so as to succeed in their
centuries-long crusade against the Moors, it is the Catalans, as the most
virtuous and chivalrous, who represent the greatest champions of the
Reconquest: "[N]ós ho fem la primera cosa per Déu, la segona per salvar
Espanya, la terça que í nós e vós hajam tan bon preu e tan gran nom que
per nós e per vós és salvada Espanya. E, fe que devem a Déu, pus aquells
de Catalunya, que és lo mellor regne d'Espanya, el pus honrat e el pus
noble" (*Llibre dels feits* c 392: 129). Jaume's and the Catalans' authority
as historical figures is seen to depend on their success as conquerors and
colonizers, while the king's own authority as historian is linked to his

ability to articulate his people's ambitions for national greatness. Just as in the deeds of battle he leads his men to victory, so in the words of a chronicle he shows his subjects their common destiny.

Jaume I the Conqueror presents himself in his autobiographical chronicle as the protagonist of the Catalan people's expansion along and into the Mediterranean with the conquest of the Balearic islands in 1229–1235 and the reconquest of Valencia in 1238. Indeed, it is the need to interpret the full significance of these two great feats that serve as the point of departure for writing the *Llibre dels feits* (as is shown in the passages already quoted above, see also *Llibre dels feits* c 128–29: 28 and 63). In Jaume's case the opportunities presented by history, and seized by the Catalan king and nobles, lead to a formative period in the federal crown of Aragon (dominated by Catalonia) as the center of gravity if not of power begins to move away from Barcelona and even beyond Iberia proper. This formation will later culminate, in the fourteenth century, in the Catalan expansion along the Mediterranean from the Balearics to the kingdom of Sicily and the duchy of Athens, which is chronicled by Ramon Muntaner (1328) and by Pere III [IV of Aragon] (1375–89). The *Llibre dels feits* emerges as a nationalist and dynastic historiography designed to foster ethnic identity beyond the Catalan heartland and to promote federal authority among the various kingdoms incorporated into the Catalan crown of Aragon, which now receives its definitive form with its constitutive kingdoms of Aragon, Catalonia, Valencia, and Mallorca, as it begins to evolve into what will soon become the dynastic House of Aragon with an affiliated kingdom in Sicily and duchy in Athens. The nationalist and dynastic character of Jaume's chronicle involves certain major aspects that give it a unique dimension as vernacular history. First, it represents a crusade epic in prose in which the military actions of the religious and national heroes acquire a narrative force and symbolic value that is extraordinary in its emphasis on contemporary events, which are seen as part of a great period of trials for the Catalan peoples, represented by the royal and aristocratic elite. It is precisely the self-conscious, self-determining moment at which they stand on the threshold of a historical transformation from a strategic region (the former Spanish Marches of Charlemagne's empire) into a multinational crown and maritime imperial power (or thalassocracy). As Burns and Bisson have noted, the decisive phase of the Catalan Reconquest is thus contemporaneous with the emergence of a national consciousness and national institutions that respond to the challenge of expansion from without and that reflect the challenge of reform from within. In this Jaume's concerns parallel those of his son-in-law Alfonso X's own preoccupation with Castilian unity and legality, but the Catalan chronicle differs from the Castilian in the treatment of epic discourse and juridical authority. As Riquer and Soldevila have demonstrated, Jaume patterns his exploits, and those of his nobles upon epic models without drawing upon epic sources (although he may incorporate contemporary epic-like songs about his own deeds), while Alfonso continues the practice of the early thirteenth-century Latin chroniclers Lucas de Tuy (the Tudense) and Rodrigo Ximénez de Rada (the Toledano) of prosifying Castilian epic verse. Similarly, Jaume stresses the secular and positive legal notion of *pactisme*, or contractual agreement among ruler, nobles, and people, while Alfonso describes the negative effects of feudal traditions when they conflict with royal authority, as well as the positive biblical concepts of the Castilian people's covenant with providence and their heroes' election and commissioning by God as occurs with Pelayo, Fernán González, and even his own father Fernando III. Second, the *Llibre dels feits* functions as a book of chivalric adventures that follow the king and nobles in the pursuit of honor, justice, and glory. Thus it serves to idealize in terms of official propaganda and popular narrative the historical developments in the ever-expanding conception of Catalan territory, rule, and power. On this imaginative and idealistic plane, going beyond the observations of Riquer and Viera on epic historiography (compare Sobré on Muntaner), the notion of *feit* itself resonates with nuances of marvelous occurrence, knightly ritual, and courtly recitation that anticipate chivalric romances in such a way as to distinguish it from the Alfonsine understanding of *fecho* as a historical phenomenon of restoration (Christian and Hispanic) and an ideological program of unification (national and imperial). Third, Jaume's chronicle offers a juridical paradigm of courtly authority that mirrors the king's particular interest in the development of Catalan consensus and reforms. His history is full of references to the legal and political justifications for the reconquests undertaken by the king and his nobles. In effect, it serves as the narrative and exemplary complement to the major juridical documents, the *Llibre de usatges* (Catalonia's medieval constitution and magna charta) and *Llibre del consolat del mar* (Europe's first maritime law code), both of which emerge in the Catalan vernacular from the chancery of the Crown of Aragon in the thirteenth and early fourteenth centuries under Jaume and his successors. Fourth, the Catalan chronicle projects a prophetic dimension of historiography by identifying and then idealizing the particular traits of Catalan cultural, social, and political virtues such as pragmatism, *pactisme*, federalism. Whether or not this typology of ethnicity, that borders on the stereotypical, and typology of history, that reflects a nation's manifest destiny, correspond to historical fact, still they come to be established as the historiographic models for all subsequent Catalan chronicles (Desclot 1283–1288, Muntaner 1325–1328, and Pere III 1375–1389). From Jaume I on, the Catalan chronicles operate as both traditional paradigms and foundation texts for the reception of the new (late-medieval) Catalan historical identity by all present and future Catalan rulers and nobles.

Conclusion: Historical Authority and Reception

The didactic mediation of historical discourse in the thirteenth century, an age of expansion and crisis in imperial, royal, and republican models of the emerging national states, serves as context for the heroic and antiheroic visions of the vernacular chroniclers of Castile and Aragon. Each text constructs the nation's history as a narrative of the rulers' deeds. It classifies these acts according to courtly codes (whether imperial-royalist or aristocratic-feudal); it embodies collective heroism in representative figures of Founders, Conquerors, Crusaders, and Reformers; and it judges these actors by nationalist concepts, that include a common linguistic and political tradition, enlightened statecraft for widespread prosperity in an age of expansion, a prophetic sense of mission directed towards the collective future, and a legitimacy founded on the symbolic understanding of formative and reforming periods that lead into the present age.

Iberian historians of the late thirteenth century come to exemplify and interpret the political programs of their courts and communes for the education of the ruling class, the welfare of all their people, and the construction of the nation-state itself. This historiographic manifestation of the "nation" effectively combines a narrative mythos of a community's identity in time with an ideological program for action in society. The chroniclers who set about inventing their nation employ the recent past in a vernacular medium and secularized contexts that take historiography from the clerical sphere of providential theology into the courtly realm of exemplary literature. The historian now regains some of the protean masks of his classical predecessors: he comes to play the part of the master poet who fashions complex symbols of power, of the rhetorician who persuades with the authority of compelling examples, and of the philosopher who transforms the patterns of history into challenging parables for society.

A comparison of Alfonso X's *Estoria d'Espanna* and Jaume I's *Llibre dels feits*, works edited or written by court clerks under royal supervision, shows the importance, as imperial and crusading propaganda in the vernacular, of chronicles that transform the kingdoms' history of expansion into the story of the Christian Reconquest. Where they differ is in the vision of national history as well as in the type of nationalist narrative. Whereas the Castilian "biblical and providential" narrative recounts the trials and restoration of Hispania as the nation of God's elect, the Catalan "epic and chivalric" royal autobiography memorializes the deeds of the Conqueror and his nobles as champions and co-rulers of a new empire. The difference in courtly ideals corresponds to diverse cultural contexts (traditions of authority) and diverse political subtexts (models of enlightenment). Alfonso X relates the deeds of the *fecho d'Espanna* to the politics of the *fecho d'Imperio* within the contexts of Judeo-Christian and Romano-Visigothic history, while Jaume I integrates his own feats of valor within the Catalan practice of *pactisme* or contractual commonwealth as well as various Mediterranean traditions of marvelous exploits in acquiring a maritime empire. Beyond such differences in cultural history and distinctions in historical interpretation, lies a common attempt in all three Iberian kingdoms to translate into a national historiography the court's own code of ethics and program of action. The royal court becomes the protagonist, interpreter, translator, and primary receptor of the heroic myths about the nation's past, present, and future. The thirteenth-century courts of Castile and Aragon come to recognize, prize, and exploit the imaginative and ideological functions of historical narrative in the vernacular, as they seek to legitimize their exercise of power in the temporal world. In the process, they transform historiography into a privileged medium for the apology and critique of the ruling order in an age of territorial expansion and cultural renaissance.

University of Kentucky, Lexington

Works Cited

1. Texts

Alfonso X. *Estoria d'Espanna: Primera crónica general.* Ed. Ramón Menéndez Pidal. Madrid: Gredos, 1955.

Jaume I. *Llibre dels feits. Les quatre grans cròniques.* Ed. Ferran Soldevila. Barcelona: Selecta, 1971.

2. Studies

Bisson, Thomas. "James the Conqueror." *The Medieval Crown of Aragon.* Oxford: Clarendon, 1986. 58–85.

Buda, Milada. *Medieval History and Discourse: Toward a Topography of Textuality.* New York: Lang, 1990.

Burke, James. "Alfonso X and Structuring of Spanish History." *Rev. canadiense de estudios hispánicos* 9 (1985): 464–71.

Burns, Robert I., ed. *The Worlds of Alfonso the Learned and James the Conqueror.* Princeton: Princeton Univ. P., 1985.

Cárdenas, Anthony J. "The Literary Prologue of Alfonso X: A Nexus between Chancery and Scriptorium." *Thought* 60, 239 (1985): 456–67.

Catalán, Diego. "España en su historiografía." *Los españoles en la historia.* Madrid: Espasa-Calpe, 1982. 9–67.

Deyermond, Alan D. "Death and Rebirth of Visigothic Spain in the *Estoria de España.*" *Rev. canadiense de estudios hispánicos* 9 (1985): 345–67.

Fraker, Charles F. "Alfonso X, the Empire, and the *Primera crónica.*" *Bull. Hispanic Studies* 55 (1978): 95–102.

___. "The *Fet des Romains* and the *Primera crónica general.*" *Hispanic Rev.* 46 (1978): 199–220.

Frye, Northrop. *The Great Code: The Bible and Literature.* New York: Harcourt Brace, 1982.

___. *Secular Scripture: Study of the Structure of Romance.* Cambridge, MA: Harvard Univ. P., 1976.

Gómez-Redondo, Fernando. "Fórmulas juglarescas en historiografía romance de siglos XIII y XIV." *La Corónica* 15 (1986–87): 225–39.

___. "Función del 'personaje' en la *Estoria de Espanna.*" *Anuario estudios medievales* 14 (1984): 187–210.

___. "Terminología genérica en la *Estoria de Espanna.*" *Rev. literatura medieval* 1 (1989): 53–75.

Márquez Villanueva, Francisco. "The Alfonsine Cultural Concept." *Alfonso X of Castile the Learned King.* Eds. F. Márquez Villanueva and C. Vega. Cambridge: Harvard Studies in Romance Langs., 1990. 76–109.

___. *El concepto cultural alfonsí.* Madrid: Mapfre, 1994.

Pattison, D. G. *From Legend to Chronicle: The Treatment of Epic Material in Alphonsine Historiography.* Oxford: Medium Aevum Monographs, 1983.

Rico, Francisco. *Alfonso el Sabio y la* General estoria. Barcelona: Ariel, 1984.

Riquer, Martí de. "El *Libre dels feyts* de Jaume I." *Història de literatura catalana*. Barcelona: Ariel, 1964. 1: 394–429.

Sobré, Josep Miquel. *L'èpica de la realitat: L'escriptura de Ramon Muntaner i Bernat Desclot*. Barcelona: Curial, 1978.

Soldevila, Ferran. "Prefaci." *Llibre dels feits. Les quatre grans cròniques*. Barcelona: Selecta, 1971. 7–64.

Veeser, H. Aram, ed. *The New Historicism*. New York: Routledge, 1989.

Viera, David J. "The Catalan Chronicles." *Medieval Catalan Literature: Prose and Drama*. New York: Twayne, 1988. 33–40.

White, Hayden. *Content of Form: Narrative Discourse and Historical Representation*. Baltimore: Johns Hopkins Univ. P., 1987.

Works Consulted

1. Critical Theory

Barthes, Roland. "Le Discours de l'histoire." *Poétique* 49 (1982): 13–21.

Burke, Peter, ed. *New Perspectives on Historical Writing*. University Park: Pennsylvania State Univ. P., 1991.

Foucault, Michel. *The Archaeology of Knowledge*. New York: Pantheon, 1972.

Hampton, Timothy. *Writing from History: Rhetoric of Exemplarity in Renaissance Literature*. Ithaca: Cornell Univ. P., 1990.

Jauss, Hans Robert. *Toward an Aesthetic of Reception*. Minneapolis: Univ. of Minnesota P., 1982.

Nichols, Stephen G., ed. *The New Philology. Speculum* 65–1 (1990): 1–108.

Spiegel, Gabrielle. "History, Historicism, and the Social Logic of the Text in Middle Ages." *Speculum* 65–1 (1990): 59–86.

Stock, Brian. *Implications of Literacy: Written Language and Models of Interpretation.* Princeton: Princeton Univ. P., 1983.

Zumthor, Paul. *Essai de poétique médiévale.* Paris: Seuil, 1972.

2. Studies

Burns, Robert I. "The Spiritual Life of James the Conqueror." *Moors and Crusaders.* London: Variorum, 1978. 1: 1–35.

Burns, Robert I., ed. *Emperor of Culture: Alfonso X the Learned of Castile.* Philadelphia: Univ. of Pennsylvania P., 1990.

Coll Alentorn, Miquel. "Historiografia de Catalunya en el període primitiu." *Estudis romànics* 3 (1951–52): 139–96.

Dyer, Nancy Joe. "Alfonsine Historiography: The Literary Narrative." *Emperor of Culture.* Ed. R. I. Burns. Philadelphia: Univ. of Pennsylvania P., 1990. 141–58.

Fernández-Ordóñez, Inés. *Las "Estorias" de Alfonso el Sabio.* Madrid: Istmo, 1992.

García, Michel. "Historiographie et groupes dominants en Castille." *Les groupes dominants.* Paris: PUF, 1984. 61–74.

González-Casanovas, Roberto J. "The Function of Epic in Alfonso X's *Estoria de Espanna." Olifant* 15–2 (1990): 157–78.

___. "Text and Context in Alfonsine Studies." *Exemplaria hispanica* 1 (1991–92): vii–xxxiv.

Linehan, Peter. *History and the Historians of Medieval Spain.* Oxford: Clarendon, 1993.

Maravall, José. *El concepto de España en la Edad Media.* Madrid: Instituto de Est. Políticos, 1964.

O'Callaghan, Joseph. *The Learned King: The Reign of Alfonso X of Castile.* Philadelphia: Univ. of Pennsylvania P., 1993.

Procter, Evelyn. "Historical Works." *Alfonso X of Castile.* Oxford: Clarendon, 1951. 78–112.

Uitti, Karl. "Note on Historiographical Vernacularization." *Homenaje a Á. Galmés de Fuentes.* Madrid: Gredos, 1985. 1: 573–92.

Vaquero, Mercedes. *Tradiciones orales en la historiografía de fines de la Edad Media.* Madison: HSMS, 1990.

Edward J. Neugaard

SPANISH AND CATALAN AESOPICA

Aesop's Fables have been one of the most popular works of folk literature for nearly 2,500 years. Little is known about the compiler of these tales, and his identification has been more legendary than biographical. No particular fables can be positively identified as being Aesop's. There is no definitive text of his supposed works. The term is used today in a generic sense to refer to a certain type of animal fable. Aesop supposedly was a Thracian slave who lived in the early 6th century B.C. on the island of Samos. Aristotle mentions him as a teller of tales. These fables were first collected in Greek by a certain Babrius in the first century after Christ. In that same century they were translated into Latin verse by a Roman writer named Phaedrus. Actually they were most likely retellings of the stories, not a translation as such. They were largely forgotten until the fourteenth century when a certain Maximus Planudius, ambassador to Venice from Constantinople, collected and edited the fables of Aesopic tradition into his native Greek.

A century later Rinuccio Thesalo or d'Arezzo translated Planudius' *Aesopica* into Latin. This translation or re-telling, generally known as the *Romulus*, became the basis for the subsequent translations made in Europe into the vernacular languages. It contained some eighty tales attributed to Aesop, divided into four books. Later other Aesopic-like tales were added to the canon, including those of Remitius, Avianus,

Poggio and Alfonso. This became the *corpus* of Aesopic material that formed the basis of the bilingual edition, Latin and German, prepared by Dr. Heinrich Steinhöwel and printed in Ulm, Germany, by Johann Zainer in 1476-1477. All subsequent translations into the various European vernacular languages, such as the English version of Caxton, the various French and Spanish incunabula as well as the sixteenth-century Catalan versions, are thought to have been based directly on this German one.

As to the translation on which the Spanish *Ysopete* was based, there is considerable difference of opinion. Morel-Fatio, Keidel, and Cotarelo all assert that the Spanish translation proceeded from the German of Ulm in 1476. Professor Keller, however, states: "The similarity of the woodcuts and ignorance of the origin of the Spanish translation have led some to believe that the Spanish *Ysopet* was a translation of the German (Steinhöwel)—an obvious error, since both the German and the Castilian were translated from the Latin of d'Arezzo" (Aesop *Aesop's* 4). Claude Dalbanne, on the other hand, believes the Spanish version to have been translated directly from the French, as does James B. Wadsworth, who stated, "Macho's version (Julien Macho, Lyon 1480) inspired others: English (Caxton) 1484; Dutch 1485; Spanish at Toulouse 1488, at Saragossa 1489, at Burgos 1496" (Wadsworth 22-25). Carmen Navarro, in her article on the 1482 Spanish edition, states: "Hasta ahora se había considerado el *Isopete* castellano como una traducción de la versión francesa del texto de Steinhöwel, realizada por el padre agustino de Lyon, Julien Macho en 1480 (Esopo, *Vita et fabulae*)" (Navarro 157–64). Morel-Fatio pointed out that the Spanish title *Isopete historiado* and the Catalan one, *Isop historiat*, do not appear in the French versions, but rather in the Italian ones done independently of Steinhöwel. The French form *Esopet*, in fact, does not occur until a 1520 edition (Navarro 159).

One can find Aesopic material in many medieval Spanish folktale collections. The *Libro de buen amor* contains an Aesopic tale with the notation "Esta fábula conpuesta de Isopete sacada" (Ruiz 96d). Several stories from the Aesopic tradition appear in the tales of Don Juan Manuel's *Conde Lucanor*, the *Libro de los gatos* and the *Libro de los exenplos por A.B.C.*

The first translation into Spanish of extensive Aesopic material were the thirty-three Aesopic fables translated from Latin by the humanist Lorenzo Villa, which were printed in Valencia in 1480 by Lamberto Palmart. There is considerable confusion and controversy concerning the incunabula editions of Aesop's fables in Spain, both in Castilian and in Catalan. The *editio princeps* of the Spanish translation has been variously claimed to have been the 1488 edition of Toulouse; the 1489 edition of Zaragoza, and the little known edition of 1482 also of Zaragoza. The latter incunabulum was brought to light by José Goñi Gaztambide in his *Incunables de Pamplona*, published in 1974 (Goñi Gaztambide 77–112). Professors Victoria Al. Burrus and Harriet Goldberg in their 1990 edition of the 1488 incunabulum of Toulouse inexplicably make no mention of this edition, nor of Gaztambide's work (Aesop *Esopete*).

In the introduction to his English translation of the Spanish Aesop, *La vida del Ysopet con sus fábulas hystoriadas*, Professor John E. Keller states: "Victoria Burrus has discovered an incomplete incunabulum of the *Ysopete*, printed in Zaragoza in 1482, with woodcuts colored by hand" (Aesop *Aesop's* 1). He likewise makes no mention of Gaztambide's study. The Toulouse 1488 edition records significant variants from the other incunabular editions and its relationship to them remains speculative.

The edition used by Professor Keller for his translation and the most complete and authoritative one is the printing done in Zaragoza in 1489 by the German printer Jan Hurus. Keller refers to this as the *editio princeps*. It contains the same woodcuts that were used in the German original. These same woodcuts, by the way, also appear in the English version of Caxton, printed in 1483. A facsimile of this 1489 edition was prepared by Cotarelo y Mori and was published in 1929 by the Royal Academy, *Fábulas de Esopo: Reproducción facsímil de la primera edición de 1489.* Palau y Dulcet speaks of a second edition, Zaragoza, 1491, which remains unknown (Palau y Dulcet 117). Another incunabulum of the Spanish Aesop was printed in Burgos in 1496 by Fadrique de Basilea (probably Friedrich Biel of Basel). It appears to be a combination of elements from the 1488 and the 1489 versions, according to Burrus and Goldberg. The Spanish version, then, has been variously attributed by Hispanists to Steinhöwel's German translation, a French one done by Macho, and an Italian original.

The Catalan translation likewise presents many unsolved problems. The earliest surviving Catalan version is the one printed in 1550 and in 1576, although, because of its language, it almost certainly dates from the 15th century. There is some evidence that a Catalan incunabulum existed. In 1875 Balaguer i Merino published a document that contains an inventory of a Barcelona book dealer named Pere Posa, who, on March 28, 1498, had in stock six copies of an *Hysops* (Isop xxii). This could however, have referred to a Spanish edition.

The Catalan edition of 1550 is incomplete, consisting of about half of the entire text. The 1576 edition is a faithful copy of the 1550 one but is complete and contains the same woodcut illustrations. Miquel i Planas re-edited the 1576 translation, comparing it to the fragmentary 1550 edition, and published it in two volumes, the *Faules d'Isop* and the *Faules isopiques*, both published in 1908 in his series "Històries d'Altre Temps."

The relationship between the Catalan and the Spanish translations has not been established. Miquel i Planas speculates in his introduction that the Catalan translation was based directly on the Spanish one: "la versió catalana de l'Isop de Steinhöwel sembla procedir del text castellà, y té totes les aparences d'ésser feta en el meteix quinzè segle" (Isop xxii). He bases his supposition solely on what he considers the large number of

"Castilianisms" in the work. There seem to be no significant "Castilian-isms" in the entire Catalan translation. In addition, several scholars have put in doubt the use of the Steinhöwel German translation for the Spanish version.

The number of fables and their order is not the same in the two translations, the Spanish editions of 1488 and 1489. The two Spanish versions are the same in the number and sequence. The only difference is that the 1489 edition does not contain the last four stories of the "Colectas." The two Catalan versions of 1550 and 1576 are identical, but contain several discrepancies vis-a-vis the Spanish ones. In "Book One," for example, there are twenty-one tales in the Catalan version compared to twenty in the Spanish ones. Number 20 is "De l'astut caçador y de la manuesta cadernera" and does not appear in the Spanish versions. In the "Extravagants" of the Catalan version there is also an additional tale, number 10, "Dels quatre bous." In the "Col·lectes" the Catalan version coincides with the 1488 Spanish one, whereas the 1489 omits the last four tales.

No one yet has completed a comparative study of the Catalan text with the Spanish, the German and the French of Macho and the Italian versions. In a comparison of the text of the Catalan with the Spanish versions in the first tale of the *Col·lectes* ("En que Alfonso amonesta les persones a la sabiesa y verdadera amistat") one finds the following discrepancies:

Spanish 1488–89	*Catalan*
mugeres	taules
mil amigos	molts amics
por gran fortuna	per ta mala sort
te lo sotierre	te ajut a soterrar
con el cuerpo rrogando	lo cors donat

rrespondían	respongueren
por verdadero	per ventura
prueva	veges
este secreto	està secret
cabo	cavà
Ruega le el fijo:	Missing
Recuenta me lo, si podre alcançar	Missing
en algund tiempo tal amigo entero	Missing
Dixo el padre:	Missing
Missing	ab gran alegria
cara alegre	gran alegria
a esta que tanto ama la mi anima	alguna dona que tant la mia anima ha captivada
el mesmo egipciano	lo mateix mercader egipcià
rrebolviendo & pensando	pensant
porque condempnates o quereys que matar a quien non tiene culpa	perque voleu matar aquest voleu penjar
padecer la pena	passar la pena
dexad & alargad	deixau
prendieron a este	demanaren en aquest
a tots tres	dos otros hòmens
et ... et	ni ... ni

One can also employ another comparative technique to determine which was the model for the Catalan translation, a comparison of the illustrative woodcuts. The Ulm edition contained many woodcuts which were copied and imitated in subsequent editions and translations. The Spanish woodcuts were studied in some detail by Professors John E. Keller and Richard P. Kinkade in their book *Iconography in Medieval Spanish Literature*. The authors of this study say, in regard to the origin of the Spanish woodcuts: "The Spanish woodcuts of the *Ysopet* may actually be faithful copies of the German or may possibly even have been made in Germany and imported into Spain by Hurus, who surely must have seen them before he left his native land. He may well have brought copies with him to Zaragoza. These Spanish woodcuts stemming from German originals, or possibly from French woodcuts from the same tradition, represent some of the finest concordance between text and illustration ever conceived, before or since" (Keller 94). It seems odd that Keller and Kinkade did not make a direct comparison between the German edition of Ulm and the Spanish of Zaragoza or even of the French translation.

After comparing the woodcuts in the Spanish editions of 1488 and 1489, the ones in Macho/Caxton, and the Catalan ones in the editions of 1550 and 1576, it seems that the Catalan woodcuts are much more detailed than the Spanish ones. The phenomenon of reversal of the woodcuts is also patent. Alfred P. Pollard has studied these reversals, which were usually caused by the woodcutter copying not the original woodcut, but rather the printed cut. The result of copying the print rather than the original woodcut is that the image is reversed from left to right. The woodcut for the fable of the cock and the gem (Book One, number 1) in the French and Spanish versions is a mirror image of the German original of Ulm. The Catalan woodcut for this story, curiously, is the same as the German one and not the French or Spanish. There are thirty-four woodcuts that are reversed in the Catalan printings vis-a-vis the French and Spanish incunabula. Unfortunately, the direct origin of the woodcuts used in the Catalan editions is not known.

In conclusion, the Catalan translation of 1550 and 1576 seems to have been based on one of the Spanish editions. It is not exactly the same as the Spanish 1488, the 1489, nor the 1496, but perhaps a study of the recently discovered incunabulum of 1482 could give further information. The supposed Castilianisms cited by Miquel i Planas merit further study also. A detailed comparison of the Catalan text with that of the various

Spanish and French editions as well as the German/Latin model may lead to a definitive source for the Catalan version. For the present one can only speculate on its origin.

University of South Florida
Tampa, Florida

Works Cited

Aesop. *Aesop's Fables: With a Life of Aesop*. Trans. John E. Keller and L. Clark Keating. John E. Keller and L. Clark Keating, eds. Lexington: Univ. P. of Kentucky, 1993.

___. *Esopete ystoriado: Toulouse 1488*. Victoria A. Burrus and Harriet Goldberg, eds. Madison: Seminary of Medieval St., 1990.

Aesopo. *Fábulas de Esopo: Reproducción facsímil de la primera edición de 1489*. Madrid: RAE, 1929.

Goñi Gatzambide, José. *Icunables de Pamplona*. Pamplona: Diputación Foral de Navarra, Instit. Príncipe de Viana, 1974.

Isop. *Les faules d'Isop*. Ed. R. Miquel y Planas. Barcelona: Històries d'Altre Temps, 1908.

Keller, John E. and Richard P. Kinkade. *Iconography in Medieval Spanish Literature*. Lexington: Univ. P. of Kentucky, 1984.

Navarro, Carmen. "El incunable de 1482 y las ediciones del *Isopete* en España." *Quaderni di Lingue e Letterature* 15 (1990).

Palau y Dulcet, Antonio. *Manual del librero hispanoamericano*. Vol 5: E-F. Barcelona: Palau, 1961.

Ruiz, Juan. *Libro de buen amor*. Ed. Joan Corominas. Madrid: Gredos, 1967.

Wadsworth, James B. *Lyons, 1473–1503*. Cambridge, MA: 1962.

Josep Vicenç Saval

LES LÍRIQUES TRADICIONALS CATALANA I CASTELLANA

La cançó popular mallorquina, inscrita per raons de tipus idiomàtic dins de la catalana, aporta un clar element diferencial en la rima per la seva consonància perfecta que evita els versos assonants. En quant a la temàtica, tant la lírica catalana com la mallorquina o la castellana i fins i tot l'europea, sorgeixen d'un fons comú romànic amb certes influències àrabs per raons de tipus històric, social i cultural, sense oblidar-nos de la influència jueu-sefardita. Per tant, seria adient evitar qualsevol plantejament de tipus geogràfic on predomina el component autòcton com els mantinguts en major o menor mesura per Francesc de B. Moll, Josep Massot i Muntaner i Ramon Aramon i Serra; com James T. Monroe ha esmentat, la lírica tradicional procedeix d'un fons comú que comparteixen tots els pobles de la Romania, el món àrab i la tradició jueva:[1]

> it can be inferred that four poetic traditions (Mozarabic, old French, Galician and Castilian) in four languages spoken by four peoples closely related in space, time and culture, which exhibit so many thematic and formulaic correspondences, as well as a common stress-syllabic prosody, *can only have resulted from a common source.* (349)

Edward Sapir, des del camp de la sociolingüística, va demostrar que no és possible assimilar tots els elements d'una cultura al medi geogràfic on aquesta es produeix, es desenvolupa i es transforma, segons ell:

> even the simplest environmental influence is either supported or transformed by social forces.... Under social environment are comprised the various forces of society that mold the life and thought of each individual. Among the more important of these social forces are religion, ethical standards, form of political organization, and art. (226–27)

En el nostre cas, és important observar el fet que cada país, regió i fins i tot zones geogràfiques de menor entitat, poden desenvolupar models propis, malgrat que la lírica comparteixi un fons comú. Per altra banda, aquest fons comú emana d'una sèrie de factors psicològics compartits com exposa Sapir des d'un punt de vista fonètic, però fàcilment traspassable al camp dels fenòmens artístics i culturals:

> There are many cases, to be sure, of distinct languages with comparable phonetic systems spoken over a continuous territory of fairly uniform physical characteristics, yet in this case it can readily be shown that we are dealing not with the direct influence of the environment itself; but with psychological factors of a much subtler character, comparable perhaps to such as operate in diffusion of cultural elements. ...[some] speakers [could be]... geographically contiguous to each other and hence capable of exerting mutual psychological influence. (234–35)

En aquesta anàlisi hi fet servir el *Cançoner popular de Mallorca*, replegat per Rafel Ginard Bauçà, i l'*Antologia de la poesía española* de Dámaso Alonso i José Manuel Blecua, per ésser els materials més assequibles. Es cert que el *Cançoner* presenta certes limitacions, doncs com diu al pròleg, és una "replega pacient de cançons que encara es cantan" (xiii). Si més no, he preferit el cançoner popular mallorquí davant d'altres recopilacions fetes al Principat de Catalunya, ja que tot i fent servir la mateixa llengua, Mallorca ha desenvolupat una forma dialectal particular i molt arrelada des del segle XIII, respectant formes lingüístiques més antigues. Moll assegura: "Tal como esta modalidad dialectal mallorquina se nos presenta actualmente, podemos definirla como una mezcla algo paradójica de arcaísmo como nota general y de evolución en algunos aspectos de detalle" ("Estática" 167). Més endavant, considera que: "[p]or los aspectos arcaizantes... característicos del mallorquín podría parecer que esta variedad insular del catalán es una mera imagen fosilizada del lenguaje que nos trajeron los súbditos de Jaime I" (170). Al mateix temps, aquesta variant ha sofert una exposició menor a la influència de la llengua castellana.

En el camp de la crítica literària el fet d'haver gaudit d'un ric període poètic escrit en llengua provençal ha provocat un cert abandonament o desinterès en la tradició catalana per l'estudi dels orígens més populars de la poesia catalana, la cançó de tipus tradicional de transmissió oral.[2] Curiosament, ens trobem amb una situació inversa en el model castellà. Probablement, el fet d'ésser una nació sense estat ha provocat que aquesta nacionalitat hagi hagut de proveir-se de models exteriors que la diferencien del centre de poder peninsular alhora que li ofereixen un clar element legitimador de la seva cultura.

Malgrat tot, el precursor en la investigació del cançoner de tradició oral i el romancer, tant en llengua catalana com castellana, fou el català Manuel Milà y Fontanals en el segle XIX. Aquest teòric, com feren altres crítics de l'època s'autoconferia la posició de pare descobridor de la lírica tradicional; per tant es trobava

[s]in antecesor alguno en esta materia, tratando de composiciones inéditas y, más que desdeñadas, desconocidas, que por su propia

naturaleza carecen de toda indicación de fecha y de autor, y cuyo lenguaje se modifica conforme al habla de quien las pronuncia. (85)

En referència a la lírica mallorquina, Massot Muntaner en el seu article "Sobre poesía tradicional catalana" considera les cançons tradicionals mallorquines d'una major fidelitat a les arrels regionals que no pas les catalanes: "la mayoría de gloses mallorquinas son autóctonas, pero una porción importante de ellas están relacionadas con corrandes (catalanas) y coplas" (430). Al mateix temps, al Principat "[e]l Romancero español ha influido extraordinariamente" (421), doncs s'han conservat cançons en castellà o en molts casos es fan servir ambdues llengües indiscriminadament.[3] Així Massot Muntaner arriba a la conclusió que el cançoner català presenta tres aspectes interdependents segons l'origen francès, espanyol o català (421).

Un element important és la coincidència temàtica i mètrica gairebé exacta entre alguns poemes de les dues tradicions. Com a exemple podrien estudiar aquests poemes, l'un recollit per Massot Muntaner a l'article esmentat (432) i l'altre exposat per Blecua (LIV):

La queda han tocada,	Las doce son dadas,
mon bé no es vengut;	mi esposo no viene,
ditxosa la dama	¿quién será la dichosa
que l'ha entretingut.	que lo entretiene?

Un altre exemple el trobem en aquest poema arreplegat per Pau Bertran y Bros en *Cansons y follies populars*, que duu el títol "Casome mi madre" (123–24) (sorprenentment el títol és en castellà), en front del #208 recopilat per Alonso-Blecua:

Mis padres m'han casada	Pensóse el villano
con un reial consuelo	que me adormecía;
i a la primera noche	tomó espada en mano,

s'en va seguint la tuna.   fuese a andar por villa.
–Ai, amor,   [...]
ai, de la mala amor.   Fuérame tras ele
Jo me voy detrás d'ello   por ver donde iba;
per veure ont aniria;   viérale yo entrare
ja veig que s'en va   en cas de su amiga.
ia a la casa d'una amiga.[4]   [...]

En aquest cas resulta palesa la influència del poema castellà en el català, fins i tot, a més del títol, apareixen tota una sèrie de paraules en castellà que podrien demostrar l'origen castellà del poema. Si més no, no passa el mateix amb el primer dels exemples. Milà y Fontanals, tot fent referència a aquest tipus de similituds, considera que:

> La semejanza de maneras y giros poéticos no es tanta que no quepa reducir buena parte de ella a las comunes analogías del antiguo género; el asonante debió nacer aquí como allí del antiguo sistema de versificación monorrima, y el octasílabo si no es tan esencial a la frase catalana como a la castellana, en manera alguna repugna a la primera, existiendo de la época provenzal algunos versos con el aire y brío de nuestras redondillas nacionales. (91)

Tanmateix, aquesta influència no és pas unidireccional. Romanços catalans varen passar a la lírica espanyola. Ramón Menéndez Pidal en el *Romancero hispánico* assegura:

> También es probable que el romance catalán de "La dama de Aragón," de donde parece proceder el castellano "En la villa está una ermita" fuese tomado por los catalanes... más o menos directamente de los griegos. (I, 325)

Aquest plantejament ens retorna a les tesis sostingudes per Monroe d'un fons comú romànic, procedent d'una hipotètica cançó popular en llatí o, com en el cas abans esmentat, de l'Antiga Grècia. En defensa d'aquest punt, Menéndez Pidal, en el seu article "La primitiva lírica europea," expressa la idea d'un fons comú i una certa unitat temàtica entre les distintes llengües de la Romania (241). Segons ell: "La enamorada se refiere en España a su *amigo* o habibe, en Francia trata de su *amis*, en Alemania de su *friude*" (310). Anteriorment Alfred Jenroy ja havia assenyalat: "la forme la plus fréquente et la plus ancienne peut-être, dans notre lyrique populaire, devait être la chanson mise dans la bouche d'une jeune fille, avec les mille nuances de sentiments et les diverses situacions que ce genre comporte" (180). Aquest plantejament ens porta a les *jarchas* degut a que aquestes cançons eren cantades hipotèticament per noies joves. Tot fent referència a aquest tema, Menéndez Pidal comenta el següent:

> Las jarchyas son el primer documento de la canción femenina tan difundida por toda la Romania, y como también existen claras analogías, no sólo formales, sino tematológicas entre los refrains [sic] y las jarchyas... jarchyas, villancicos, cantigas de amigo y refrains [sic], son el filón único de una misma innovación literaria. (242–43)

Es pot parlar d'una unitat o coincidència temàtica entre tots els pobles de la Romania en la que "los temas habituales son: gozo en la presencia del amigo; dolor insorportable en la ausencia; llanto, lamentos, tristeza, celos" (Menéndez Pidal 310). Es més, no solament procedeix d'un fons greco-romà sinó que també àrab, com demostra Josep M. Solà-Solé en el seu article sobre un text bilingüe en un cançoner català del segle XV. Josep Romeu, per la seva part, aporta l'exemple d'un poema de clara estructura *zejelesca* amb rima AAbbbA:

> Senyora, cors magniffich,
> pus bella sou que no us dic.
> Vostre disposició
> té tanta perfecció

que, sens dir-vos ficció,
pus bella sou que no-us dic. (50)

Una vegada aclarit aquest fons comú entre ambdues tradicions, podem centrar-nos més en el cas de Mallorca. Ací es constata que predominen les cançons curtes d'entre quatre i sis versos, que en Menorca s'anomenen cançons botxetes i a Catalunya follies, i que serien equivalents a les "coplas," "cantares" i "cancioncillas." Es curiosa la relació establerta als països de parla catalana entre aquest tipus de cançons i la follia. Francesc de B. Moll considera que tal associació prové del caràcter satíric o humorístic d'aquestes cançons i/o del seu caràcter apassionadament amorós (Pròleg xxxvi).

En aquestes cançons curtes la forma estròfica predominant és la quarteta heptasíl·laba (o octosíl·laba segons el sistema de contar els versos castellà i italià) de combinació majorment ABBA.[5] Menys freqüentment apareix la quinteta, la combinació de la qual és ABBBA, malgrat que altres combinacions son possibles, ABAAB o ABBAB, però la seva escassetat las fa irrellevants en el còmput general. També ens trobem amb alguns poemes de sis versos la rima dels quals pot ser ABBBBA o bé, ABBAAB. Menys habituals encara resulten les composicions de més de sis versos, que com diu en Moll, deixen de ser considerades cançons curtes per enomenar-se codolades de major llargada (Pròleg xxxvi).[6] Com il·lustració, podem prendre l'exemple d'aquesta cançó que sembla establir una regla normativa (tinguem en compte que *mot* en mallorquí té el sentit de vers):

Una cançó ben dictada,
de quatre mots está bé;
de cinc i de sis, també;
i de set, ja és codolada
      (Alcover 249).

Si confrontem totes aquestes dades amb la poesia castellana, veiem que son infreqüents les composicions de quatre versos, excepte en las *jarchas* mozàrabs. Solà-Solé sosté sobre aquest tema que

> Desde el punto de vista estrófico, es de notar, ante todo, el gran predominio entre las jarchas romances de estructuras a base de cuatro versos en forma de cuarteta. Este esquema lo encontramos en más de la mitad de las jarchas, predominando entre éstas las de tipo anisosilábico, es decir, de versos con un número desigual de sílabas. (*Jarchas* 23)

Cal afegir que també als poemes castellans de quatre versos el número de síl·labes resulta força irregular. Sovint els versos no son octosíl·labs i la rima seria ABAB. A més a més és poc comuna la repetició d'un vers en la lírica mallorquina, el que no resulta pas estrany en la cançó tradicional castellana. La diferència resulta substancial si comparem poemes de les dues tradicions:

Vuestros son mis ojos,	Al·lota, si tu em volies
Isabel,	creu que no et sabria greu
Vuestros son mis ojos,	que, de lo que tenc que és meu
y mi corazón también.	faries lo que voldries.
(Alonso-Blécua #63)	(Ginard #791)

Malgrat tot, la combinació abba d'art menor també pot produir-se en la lírica castellana però no és habitual. Aquests curts poemes presentats a continuació poden demostrar aquest fet, puix ambdós mantenen una certa semblança temàtica:

Montaña hermosa	Oh, muntanya esterangera
alegre y muy leda	on he arribat a parar!
la tu arboleda	plorant m'he de consolar
cómo es deleitosa.	darrera una carritxera.
(Alonso-Blécua #181)	(Ginard #1483)

Respecte a la rima en la tradició oral mallorquina, predomina la consonància perfecta, àdhuc algunes rimes poden resultar un tant estranyes a un catalá no baleàric.[7] Moll menciona la característica pròpia de la rima en la lírica tradicional mallorquina de la següent forma: "des de la darrera vocal accentuada, inclusivament, el so o sons finals d'un vers són exactament els mateixos de l'altre vers o versos que hi han de rimar" (Pròleg xl). Aquesta consonància perfecta és comuna a la lírica provençal, de la qual podria derivar puix que no permet error en el nombre de síl·labes: "ni la rima admet altra consonància que la que és producte de la identitat absoluta de vocals i consonants a partir de la darrera síl·laba tònica del vers, o sigui que no es permet l'assonància" (Riquer I, 27–28), el que no es produeix en la cançó castellana on predomina la rima assonant.

En l'aspecte temàtic no existeix una gran diferència entre el cançoners populars de parla catalana i els d'altres llengües, pel que novament podem parlar d'aquest fons comú romànic amb una gran influència àrab, per una banda, i jueva, per l'altre.[8] El *Cançoner popular de Mallorca*, segons l'ordenació de Rafel Ginard Bauçà, compta amb un número predominant de cançons de tema amorós. Això coincideix amb la classificació del cançoner folklòric català de Joan Amades, que considera el grup de les cançons amoroses com l'apartat més representat, i que sotsdivideix en categories menors més concretes segons els personatges que hi intervinguin o el resultat final de la relació (16–18). D'entre totes les cançons amoroses mallorquines, els grups més extensos son els que Ginard classifica en absència, sofriment per amor i gelosia. Aquesta classificació ens duu a la tesis de Alfred Jeanroy: "En France, comme dans les poésies étrangères, l'expression des joies que procure l'amour est rare: nos poètes, eux aussi, ont jugé plus intéressant de peindre ses tristesses" (181–82).

A Mallorca, a l'igual que a les altres tradicions, també hi trobem les altres grans varietats temàtiques com son les cançons de treball, les infantils o les de caire humorístic. Un altre element característic a totes les líriques europees és el fet de la funció il·lustrativa que té la natura sense una altra rellevància que la de donar un marc on es desatrrolla l'acció narrada.

Per tant, es pot considerar que la cançó popular mallorquina presenta la mateixa temàtica que tota la poesia tradicional. Malgrat tot, la rima que la caracteritza és diferent de les altres, fins i tot a la catalana, pel que podríem considerar-la autòctona, tal com la califica Moll (v–vii) o Ramon Aramon i Serra que expressa el següent: "Amb les cançons populars mallorquines el lector es posa en contacte amb un vell recull de corrandes o cançonetes curtes de quatre o cinc versos—mots en diu el poble—, que tenen la particularitat d'ésser autòctones de Mallorca" (cit. Massot 269). Si més no, cap d'ells no fa pas esment de l'element diferencial de més pes que és la estructura ABBA. Moll fa esment d'aquest fenomen, però considera el fet des d'un punt de vista estilístic que no és convincent perque no té en compte els elements sòcio-polítics que influeixen sobre una comunitat concreta i la seva producció artística. Això complica l'acceptació de la tesi que els poetes mallorquins son més sensibles (Pròleg lxxv).

Per il·lustrar i determinar la importància dels factors socials en la literatura, podem examinar aquest exemple del propi Moll:

> Mu mare i es meus germans
> m'han privada s'alegria
> volen jo que monja sia
> i ells no s'han fet capellans.
>   (Pròleg lxxv)

En aquest poema es percep una estructura familiar en la qual el pare és absent i el personatge femení ha de sometre's als designis de la resta de la família. El cas català sembla ser distint com podem apreciar en confrontar aquest text recopilat per Bertran i Bros, de temàtica similar, de rima distinta i plantejaments diferents:

> Lo pare i els meus germans
> se n'han jugat l'alegria,
> tots se n'han fet capellans,
> volen que jo monja siga. (258)

A més a més de l'ús de la rima ABAB, veiem que el personatge femení és més poderós dins de l'estructura familiar. L'element masculí en la família pretén que la filla/germana accepti la decisió que ells han pres. Així queda clar el major poder de la dona al Principat. Si ens ho plantegem des d'un punt de vista jurídic, comprovem que la dona catalana té els mateixos drets hereditaris que l'home si és la primogènita. Agnès Fine ens mostra el següent al respecte:

> en Catalogne espagnole, la "pubilla" c'est-à-dire l'héritière, semble... investie de véritables pouvoirs de gestion et de commandament sur ses biens.... Son mari est appelé pubill d'un mot formé sur celui qui désigne son épouse.... Ici l'héritière est investie à bien des égards de prérogatives masculines qui ne sont pas pensées comme incompatibles avec les fonctions normales du sexe féminin. (55)

El número de exemples sobre la influència del medi social en la creació artística popular podria ser molt més extens. En quant a l'oposició de Massot Muntaner que addueix el fet que a Menorca es troben les mateixes cançons que a Mallorca, sovint amb petites variants dialectals (432–47), sembla ser que aquestes cançons viatjaren de Mallorca a Menorca per la proximitat geogràfica i la relació entre ambdues illes o per mitjà dels treballadors mallorquins que es desplaçaven a Menorca en temps de sega (Moll "Pròleg" lxxv).

D'aquesta manera podem establir que l'aïllament geogràfic de Mallorca ha permès desenvolupar una particularitat autòctona que segueix mantenin la seva lírica popular dins dels models comuns propis de la lírica europea. Prevaleixen una sèrie de raons de tipus social que incideixen en la cultura més que una influència del medi geogràfic. Tal com varen establir els lingüistes Roman Jakobson i Petr Bogatyrev, la supervivència de l'obra folklòrica està condicionada per l'acceptació per part de la comunitat i els valors intrínsecs d'aquesta (60), que no deriven de l'ambient geogràfic, ans d'una suma d'elements sòcio-econòmics, polítics, jurídics, i culturals.

The University of Virginia
Charlottesville

Notes

[1]   Sobre la influència jueva i la seva disseminació per les diferents tradicions orals resulta d'un gran valor documental l'article "The Judeo-Spanish Ballad Tradition" de Samuel G. Armistead i Joseph H. Silverman.

[2]   Martí de Riquer ens ho documenta d'aquesta manera: "Els primers poetes escribien de primer en provençal, després en un provençal plé de catalanismes i aquest costum durà fins als decennis terç i quart del segle XV, és a dir, fins a l'aparició de la gran figura d'Ausias March" (13).

[3]   El poema amb el títol "Romance de Elena," pot servir com a exemple. Aquest romanç es presentat per Massot Muntaner en el seu article "Sobre la poesía tradicional catalana" (449) i replegat a Sant Climent de Sescebes, província de Girona, integrament escrit en castellà, i segons Massot Muntaner, freqüent a la península i entre els jueus sefardites: Estando una niña — bordando colchones // agujas de oro — en hebras de plata, // pasó un caballero — pidiendo posada. // –Si mi madre quiere, — yo de buena gana–. // Entró el caballero — le hicieron la cama, // sábanas

de hilo — colchones de Holanda. // A la media noche — el caballero se levantó; // de las tres que había — a Elena escogió; // montóla a caballo — y se la llevó, // y en un monte oscuro, — allí la bajó. // –Dime hermosa niña, — dime como te llamas. // En mi pueblo Elena, — y aquí desgraciada.

[4] Es troben subratllades les paraules que de forma inequívoca són castellanes i que de cap de les maneres poden ésser considerades catalanes malgrat que, ho hem d'admetre, paraules com "casada" o "primera," per posar algún exemple, són comunes a les dues llengües.

[5] La diferencia resulta notable com ens demostra Riquer: "En mètrica provençal i catalana, així com en la francesa, el còmput de síl·labes es fa d'acord amb el nombre de l'última síl·laba tònica en vers, en oposició a l'ús italià i castellà, que compta una síl·laba més després de la darrera accentuada" (28).

[6] Alcover defineix codolada de la següent manera: "Composició poètica de to popular en què es combinen alternadament els versos de vuit síl·labes rimant amb versos de quatre o cinc síl·labes .... Es forma genuïnament catalana, usada a la narrativa i a la sàtira" (249).

[7] En les parles de les Balears no es pronuncia la -r final com al Principat de Catalunya o al Regne de Valencià, com és el cas de la paraula *cor*. Al mateix temps, també es produeixen diferències entre el català peninsular i l'illenc en la pronunciació de les vocals, o en la manca de desinència en la primera persona. *T'estimo = t'estim.*

[8] Vegi's la nota 1.

Bibliografia

Alcover, Antoni M. *Diccionari Català-Valencià-Balear* 10. Palma de Mallorca-Barcelona: Moll, 1968.

Alonso, Dámaso i José Manuel Blecua. *Antología de la poesía española: Lírica de tipo tradicional.* Madrid: Gredos, 1986.

Amades, Joan. *Folklore de Catalunya-Cançoner* 2. Barcelona: Selecta, 1982.

Armistead, Samuel G. i Joseph H. Silverman. "The Judeo-Spanish Ballad Tradition." *Oral Tradition* 2.2–3 (1987): 633–44.

Bertrán i Bors, Pau. *Cançons i follies populars.* Barcelona: s. e., 1885.

Fine, Agnès. "Homme dotés, femmes dotées dans la France de sud." *Femmes et patrimoine dans les sociétés rurales de l'Europe Méditerranéenne.* Ed. Georges Ravis-Giordani. París: Centre National de la Recherche Scientifique, 1987. 39–60.

Ginard Bauçà, Rafel. *Cançoner popular de Mallorca: Replegat i ordenat amb nombroses variants.* 4 vols. Palma de Mallorca: Moll, 1966.

Jakobson, Roman i Petr Bogatyrev. "Le folklore, forme spécifique de création." *Questions de Poétique.* Ed. Tzvetan Todorov. Trad. Jean-Claude Duport. París: Editions du Seuil, 1973.

Jeanroy, Alfred. *Les Origines de la Poésie Lyrique en France au Moyen Age.* París: Honoré Champion, 1969.

Massot Muntaner, José. "Sobre la poesía tradicional catalana." *Rev. dialectología y tradiciones populares* 18.3–4 (1962): 416–470.

Menéndez Pidal, Ramón. "La primitiva lírica europea: Estado actual del problema." *Rev. filología española* 43.3–4 (1960): 279–354.

___. *Romancero hispánico (hispano-portugués, americano y sefardí): Teoría e historia* I. Madrid: Espasa Calpe, 1953.

Milà y Fontanals, Manuel. *Observaciones sobre la poesía popular con muestras de romances catalanes inéditos.* Barcelona: Narciso Ramírez, 1853.

Moll, Francisco de B. "Pròleg." Vol 1 de *Cançoner popular de Mallorca: Replegat i ordenat amb nombroses variants.* Ed. Rafel Ginard Bauçà. 4 vols. Palma de Mallorca: Moll, 1966. xiii-lxxxiv.

___. "Estática y dinámica del catalán en Mallorca." *Papeles de son armadans* 50 (1960): 162–175.

Monroe, James T. "Formulaic Diction and the Common Origins of Romance Lyric Traditions." *Hispanic Rev.* 43.4 (1975): 341-350.

Riquer, Martí de. *Història de la literatura catalana* I. Sant Joan Despí (Barcelona): Ariel, 1980.

Romeu, Josep. "El cantar paralelístico en Cataluña: Sus relaciones con el de Galicia y Portugal y el de Castilla." *Anuario musical* IX (1954): 4–55.

Sapir, Edward. "Language and Environment." *American Anthropologist* 14 (1912): 226–242.

Solà-Solé, Josep M. "Una composició bilingüe en un cancionero catalán del siglo XV." *Hispanic Rev.* 4.4 (1972): 386–389.

___. *Las jarchas romances y sus moaxajas.* Madrid: Taurus, 1990.

Charles J. Merrill

SHOULD COLUMBUS'S FIRST
CARTA DE LAS INDIAS
COUNT AS A WORK OF CATALAN LETTERS?

Why should anything written by the Genoese explorer Christopher Columbus be counted as Catalan literature? Yes, many people consider Columbus not to have been Genoese at all, but a Catalonian. And if he were, then the letter he wrote in 1493 to Ferdinand and Isabella on his way back from the Indies, called "the most important printed document of universal history,"[1] is one of the most significant things written by anyone of his nation. This study addresses not only the claim that since Columbus was Catalan, anything he wrote belongs to the literature of Catalonia; it also addresses why the 1493 letter provides both external and internal evidence that its author was not from Genoa—or Corsica, Greece, Croatia, Norway, Galicia, or Castile, as has also been claimed —but from somewhere in the Països Catalans.

First it may be useful to give a very brief overview of the question of Columbus's nationality.[2] It is only fair to say that the upholders of the official thesis of Columbus's origins insist that there really is no such question, as only dilettantes and lunatics have claimed that the Admiral was anything but a Genoese Italian. Be that as it may, there is a long history of oral traditions, books and articles that reject the Genoese and Italian account.[3] Briefly, here are the reasons that have been given for doing so. First of all, Columbus never said, in any of his many letters and other writings that are extant, that he was Genoese. (The one document in which he does speak of Genoa "en ella nací e de ella salí" is a forgery.) He was not called Genoese in any document issued by the chanceries of Castile or Aragon, nor do King Ferdinand or Queen Isabella ever call him Genoese. Neither does the letter of naturalization by which his brother Diego is made a Castilian say anything about Genoa, whereas all the other Castilian letters of naturalization that survive do say from where the person being naturalized is. Nor did the Genoese ambassadors who were present in 1493 in Barcelona when he was received by the Iberian monarchs refer to him as a fellow citizen when they wrote to Genoa. Furthermore, early authors who do say Columbus was Genoese seem to be very hesitant about doing so and never claim to have heard it from him and are never sure about any particulars of his early life.

But, object the Genoverians, none of that matters. Authentic documents show that a Cristoforo Colombo was born in Genoa in 1451 and left there in the 1470s. Other documents attest to the fact that a man who came to be called Cristóbal Colón came to Castile in 1485 after having lived for some years in Portugal. He must have been the same man as the Colombo born in Genoa.

But the differences between Colón and Colombo seem to be too great to be explained away to those who doubt that Columbus was Italian. To sum up these differences, Colombo was born in 1451, Colón in 1436 or 1446; Colombo was uneducated, Colón read and wrote in such a way and about such things as to suggest that he had been schooled for years; Colombo was a wool-weaver and cheese merchant, Colón was a nobleman; Colombo can have had no great experience as a mariner and a ship's captain, Colón had years of experience as both; Colombo spoke the Genoese dialect of Italian, Colón did not, or any other kind of Italian; the Genoese wool-weaver's name was Colombo, the Admiral of the

Indies never called himself Colombo and was never called Colombo by anyone who knew him.

So if he was not a Genoese, why believe that he was Catalan? To begin with, the original form of Columbus's surname was neither Colombo nor Colón, but Colom. And Colom was a Catalan name. If it had been Colombo, it would have stayed Colombo in Castile. Colomo and Colón, the two forms the name has taken there, are simply phonetic castilianizations of Colom. Columbus did not insist on being identified as a Catalan because his family had fought against King John the Faithless in the 1462–1472 civil war waged by the Generalitat de Catalunya against the King of Aragon, and he wanted a favor of John's son Ferdinand. Many of his greatest supporters and associates—Lluís de Santàngel, Joan de Coloma, Joana de la Torre, Pere Margarit, Bernat Boyl, Miquel Ballester, Antoni de Torres—were Catalans (or Valencians). His coat-of-arms, which he had before the first voyage, was Catalan. The language underlying his acquired Castilian was Catalan. Many of the names, such as Montserrat, that he gave to places in the Indies were Catalan. The admiral of the French fleet with whom he fought against the Genoese in 1476, Guillem de Casanova Colom, was Catalan, and probably a relative. His library included many Catalan books. His son Fernando, who found no relatives in Italy, seemed at one point to be looking for them in Catalonia, but he was forbidden to continue by the King of Castile. The lands of the New World had been annexed to the Crown of Castile, and Catalans were even prohibited from going there. The port that enjoyed a monopoly of trade with the Indies was Castilian. Consequently, the Castilian administration had an interest in concealing the Catalan nationality of the man who was responsible for finding the Indies for them. It concealed his nationality with great success, by means of censorship of chronicles, suppression of documents, and legal actions against his family.

Before showing how the "Letter from the Indies" supports the thesis of Columbus's Catalan nationality, it is important to understand what that letter was. There were three of them sent by Columbus from Lisbon to Barcelona in March 1493 giving an account of his first voyage of discovery: one to Ferdinand's *escrivà de ració*, Lluís de Santàngel; a nearly identical one to Gabriel Sánchez, or Sanxis, the treasurer general of the Crown of Aragon; and a similar one to Ferdinand and Isabella themselves. The letter to Santàngel was printed in Barcelona in April 1493, by the press of Pere Posa, and again in Valladolid in 1497. The Sánchez letter was translated into Latin and printed by Stephanus Plannck in Rome in May 1493;[4] and other editions of the Latin translation were published that same year in Antwerp, Basle, and Paris (three editions). Also from 1493 are no fewer than five editions of a verse translation into Italian by Giulio Dati, in which the Admiral is called "Colombo" in Italian for the first time.[5] (In the Latin epigram appended to the Coscó translation he was called "Columbus" for the first time). In 1497 the German translation appeared in Strasbourg. In all there are seventeen early editions of the various versions of the letters to Santàngel and Sánchez. Antonio Rumeu de Armas says of the diffusion of the letter throughout Europe that "no hay acontecimiento comparable en propagación a todo lo largo del Renacimiento."[6]

As for the letter written directly to the Catholic monarchs, it was not known at all until 1985, when the so-called *Libro copiador* turned up in a bookstore in Tarragona. Rumeu de Armas, who edited the *Libro copiador* in 1988, calls attention to the symbolic and real importance of this letter to Ferdinand and Isabella, naming it "the baptismal certificate of America" and the "authentic pearl among all the Columbine documents."[7]

The nine manuscript letters of Columbus in the *Libro copiador* are mid-sixteenth century copies. The original of the "Carta a los Reyes" was presumably once in the royal archives of Aragon or Castile, but it has disappeared. Columbus kept a copy of the letter he sent from Lisbon, and in 1500 he sent a second transcription to the monarchs. Both of these documents have also disappeared, and the originals of the letters to Santàngel and Sánchez have also disappeared.[8]

Was there a Catalan version of the letter? None survives, but there must have been one. The 1497 German edition was "getüeschet vß der katilonischen zungen vnd vß dem latin," translated from the Catalan language and from Latin.[9] And in a register of Columbus's son's own library, the Colombina, appears the entry, "Letra enviada al escribano de ración. 1493. en catalán."[10] The letter this entry refers to is not in the Colombina, however. No one knows where it is; it has suffered the fate of so many documents related to Columbus, namely of having disappeared without a trace. Caius Parellada believes that this Catalan letter must have belonged to Fernando's father because its register entry lacks the details of purchase that mark items Fernando himself acquired. He points out that next to the registration of the other two copies of the letter in Fernando's library, the Coscó translation and the Dati versification, is the annotation, "costó un cuatrín." So the only letter Fernando inherited from his father was this "letra al escribano de ración, en catalan."[11]

To believe that the original letter was written in Catalan does not seem farfetched in view of the fact that its two private recipients, Santàngel and Sánchez, were Catalan speakers and that its first translator also spoke Catalan. Leandre de Coscó was from the Aragonese branch of the Coscó family that originated in a town in Noguera, but he had lived in Barcelona for a long time and was doubtless in touch with the numerous Catalan Coscós in that city.[12] His translation of the Sánchez letter *ab hispano idiomate* into Latin was printed in Rome in the spring of 1493 even before Columbus arrived in Barcelona from Lisbon. A comparison of it to the printed version of the Santàngel letter, which may have also been a translation from one *hispano idiomate* into another, that was published in Barcelona that same spring, shows several features that cast light on its author's nationality.[13]

First of all, the Sánchez-Coscó version has the new lands found by Columbus claimed not "for your Highnesses" ("por sus Altezas") but "for our most happy king" ("pro felicissimo rege nostro"), that is, for the count of Barcelona and king of Aragon alone (Sánchez 220; Santàngel 308). Then where the Santàngel letter tells the monarchs that they can dispose of the new lands "as completely as of the kingdoms of Castile" ("tan complidamente como de los reinos de Castilla") (224), the Sánchez-Coscó letter omits this phrase. In the Santàngel version the Indians are said to be inclined "to the love and service of your Highnesses and of all the Castilian nation" ("al amor y cervicio de Sus Altezas y de toda la nación castellana") (222); in the Sánchez letter the Indians are favorably inclined "to the King and Queen our Princes, and to all the nations of Spain" ("erga Regem, Reginam Principes nostros, et universas gentes Hispaniae") (314). And one more possibly telling difference is the fact that the Sánchez letter has Columbus saying "thirty-three days after I set out from Cádiz I arrived in the Indic Sea" (309), whereas he wrote to Santángel "in thirty-three days I passed to the Indies" (220). Several proponents of the Catalan thesis, notably Teresa Baqué and Jordi Bilbeny, see the version in the Sánchez letter as evidence that the first voyage left from Catalonia, specifically from Pals in the Ampurdà, stopping or passing Cádiz, which of course is east of Palos, on the way to the Indic Sea.[14]

The Roman edition of the Sánchez letter concludes with an epigram by "R.L. de Corbaria, bishop of Montipalussi, to the undefeated King of the Spain" (324). This prelate has been identified by Francesc Albardané as another Catalan, Ramon Lluís de Corbera, bishop of Montepoloso in the Basilicata, the son of Joan de Corbera, a knight of Barcelona.[15]

Albardané believes that Sánchez, Santàngel, Coscó and Corbera were part of a Catalan attempt to forestall the complete Castilianization of the enterprise of the Indies.[16] The edition in Barcelona by Pere Posa of the Santàngel letter was also part of this attempt, though it was more subject to censorship and pro-Castilian editing than the translation Coscó made and printed in Rome. The monarchs themselves had almost managed to keep Columbus's arrival in Barcelona a secret. The official *dietaris* of the city and of the Generalitat do not even mention his stay there in the spring of 1493. The copy of the letter addressed to them was hidden until 1985, and of course the original letters were destroyed or more definitively misplaced. The two private letters that were printed, censored or not, at least established Columbus as the discoverer of the Indies, even if they did not succeed in giving Catalonia-Aragon its full share in their exploitation and colonization.

There is one thing in the two private letters that relates explicitly to Catalonia. Columbus writes that the circumference of the island he named Española is more than "all Spain from *Colonia* (or *Cologna*) to *fontem rabidum*," (316) as the Latin translation of the Sánchez letter has it, "más que la España toda desde *Colunia* por costa de mar fasta Fuenterabía en Viscay," according to the Santàngel letter (223). (The letter to the monarchs says simply, "Esta otra Española es mayor en cerco que toda la España" [230]). *Colonia/Colunia/Cologna* has been interpreted as *Catalonia* by some translators and editors. Consuelo Varela claims in her edition that it means "La Coruña" (230), which is strange since the comparison is to "toda la España." Henry Harrisse read it as *Cotlliure*, however, surely the correct reading, Fuenterrabía and Cotlliure being the towns at either extremity of the Spanish coast.[17] Caius Parellada points out that there was a famous "Viatge de Circumval·lació" from Fuenterrabía to Cotlliure in 1476, when a Franco-Portuguese fleet met King Afonso V of Portugal in Lisbon and took him to France. The commander of that fleet was none other than an admiral named Colom, the same one, Parellada and others have argued, to whom Columbus was related, and with whom he fought in the battle of Cape St. Vincent in August 1476 against the Genoese. So if Columbus made this voyage from Fuenterrabía to Cotlliure with his relative seventeen years earlier, it is not strange that he should have used it as a basis of comparison in his letters to Santàngel and Sánchez.[18] This reinforces the association of Columbus with the "Caseneuve-Coulon" who fought the Genoese, and is another indication that he was not Italian but Catalan.

In 1892 José Asencio wrote that rumors had circulated the year before according to which in "a village of the Principality of Catalonia" the original of the Santàngel letter had been found.[19] If it had been found, it was lost or hidden again. But the appearance of the letter to the Monarchs in 1985 in the bookshop of the Cathedral of Tarragona was almost as remarkable. The bookseller (José del Río) would not reveal where he had obtained the *Libro copiador*, but Antonio Rumeu de Armas says that it had supposedly been in a private Majorcan library all these years.[20] At any rate, it is noteworthy for our purposes that this third form of the letter has Catalan connections, too.

As for the language of the letters, it is hard to make any firm deductions about the language of the author since the original manuscripts are not available. But if the original were in Catalan, or if the original Castilian were written by a man whose first language was Catalan, the Catalan substratum ought to be detectable. And that substratum is undeniably there. Even Cesare de Lollis thought that there must have been an *editio princeps* in Catalan that would account for the many catalanisms in the Barcelona edition.[21] Pere Català i Roca, Josep Maria Castellnou, Caius Parellada, and Nito Verdera have also published studies on the question of Columbus's language.[22] There is one glaring and transcendental Catalanism that appears in the surviving versions of both the Sánchez and the Santángel letters; their author is identified as *Colom.* At the end of the Santángel letter we read "Esta carta envio Colom al escribano de racion de las islas halladas."[23] But that letter was edited in Barcelona, it may be objected, and the Catalan printer may have been responsible for changing the original form of the name to Colom. But then one finds at the beginning of the Latin translation of the Sánchez letter the words "Epistola Christophori Colom," and at the conclusion, by way of signature, "Christophorus Colom, Oceanae classis praefectus" (308, 322). This Colom (published in Italy) is not an abbreviation, and it is the form that appears in all printed versions of the Latin letter, even in the ones where emendations to the first edition were made, such as changing "Rafael" to "Gabriel" Sánchez, and changing one of the clauses to read that the new found lands were claimed "for our King *and Queen.*" Not only is there absolutely no reference to its author being Italian, the Italian form of his name has been sedulously avoided. It seems likely that Coscó was faithfully and carefully transcribing the form of the surname that he considered most authentic, not latinizing it to Columbus, as R. L. de Corbaria did in the appended epigram, or to Colonus, as Pedro Mártir de Anglería always did, but leaving it in its original form. And that original form was the Catalan *Colom.* And that fact, along with the other evidences alluded to above, makes it legitimate to claim that the "Carta de las Indias" was not only the first thing written by a European about the New World, not only "the most important printed document of universal history," but also one of the most significant and valuable works in the history of Catalan letters.

Mount Saint Mary's College
Emmitsburg, Maryland

Notes

[1] Carlos Sanz, *La carta de Colón* (Madrid: 1956) 11.

[2] For a bibliography of books and articles on the Catalan theory of Columbus's origins, see Josep M. Solà-Solé, "A Catalan Columbus: A Bibliography," *The Catalan Contexts of Columbus: Proceedings of the Third Catalan Syposium*, ed. Josep M. Solà-Solé (New York: Peter Lang, 1994) 161–178.

[3] For a longer summary of these arguments, see Charles J. Merrill, "Why Question the Traditional Version of Columbus' Origins?" *The Catalan Contexts of Columbus* 137–150.

[4] Sebastian Plannck printed it again that year, and a third printing was made on the press of Eucharius Argenteus (Demetrio Ramos, *La primera noticia de América*, [Valladolid: Pubicaciones de la Casa-Museo de Colón y seminario Americanista de la Universidad, 1986]).

[5] Five editions according to Sanz, *La carta de Colón* 12; Gil says there were three (Cristóbal Colón, *Textos y documentos completos: Nuevas cartas*, ed. Consuelo Varela and Juan Gil (Madrid: Alianza, 1992) 219.

[6] *Libro copiador de Cristóbal Colón: Correspondencia inédita con los Reyes Católicos sobre los viajes a América* (Madrid: Ministerio de Cultura) I: 51.

[7] *El libro copiador* I: 37. The best and most accessible edition of the letter to the Monarchs is in *Textos y documentos completos: Nuevas cartas* 273–285.

[8] As has the letter written by Martín Alonso Pinzón from Bayona in Galicia (*La primera noticia de América* 6).

[9] Sanz XII: 13.

[10] Caius Parellada i Cardellach, *Cristòfor Colom i Catalunya: Una relació indefugible* (Barcelona: La Llar del Llibre, 1992) 20.

[11] Caius Parellada i Cardellach, *Colom venç Colombo* (Barcelona: 1986) 211–21.

[12] Francesc Albardané i Llorens, "Seguint la pista de Leandre de Coscó," *Butlletí del Centre d'Estudis Colombins* 5–6: 20.

[13] I will refer to the edition of the Sánchez-Coscó letter published as *Epistola Christophori Colom* in Navarrete I: 308–325, and to the Pere Posa Barcelona printing of the Santàngel letter published in Cristóbal Colón, *Textos y documentos completos: Nuevas cartas* 219–235.

[14] Jordi Bilbeny, "Christopher Columbus and the Lie of Palos de Moguer," *The Catalan Contexts of Columbus* 95–108.

[15] "Seguint la pista de Leandre de Coscó" 20.

[16] Albardané, "Divulgació del descobriment des de Barcelona," *Butlletí del Centre d'Estudis Colombins* 9: 20.

[17] *Christophe Colomb, son origine, sa vie, ses voyages, sa famille es ses descendents* (Paris, 1884) 420; cited in Parrellada, *Colom venç Colombo* 203.

[18] *Colom venç Colombo* 200–203.

[19] Lluís Ulloa, *Noves proves de la catalanitat de Colom: Les grans falsetats de la tesi genovesa* (Paris: Maisonneuve, 1927) 205.

[20] *El libro copiador* I: 19.

[21] *Colom venç Colombo* 206.

[22] Català i Roca, "Sobre los italianismos observados en la carta de Colón a Santángel," *Studi Colombiani* (Genova, 1951) II: 283–290; Castellnou, *Cristòfor Colom, català (com parlava Cristòfor Colom)* (Barcelona, La Llar del Llibre, 1989); Parellada, *Colom venç Colombo* 118–181, 204–214; *Cristòfor Colom i Catalunya* 17–28; Nito Verdera, *Cristóbal Colón, catalanoparlante* (Eivissa: Editorial Mediterrània-Eivissa, 1994).

[23] *Colom venç Colombo* 211.

Antoni Ferrando

EL CONCEPTE D'ESCOLA VALENCIANA
APLICAT ALS POETES VALENCIANS
DE L'ÈPOCA DE FENOLLAR:
CONSIDERACIONS SOBRE EL SEU BILINGÜISME

L'objectiu d'aquesta contribució és analitzar el concepte d'escola valenciana aplicat als poetes valencians de la segona meitat del segle XV i primeres dècades del XVI (aproximadament, l'època de Bernat Fenollar), amb especial atenció al seu suposat bilingüisme català-castellà. Quan el concepte designa només el grup d'escriptors que conrea la poesia satírica, hom l'ha especificat amb l'etiqueta *Escola satírica valenciana* i, en alguna ocasió, amb la d'*Escola burgesa valenciana*.

Abans, però, de discutir la pertinença d'aquestes etiquetes, en rastrejarem l'evolució a la nostra historiografia literària, i, finalment, discutirem l'abast del bilingüisme atribuït a aquests escriptors.

El sintagma Escola valenciana i variants en la historiografia literària

L'etiqueta *Escola valenciana* la va usar per primera vegada Manuel Milà i Fontanals en la seua *Ressenya històrica i crítica dels antics poetes catalans* (381). Milà li atribuí un significat alhora cronològic i territorial dins la seua proposta de periodització de la literatura catalana, basat en l'anàlisi de l'evolució del gènere poètic. L'*Escola valenciana* comprendria des de la mort d'Ausiàs March fins ben entrat el segle XVI, mentre durà la vitalitat de la poesia burgesa valenciana, i seria coetània de l'*Escola de Barcelona*, que seguia la "tradició tolosano-catalana". El mateix criteri i la mateixa terminologia foren adoptats pel seu deixeble Antoni Rubió i Lluch (1901). Així doncs, el nom d'*Escola valenciana* englobaria una producció poètica tan diversa com la de Jaume Roig, Joan Roís de Corella, Bernat Fenollar, Jaume Gassull, Narcís Vinyoles, Joan Baptista Agnés i Andreu Martí Pineda per citar alguns dels noms més coneguts.

És evident que designar amb aquesta etiqueta un conjunt tan heterogeni de manifestacions poètiques no s'adiu gens amb el que s'entén, en aquests casos, per escola (vegeu, per exemple, la definició que presenta la *Gran enciclopèdia catalana*, en la qual ens basem), i per això, ja des de les primeres dècades del segle actual, hom ha tendit a reservar el concepte per al grup de poetes que conreava la poesia "satírica," sovint afegint-hi aquest qualificatiu.

En efecte, Ramon Miquel i Planas, en reunir al seu *Cançoner satírich valencià* (1911) les mostres més interessants de la producció eròtico-burlesca dels poetes valencians del darrer quart del XV i primera meitat del XVI—entre els quals destaquen Bernat Fenollar, Jaume Gassull, Narcís Vinyoles, Francesc Castellví, Joan Moreno i Andreu Martí Pineda—, afegí l'apel·latiu de "satírica" a la denominació proposada per Milà per tal de distingir aquesta poesia de la cultivada per Joan Roís de Corella i els seus imitadors (Miquel Peres, Jeroni Fuster, Joan Baptista Agnés). El qualificatiu emprat per Miquel i Planas té, certament, la virtut de designar amb una relativa precisió un tipus de literatura en la qual excel·liren nombrosos poetes valencians de l'època que ens ocupa, però manté el defecte d'oferir una visió massa simplista d'aquell ambient literari en presentar sota aquesta denominació un grup d'hàbils versifica-dors que es distingiren també pel conreu de la poesia religiosa i per les seues incursions en altres gèneres literaris.

En la seua periodització de la literatura catalana, Lluís Nicolau d'Olwer (1927) prescindeix de l'etiqueta i posa la mort de Corella (1497), que aleshores se situava el 1500, com la fita final del període que anomena "clàssic" (1388–1500). La classificació de Nicolau d'Olwer tenia l'avantatge sobre la del seu mestre Rubió i Lluch que es basava en els fets literaris globalment considerats al llarg i ample de totes les terres catalanes i no exclusivament en l'activitat poètica realitzada a cada un dels dos nuclis principals de producció, València i Barcelona. En canvi, l'altre gran deixeble de Rubió i Lluch, el seu fill Jordi Rubió i Balaguer, reprèn els criteris de classificació i la terminologia del seu pare i, per tant, estudia per separat la producció literària de les dues grans capitals catalanes. Per a Jordi Rubió que titula "L'escola valenciana" l'apartat de la seua *Història de la literatura catalana* que s'ocupa dels poetes valencians de la segona meitat del XV, incloent-hi Roig i Corella, el conjunt de la seua producció "mereix el nom d'escola," atès que la major part dels seus protagonistes "constituïen vertaders cenacles" i que la seua poesia presentava unes característiques clarament diferenciades de les que conreava l'anomenada escola barcelonina (452).

Historiadors de la llengua i de la literatura catalanes com Joan Ruiz i Calonja (320-25), Ricard Blasco (169), Josep Romeu (32), Jaume Vidal Alcover (225) i Pere Marcet (201) es limiten a seguir Jordi Rubió, i, generalment, consideren Jaume Roig l'iniciador de l'"escola satírica valenciana." En canvi, Josep Lluís Marfany (12), conscient de les limitacions de l'etiqueta, substitueix el qualificatiu "satírica" pel de "burgesa," tot insistint en la singularitat de la poesia valenciana de l'època enfront de la que "es produeix coetàniament a les altres terres catalanes."

El nom d'"escola," amb qualificatius o sense, desapareix per complet a *Poetes, moriscos i capellans* de Joan Fuster (1962), a la *Història de la literatura catalana* de Martí de Riquer (1964) i a la *Literatura catalana* d'Antoni Carbonell *et al.* (1979). En publicar la nostra monografia sobre el poeta Narcís Vinyoles (26-7) vam considerar "confusionària i desorientadora" la denominació *Escola satírica valenciana*, ja que no dóna compte de la varietat de la producció literària dels seus integrants ni de la seua adscripció social, i així ho reafirmàrem posteriorment (117). Aquests plantejaments han estat assumits i àdhuc desenvolupats pels col·legues valencians Salvador Jàfer (1988) i Tomás Martínez i Isabel Micó (1992).

Els autors no catalans de manuals d'història de la literatura o de la llengua espanyoles, com Marcelino Menéndez y Pelayo (226-40) o Rafael Lapesa (284), han tendit a presentar el "bilingüismo literario" com a denominador comú d'aquest conjunt de poetes valencians i a subratllar la suposada inclinació natural dels valencians cap al castellà. En concret, Menéndez y Pelayo (227-28) atribuí el fenomen al fet que "Valencia estaba mucho más abierta que Barcelona a la influencia del castellano, que penetraba por las tres fronteras de Aragón, de Cuenca y de Murcia," a "cierto género de fraternidad entre los castellanos y los hijos de la alegre ciudad que se gloriaba de haber sido reconquistada por el Cid antes de serlo por Don Jaime," a l'afluixament dels vincles amb Catalunya "a causa de ser Valencia reino aparte y regido por diversas instituciones" i, sobretot, a "una causa puramente fonética. El catalán sonaba en aquellas risueñas playas de un modo muy diverso que en las ásperas gargantas pirenaicas, y los labios que le modulaban podían sin grande esfuerzo adaptarse a la emisión de los sonidos castellanos."

No cal dir que aquests prejudicis han influït decisivament en la visió que nombrosos investigadors estrangers de les lletres peninsulars del XV han donat sobre aquesta època, com podem observar en un recent llibre de Louise B. Horner sobre els "bilingual poets in Cataluña and València during the fifteenth century" (1988). Per a aquesta investigadora, "Cataluña was less bilingual" que València i, atès que "there were [in

València] fewer traditions to maintain than in Cataluña" (10) i que als seus poetes bilingües el castellà els devia semblar "better suited phonetically the forms" que assajaven (356), "Valencian poets were more ready to accept and create new trends" (10). "The concept of a national language thus paralleled the historical process which was inexorably leading from the stage of separate kingdoms to that of empire. It is easy to understand, in view of the historical backgrounds of the two regions, why a move toward such a national language would have been more popular in València than in Cataluña" (12).

Els límits del concepte d'Escola valenciana

Segons Jordi Rubió, els trets compartits pels integrants d'aquesta *Escola valenciana* serien: la concepció col·lectiva de la literatura, els orígins valencians, la preferència per la sàtira, l'extracció predominantement burgesa i el bilingüisme literari. Ara bé, l'examen atent de la seua producció literària exigeix matisacions tan substancials a aquest concepte que en justifiquen, al nostre parer, l'abandó.

La tendència a fer de la literatura un quefer col·lectiu és, sens dubte, una característica compartida per nombrosos poetes valencians de l'època. De fet, gosaríem dir que és un dels trets més singulars de la seua activitat poètica, bé que no és exclusivament valencià. Berenguer Mercader, Senyor de Bunyol, solia reunir al seu palau lletraferits de la seua mateixa condició social (Joan Roís de Corella, Joan Escrivà, Lluís de Castellví, Guillem Ramon de Vilarrasa, Joan de Próixita). També sabem (Ferrando 1982) que la noble dama Isabel Suaris, possiblement de la família dels Suárez de Figueroa, aleshores resident en València, acollia en la seua casa poetes de la més diversa procedència social i lingüística (Bernat Fenollar, Simon Pastor, un "gentilhombre del Adelantado de Murcia" identificable amb Juan Tallante). Ella mateix devia conrear el bilingüisme literari, car ens n'ha pervingut un debat epistolar en català amb Bernat Fenollar i, segons Ganges (217), unes *Coples castellanes fetes ab molt elegant stil per la senyora Dezvalls*. Més divertida, si jutgem pels temes que solien abordar, i certament més heterogènia des del punt de vista social, si bé amb predomini de l'element burgès, devia ser la tertúlia que es reunia en casa de Bernat Fenollar (c. 1435 – c. 1516), a la qual acudien notaris com Joan Moreno, Joan Verdanxa i Pere Vilaspinosa, eclesiàstics com Joan Vidal, patricis com Narcís Vinyoles, membres de la petita aristocràcia com Francesc de Castellví i Jaume Gassull, representants de l'administració regnícola com Joan Escrivà, etc. Dels poetes d'aquest cercle procedeixen obres col·lectives d'innegable èxit com *Lo procés de les olives*, *Lo somni de Joan Joan*, *Lo passi en cobles* i *Escacs d'amor*. No és difícil adonar-se que la literatura de col·laboració és més aviat pròpia dels cercles burgesos. De fet, no es coneix cap obra confegida col·lectivament per nobles, ja que el *Parlament en casa de Berenguer Mercader* sembla obra personal de Corella.

Si és cert que els components d'aquestes tertúli es valencianes, i segurament els de d'altres que desconeixem, participen més o menys intensament en manifestacions literàries col·lectives (peces dialogades, debats, certàmens), aquesta circumstància no autoritza, però, a parlar d'una *Escola valenciana*, ja que els seus integrants no són d'una mateixa generació, no comparteixen una comunitat d'ideals estètics ni un liderat literari reconegut per tothom—i, en conseqüència, la convicció, explícita o implícita, de formar part d'una mateixa escola—, i no pertanyen a un mateix grup social.

Mirem-ho més detingudament. En primer lloc, l'aspecte cronològic. Entre 1459, data de la mort d'Ausiàs March, i 1471, data en què ja havia mort Berenguer Mercader, la poesia que es cultiva a València o bé és de signe classicista, com la que es produeix en la tertúlia de l'esmentat aristòcrata, o bé és encara d'inspiració trobadoresca, com la que conreen

Francesc Ferrer o Joan Rocafort. La tertúlia de Fenollar degué formar-se alguns anys després de la mort de Mercader. Corella, Moreno i Fenollar encara van conèixer Ausiàs March i els dos últims fins van debatre poèticament amb ell. Mig segle després de la mort d'Ausiàs, l'ambient literari de València havia canviat radicalment. En la segona edició del *Cancionero general* (1514) coexisteixen els principals poetes burgesos valencians de les darreries del Quatrecents (Bernat Fenollar, Jaume Gassull, Narcís Vinyoles, Joan Moreno) i una nova generació de poetes que, bé exclusivament en català (Jaume Beltran, Vicent Ferrandis), bé exclusivament en castellà (el comanador Escrivà), o bé ja plenament bilingües (Joan Ferrandis d'Herèdia), se situen en les antípodes estètiques del que es conreava mig segle abans.

Els dos poetes més famosos de les darreries del XV, Corella i Fenollar, no exerciren un liderat literari clar entre els seus contemporanis. El mestratge de Corella es limità als del seu cercle i, per bé que admirat pels anomenats poetes burgesos, no serà imitat per cap d'ells sinó excepcionalment (Fenollar, Vinyoles). El mestratge de Fenollar sobre el seu cercle és sobretot organitzatiu, no estètic. I no cal dir que la influència de Jaume Roig, considerat com el cap de fila dels poetes satírics valencians, a penes s'hi va deixar sentir. De fet, Jaume Roig pertany a una altra generació i parteix de pressupòsits ideològics diferents.

D'altra banda, encara que la constitució de les tertúlies responia a pautes de classe social, que implicaven generalment diferents concepcions estètiques, no són infreqüents els contactes recíprocs, com escau a una societat relativament equilibrada com era encara la de la València de la segona meitat del XV. La de Mercader, pel que sabem, sembla estrictament reservada a aristòcrates, però en la de Fenollar o en la d'Isabel Suaris participaven, junt a burgesos, membres de la petita noblesa.

Aquestes circumstàncies afavorien els intercanvis literaris de tot tipus. Així, mentre Fenollar o Vinyoles, burgesos al servei del Rei Catòlic, confegeixen un debat amorós i una homilia a l'estil de Corella, respectivament, Jaume Gassull o Francesc Castellví, membres de la petita noblesa integrats en el cercle de Fenollar, es complauen a compondre versos satírics de to i esperit burgès. Un poema de Corella a Fenollar suggereix contactes literaris directes entre ells, com els que havia tingut Ausiàs March amb Fenollar i Moreno.

Tampoc no es podria considerar com a estrictament valenciana una escola en les manifestacions de la qual (sobretot debats i certàmens poètics) participen més o menys regularment, ultra els forasters, com la castellana Isabel Suaris o el murcià Juan Tallante, poetes d'origen principatí o balear, com Antoni Vallmanya, Joan Santcliment, el comanador Estela, Jaume d'Oleza, Ramon Vivot i Arnau Descòs. Aquestes manifestacions es donaven així mateix a Barcelona i a Palma, on la presència valenciana (per exemple, la de Serafí de Centelles) també es deixava sentir. La selecció de textos catalans i valencians copiats pel notari principatí Narcís Gual el 1486 a l'anomenat *Jardinet d'Orats* o la recopilació pel també principatí Pere Miquel Carbonell de les *Regles d'esquivar vocables o mots grossers o pagesívols* confegides pel valencià Bernat Fenollar, pel barceloní Jeroni Pau i per "altres hòmens diserts valencians i catalans" són testimoniatges prou eloqüents d'una comunicació fluida entre els dos costats de l'Ebre.

Comptat i debatut, si sembla inadequat considerar com a escola el conjunt de poetes valencians d'aquesta època, la restricció del concepte als que fan versos satírics, fins i tot precisant-lo amb el qualificatiu de "satíric," no deixa de donar una visió ben parcial d'una realitat literària molt més rica i complexa. I això per diverses raons. Com ja ha estat dit, gairebé tots els poetes que compongueren versos satírics, ens han deixat també mostres més o menys considerables de poesia religiosa culta

(Fenollar, Vinyoles, Gassull), en ocasions amb resultats tan dignes com *Lo passi en cobles*, compost per Bernat Fenollar i Pere Martines, o la *Contemplació a Jesús crucificat*, obra de Fenollar i del Mestre Racional Joan Escrivà. També hem constatat que els versos satírics no són patrimoni exclusiu dels burgesos. Precisament el millor representant del gènere és el noble Jaume Gassull. Per això, més que d'una escola burgesa, n'hauríem de dir escola ciutadana, és a dir, la de les capes urbanes que controlaven el poder municipal.

Però el tret més inadequat per a caracteritzar aquell grup d'escriptors és sens dubte presentar-lo com a bilingüe. Un bilingüisme que, en tot cas, es limitaria a la poesia. Les composicions en castellà que ens n'han previngut (dues de Fenollar, dues de Gassull, una de Vinyoles, quatre de Francesc de Castellví i cap de Moreno), sempre molt breus, són, com tot seguit veurem, una anècdota si les comparem amb els d'alguns autors del Principat, com Pere Torroella, Francesc Moner i fins i tot Romeu Llull. I això, més que no pas una constatació, mereix una anàlisi mínimament detinguda.

El bilingüisme dels poetes valencians del segle XV

No és ara el moment de plantejar de nou l'estudi de les causes que induïren alguns poetes catalans del segle XV a conrear el castellà. En tot cas, caldrà insistir que aquest conreu no té res a veure amb "la evolució rabea y malastruga que nostra llengua literària sofrí tot just iniciat lo segle XV," en què es produí l'"embastardiment" de la nostra "tradició literària" (Par 119, 123). Si fos així, com pretén aquesta estreta visió regionalista, hi hauríem d'incloure, òbviament, tota l'obra d'Ausiàs March, de Joanot Martorell, de Jaume Roig, d'Isabel de Villena, de Joan Roís de Corella i de Bernat Fenollar, entre altres escriptors valencians.

Jordi Rubió (131-140) ja il·luminà el tema amb unes consideracions que, en part, no han perdut vigència. Considera Rubió que, mentre un afluixament col·lectiu impedí que Catalunya continués, modernitzant-la, la seua tradició autòctona, València es veia "abocada al bilingüisme per circumstàncies polítiques i de poblament, que tingueren conseqüències transcendentals." Si les circumstàncies polítiques són la desfeta de les Germanies, no hi ha res a objectar-hi. Si les circumstàncies de poblament es refereixen al component castellano-aragonès del País Valencià, l'apreciació no sembla encertada. Una escassa desena de poblacions de l'interior en què predominà aquest component ètnic no poden condicionar cap canvi de comportament lingüístic dels valencians per elles soles. La causa motora de les primeres provatures poètiques en castellà s'ha de buscar en la vinculació dels seus autors a les corts castellanitzants de Joan II i de Ferran el Catòlic, sense que això comportés, encara, l'abandó del conreu literari del català. Un fenomen similar s'observa també en els cercles cortesans de Portugal, tot i que allí la llengua dels sobirans era el portuguès.

Abans de 1500 aproximadament, el bilingüisme literari als Països Catalans només afectà uns noms molt concrets, com a resultat d'unes circumstàncies extraliteràries. Devem a Peter Cocozzella l'intent més seriós d'explicar des de l'angle purament literari el bilingüisme de poetes com Pere Torroella, Francesc Moner i Francesc Carroç Pardo de la Casta. La tria lingüística d'aquests poetes respondria, segons Cocozzella, a la diversa incidència de dos estímuls, la *vivència* i la *circumstància*, conceptes que maneja en el sentit proposat per Américo Castro i per José Ortega y Gasset. En el cas de Torroella, la força de la *circumstància* (formació en la cort de Navarra i adhesió militant a la causa de Joan II) el van dur a practicar un bilingüisme on "els cànons de la poesia castellana eventualment van prevaler àdhuc en les cançons amoroses que va compondre en català" (Cocozzella *Pere* 163–164). En canvi, Moner, migpartit per la *circumstància* (patge a la cort de Joan II i participació en la guerra de Granada entre 1481 i 1485) i per la *vivència* (una relació amorosa a Barcelona que li provocà una pregona crisi de consciència), hauria usat el castellà en composicions més atentes a la complexitat formal i a l'expressió artificiosa, i hauria reservat el català, en la darrera etapa de la seua breu vida, per a expressar les sensacions més profundes (Cocozzella *Pere* 169). En el cas del poeta valencià Carroç Pardo de la Casta, autor d'una magnífica *Regoneixença i moral consideració contra les persuasions, vicis i forces d'amor*, les seues sis breus poesies castellanes del *Cancionero General* d'Hernando del Castillo (1511) no respondrien a un imperatiu de la *circumstància*, ja que vivia en una València monolingüe encara en plena expansió econòmica i esplendor cultural, ni menys encara a exigències de la *vivència*, ja que són versos purament convencionals, sinó a un pur desig d'exhibició dels seus talents en la nova llengua àulica. Per a Cocozzella (*Pere* 159), "el flirt de Carroç amb l'onada primenenca del castellanisme il·lustra ... una fase que, per falta d'un terme millor, [ell] anomenaria 'parabilingüisme' o 'pseudo-bilingüisme'," termes, especialment l'últim, que ens semblen ben adequats per a definir la tria lingüística no sols de Carroç sinó també la de tots els poetes burgesos valencians de les darreries del XV. De fet, perquè hi haja un autèntic bilingüisme, creiem que és indispensable que els seus cultivadors hagen elaborat una part substancial de la seua obra en dues llengües i que hagen volgut contribuir conscientment i deliberadament a dues literatures.

Pedro Manuel Cátedra (1983) atribueix la suposada castellanització literària de la poesia catalana, ja observable en Torroella, a l'esgotament de la pròpia tradició literària, incapaç d'alçar el vol després de la mort d'Ausiàs March. No hi està d'acord Cocozzella (*Pere* 171), que es pregunta si en lloc d'esgotament caldria parlar més aviat d'estroncament d'una tradició, ja que Moner en la seua poesia catalana "explora uns potencials i obre camins cap a futures realitzacions," que no tindran continuïtat. Conclou Cocozzella (*Pere* 172) que "l'estudi del bilingüisme literari catalano-castellà de finals del segle XV a través de l'obra dels dos autors més representatius d'aquell moviment [Torroella i Moner] ens evidencia que les causes del defalliment experimentat en aquella època, dins el territori de parla catalana, per la literatura en particular i la cultura en general s'han de buscar en factors determinants que van sorgir fora de l'àmbit de la literatura." Són apreciacions que fem nostres.

Tanmateix, no és així com ho veu Louise B. Horner (1988). Per a aquesta investigadora, "any idea that poets simply drifted into Castilian because of political circumstances is untenable" (13). Ben al contrari, "it was the search for a new sound in poetry, a new poetic language, which was uppermost among the goals of the bilingual poets. Although political history undeniably played a part in the general trend toward bilingualism and in the decline of literature in Cataluña ..., literary factors were at least as important as historical ones in the growing use of Castilian. ...The desire to use the form drew poets into the language, rather than vice versa" (354–356).

Encara que són ben interessants i útils els esforços que s'han fet als Estats Units d'Amèrica per comprendre el sentit de les primeres temptatives en castellà d'alguns dels nostres poetes, treballs com el de Horner, i, ben segur, molts d'altres, es ressenten del filtre castellà i, sovint, dels prejudicis ideològics d'una part considerable de la historiografia literària del Principat de la primera meitat del segle XX. Però hi ha una dada irrefutable: al País Valencià no apareixen poetes bilingües fins al segle XVI, sobretot després que Martí de Riquer (1993) ha donat raons de pes per distingir el mossèn Joan Escrivà, Mestre Racional de València, escriptor monolingüe en català, coautor amb Fenollar de *La contemplació a Jesús crucificat*, del comanador Escrivà, escriptor monolingüe en castellà, que apareix al *Cancionero general*. De fet, la mateixa Horner reconeix que, entre els poetes valencians de les darreries del XV, l'únic que podria ser considerat conscientment bilingüe seria el mossèn Escrivà fins ara considerat un sol autor. Les temptatives poètiques castellanes i italianes que s'observen en alguns certàmens i les escasses imitacions castellanes de la poesia de *cancionero* que assagen Fenollar, Vinyoles, Gassull, Carroç Pardo de la Casta, Francesc de Castellví, Lluís de Castellví, Jeroni de Vic i alguns versificadors més, aplegades a la segona edició del *Cancionero general* (1514), són només purs exercicis d'exhibició poliglota. Els seus autors no poden ser considerats sinó pseudo-bilingües. L'autèntic bilingüisme literari, el de Torroella, el de Moner i fins a un cert punt el de Romeu Llull (del qual es conserven setze poesies en català, nou en castellà i set en italià), es dóna en autors del Principat, i s'ha d'explicar no sols per la seua vinculació cortesana o per la seua participació en les empreses bèl·liques de Joan II o Ferran el Catòlic, en les quals també s'involucraren alguns escriptors valencians, sinó per l'absència d'estímuls literaris engrescadors a Barcelona. Dins d'aquest context s'ha d'explicar també que un català redactés en castellà la novel·la anònima *Triste deleitación* o el fet que Benet Garret optés exclusivament per l'italià com a llengua literària.

En canvi, durant les quatre dècades que s'escolen entre la mort d'Ausiàs March i la de Roís de Corella, a València Joanot Martorell escriu el *Tirant*, Jaume Roig, l'*Espill*, Isabel de Villena, la *Vita Christi*, Joan Roís de Corella, les seues proses, poesies i traduccions, i poetes com Fenollar, Vinyoles, i Gassull aconsegueixen de crear-hi un ambient literari molt dinàmic, digne i divertit. La situació canvia radicalment després de la mort d'Isabel de Villena (1490) i de Corella (1497), que havien aconseguit mantenir el prestigi de la llengua catalana. Fins i tot el papa Alexandre VI (1492–1504) havia mantingut el seu català com a llengua familiar. La inflexió lingüística potser la marca la presència a València de la cort virreinal (1501–1506) de les castellanitzades Joana d'Aragó i la seua filla homònima, totes dues reines de Nàpols, viudes. Mancats de guiatges i referents literaris renovats, lliurats els nobles cortesans a les vel·leïtats castellanitzants, erradicada la important minoria conversa i desplaçat el centre econòmic peninsular de València a Sevilla pel descobriment d'Amèrica, els poetes valencians cortesans optaran per adaptar-se ràpidament a les noves circumstàncies i fins i tot, en molts casos, a esdevenir monolingües en castellà.

La imitació de la poesia de cançoner, iniciada ja en castellà cap a la dècada dels vuitanta per alguns nobles (Jeroni de Vich, Lluís de Castellví, Lluís Crespí de Valldaura), invitava a l'ús de la nova llengua cortesana, però era encara un mer joc literari. Alguns anys després, els poetes d'extracció burgesa n'imiten el joc. Un joc que, potser inconscientment en els cas d'aquests últims, anava fent-los canviar d'actitud lingüística. El 1510, Narcís Vinyoles, un dels poetes més prolífics en català, es disculpava dels seus possibles errors en castellà al pròleg de la seua versió del *Supplementum chronicarum mundi*, de Felip de Bèrgamo, tot afirmant: "Osé alargar la temerosa mano mía para ponerla en esta limpia, elegante y graciosa lengua castellana, la qual puede muy bien sin mentira ni lisonja entre las muchas bárbaras y salvajes de aquesta nuestra España, latina, sonante y elegantíssima ser llamada." El 1513, dos anys després de la primera edició del *Cancionero general*, es publicava a València *Questión de amor*, novel·la anònima en castellà probablement d'autor valencià, i, l'any següent, s'estampava la segona edició, ampliada, de l'esmentat *Cancionero*. El prestigi polític del castellà es deixava sentir també a Portugal, ja que una gran part de les composicions aplegades al *Cancionero de Resende* (1513) ho és en aquesta llengua.

Tot plegat, és evident que, si els poetes valencians no es deixaren seduir per la literatura castellana fins a començaments del segle XVI, és perquè la tradició literària autòctona fruí abans de plena vitalitat. En conseqüència, el canvi de llengua literària no sembla imputable sinó a raons externes. Ja hem comentat que la invocació al bilingüisme territorial del País Valencià, als segles XV i XVI, és una fal·làcia. Tots els lletraferits coetànies d'aquesta procedència geogràfica, com Ferran d'Ayerbe, natural d'Aiora, metge de Pere el Conestable, o com els sogorbins Blai Assenci, autor d'una poesia mariana (1486). Francesc Vicent, autor d'un avui perdut *Llibre dels jocs partits dels escacs* (1490), i potser Bartomeu Dimas, autor de composicions religioses i d'uns avui també perduts *Refranys glossats*, s'expressaren en català.

Els portuguesos no sentien cap atracció envers els castellans, especialment després de la batalla d'Aljubarrota i del conflicte amb Isabel la Catòlica, ni la seua fonètica els predisposava a versificar en castellà. I, tanmateix, ho feren, i, en casos com el de Gil Vicente, amb un domini excel·lent de la llengua veïna. La raó d'aquesta tendència a castellanejar literàriament no és difícil d'intuir. Simplement, la literatura castellana havia assolit al segle XV uns resultats notables, que només podien exercir alguna atracció si al darrere hi havia una Corona demogràficament i econòmicament sòlida i, a partir del 1492, un vast Imperi colonial.

Hem vist que Homer considera el canvi de llengua literària dels nostres poetes com una resposta a la necessitat de trobar un nou llenguatge poètic (vers curt, conceptisme, joc de mots, ritme àgil). Però a nosaltres ens sembla que abans del segle XVI els versos castellans d'alguns nobles cortesans i d'alguns imitadors burgesos valencians eren, com els que es feien també a Portugal, un mer exercici de diletantisme lingüístic, un tribut cortesà a la moda. Al nostre parer, el canvi de llengua literària rau, com bé ha conclós Cocozzella, en factors extraliteraris. I si això és vàlid per a Catalunya, amb les excepcions de Torroella i Moner, ho és més encara per al País Valencià. De fet, només es pot parlar d'un bilingüisme literari real als Països Catalans a partir del segle XVI. D'aquí que no ens sembla pertinent considerar bilingües tota una generació de poetes valencians, la de Fenollar, Gassull i Vinyoles, que, en absència del suport de la monarquia i de la noblesa, reeixiren a crear una literatura ciutadana relativament moderna i en un català ja plenament modern. Les seues tempatives castellanes només els acrediten com a pseudo-bilingües. Per això ens sembla clarament tendenciós parlar d'un esgotament de la poesia catalana després d'Ausiàs March, oblidant l'obra de Joan Roís de Corella, la de Moner, i la dels poetes burgesos valencians. Més aviat ens fa la impressió que amb aquestes visions es pretén amagar que la crisi de la literatura catalana culta d'ençà de 1500 aproximadament té molt a veure amb la provincialització política.

Universitat de València

Bibliografia selecta

Aguiló, M. *Catálogo de obras en lengua catalana impresas desde 1474 hasta 1860*. Madrid: 1923.

Blasco, R. "Literatura." *Gran enciclopedia de la región valenciana.* 1973. VI: 160–196.

Cahner, M. "Llengua i societat en el pas del segle XV al XVI: Contribució a l'estudi de la penetració del castellà als Països Catalans." *Actes del Cinquè Col·loqui Internacional de Llengua i Literatura Catalanes*. Montserrat: Abadia, 1980. 183–255.

Carbonell, A. *et al. Literatura catalana: Dels inicis als nostres dies*. Barcelona: Edhasa, 1980.

Cátedra, P. M. *Poemas castellanos en cancioneros bilingües. Exeter Hispanic Texts*. XXXIV (1983): V–XXII.

Cocozzella, P. "Fray Francisco Moner: Bilingualism, Love and Experience in Spanish Pre-Renaissance Literature." *Actes del primer col·loqui d'estudis catalans a Nord-Amèrica.* Montserrat: Abadia, 1979. 209–239.

___. "Pere Torroella i Francesc Moner: Aspectes del bilingüisme literari (catalano-castellà) a la segona meitat del segle XV." *Llengua i literatura* 2 (1987): 155–172.

Ferrando, A. *Narcís Vinyoles i la seua obra.* València: Depart. de Lingüística Valenciana, 1978.

___. *Consciència idiomàtica i nacional dels valencians.* València: Institut de Filologia Valenciana, 1980.

___. "Un precedent del bilingüisme literari valencià: La tertúlia d'Isabel Suaris a la València quatrecentista." *Bol. Real Academia de Buenas Letras de Barcelona* 38 (1979–1982): 105–131.

___. *El certàmens poètics valencians del segle XIV al XIX.* València: Diputació de València, 1983.

Fuster, J. "Lectures i escriptors en la València del segle XV." *Obres completes* Barcelona: Edicions 62, 1975. I: 317–390. També publicat el 1962 dins *Poetes, moriscos, i capellans.*

Ganges, M. "Poetes bilingües (català-castellà) del segle XV." *Bol. bibliográfico de la Asociación Hispánica de Literatura Medieval* 6 (1992): 57–232.

Horner, L. B. *Times of Change: Bilingual Poets in Cataluña and València During the Fifteenth Century.* Lawrence, KS: Univ. Kansas P., 1988.

Jafer, S. "Estudi introductori." *Lo procés de les olives: Lo somni de Joan Joan.* València: Tres i Quatre, 1988.

Lapesa, R. *Història de la lengua española.* Madrid: Gredos, 1980.

Marcet, P. *Història de la llengua catalana.* Barcelona: Teide, 1987. I.

Marfany, J. *Poesia catalana del segle XV.* Barcelona: Edicions 62, 1967.

Martínez, T. i I. Micó. "Realitat i ficció al *Cançoner satíric valencià.*" *Bol. Real Academia de Buenas Letras de Barcelona* XLII (1989-1990): 227–275.

Menéndez Pelayo, M. *Antología de poetas líricos castellanos.* Madrid: 1898. VII: 226–240.

Milá, M. *Obras completas.* Barcelona: A. Verdaguer, 1890. III: 361–440 i VI: 381–424.

Miquel y Planas, R. *Cançoner satírich valencià dels segles XV y XVI.* Barcelona: F. Giró, 1911.

Molas, J. "Sobre la periodització en les històries generals de la literatura catalana." *Symposium in honorem prof. M. de Riquer.* Barcelona: Quaderns Crema, 1986. I: 257–276.

Norton, F. J. *A Descriptive Catalogue of Printing in Spain and Portugal 1501–1520.* Cambridge: Oxford Univ. P., 1978.

Par, A. *"Curial e Güelfa." Notes lingüístiques y d'estil.* Barcelona: Oficina Romànica de Lingüística i Literatura, 1928.

Pitarch, V. i L Gimeno, eds. *Poesia eròtica i burlesca dels segles XV i XVI.* València: Eliseu Climent, 1982.

Ribelles, J. *Bibliografía de la lengua valenciana.* Madrid: Tipografía de la *Revista de Archivos*, 1915, I; 1929, II.

Riquer, M. *Història de la literatura catalana.* Esplugues de Llobregat: Ariel, 1964. III.

___. "Los escritores mossèn Joan Escrivà i el Comendador Escrivá." *Cultura Neolatina* LIII (1993): 85–113.

Romeu, J. *Literatura catalana antiga.* Barcelona: Barcino, 1964. IV, segona part.

Rubió i Balaguer, J. "Literatura catalana." *Historia general de las literaturas hispánicas.* Ed. G. Díaz-Plaja. Barcelona: Barna, 1953. III: 729–930. També publicat, en català, dins *Història de la literatura catalana* (Montserrat, Abadia, 1984).

___. "Sobre les causes d'una decadència." *La cultura catalana del Renaixement a la Decadència.* Barcelona: Edicions 62, 1964. 131–140.

Rubió i Lluch, A. "Literatura catalana." *Sumario de la historia de la literatura española.* Barcelona: 1901. 65–107.

Ruix i Calonja, J. *Història de la literatura catalana.* Barcelona: Teide, 1954.

Sanchis Guarner, M. *Aproximació a la història de la llengua catalana.* Barcelona: Salvat, 1980.

Vidal Alcover, J. *Síntesi d'història de la literatura catalana.* Barcelona: Edicions de la Magrana, 1980, I.

Peter Cocozzella

AUSIÀS AND GARCILASO REVISITED: EXPLORING SYNCRETIC LYRICISM

Garcilaso de la Vega's *Egloga II* has been the object of insightful studies (those of Rafael Lapesa, Elias L. Rivers, Inés Azar readily come to mind), which rightfully present it as an emblem of the Spanish Renaissance.[1] The *Egloga* is, indeed, a summa of sorts, the compendium of traits derived mostly from various classical authors of Greek and Latin antiquity and from the Italian masters of the Renaissance. Garcilaso's genius makes those traits thrive in Spanish soil as determinants of a novel and, by any standard, revolutionary aesthetic in the peninsular domain. The nonpareil bard from Toledo is the harbinger of a new age in the history of Hispanic letters. It is precisely because of its comprehensive nature that the *Egloga*, in its ambitious orchestration and problematic unity, has piqued the interest of many generations of scholars. Rivers puts it best when he states that:

> The *Egloga II*, 1885 lines long, was planned as an encyclopedic work of poetry, echoing the Western tradition from Homer to Ariosto. As such it has been extremely difficult for critics to interpret. But in this eclogue we find the entire range of Garcilaso's poetic virtuosity. And there can be no doubt as to the deliberate care with which he designed the work. ("Nymphs" 124)

One is faced, then, with an extremely complex composition, which draws from a wide array of sources. These are integrated into a multiplicity of textual layers, and the texture of the *Egloga* can be imagined as a palimpsest. Is it useful to study the palimpsest in order to enhance understanding of the salient facets of Garcilaso's lyricism? One might argue that the study posed in the question is timely and appealing to those still searching for signs of the vital, genetic link between Garcilaso's tour de force and the autochthnonous tradition. In that link resides the overall Hispanic quality, which to this day has not been fully acknowledged in Garcilaso's *Egloga II*.

On the basis of these considerations one can formulate the hypothesis of the present essay: a probing into Garcilaso's subtext especially as evidenced in *Egloga II* leads to defining Garcilaso's Hispanism in terms of the affinities, coincidences, and influences that critics often point out in the relationship between him and Ausiàs March, the chief representative of the Catalan-Valencian literary tradition that came to its heyday toward the middle and the latter part of the fifteenth century.[2] Aside from the parallel passages discussed in Lapesa's seminal review of Garcilaso's indebtedness to Ausiàs, the bond between the two authors rests on firm historical ground. It was through his intimate friendship with Juan Boscán—the Boscán who was himself a product of the Catalan-Valencian tradition—that Garcilaso became captivated by a poet who had a striking way of introducing himself:

> A temps he cor d'acer, de carn e fust:
> yo só aquest que.m dich Ausias Marc.[3]

Doubtless, Garcilaso found in Ausiàs his kindred soul. In the marriage of these poetic minds one glimpses a sense of deep foundation, a unifying core for the most disparate elements melded together into one composition.

It may prove to be problematic, at first blush, to make these somewhat vague metaphysical notions useful for practical criticism. One thing is to adumbrate a factor of cohesiveness at the heart of a poem; another is to translate that factor into a tangible textual component. In the case of Garcilaso's *Egloga II*, the approach suggested by Joseph Pons in a short article he penned over half a century ago facilitates the task to a great extent. Focussing on *Canción IV*, a kindred composition to the *Egloga* in question, Pons observes: "Il est si naturel de chercher les modèles de Garcilaso en Italie qu'on oublie ceux qu'il a pu avoir dans sa patrie" (169). Later he adds: "Il était plus aisé de suivre Pétrarque que d'accorder sa [Garcilaso's] pensée à celle de ce Valencien du xvᵉ siècle" (169). One can convert these remarks into a practical advice: "Do not neglect the powerful inspiration that Garcilaso received from his Hispanic predecessors in general and from the Valencian poet in particular." Another, perhaps even more useful advice, stems from Pons's conclusion: "L'influence d'Auzias March est plus certaine dans l'analyse rigoureuse, la sombre passion et l'âpreté de cette pièce; Garcilaso ne pouvait être insensible au style énergique du vieux maître" (171). Pons uses the individual *pièce* (the *Canción IV*) or the specific passage as a key to the recapturing of a general mood ("la sombre passion") or a prevailing mode ("style énergique").[4] Implicit here is a warning against pursuing a positivistic search of sources as an end in itself. There is danger in becoming bogged down in details, while losing sight of the complete picture. The trees will prevent the reader from seeing the forest.

Pons's guidelines may serve as a touchstone to gauge the pitfalls of the criticism on Garcilaso's *Canción IV* and, by extension, *Egloga II*. In his famous *Anotaciones* Fernando de Herrera appreciates the pearly preciousness of scattered parts in Garcilaso's text but fails to apprehend the impact of the wondrous whole. Herrera pays no attention to Hispanic roots. On the basis of the dramatic qualities he perceives in the piece—

"Esta egloga es poema Dramático, que tambien se dize ativo, en que no habla el poeta, sino las personas introduzidas..." (quoted in Azar 16)— he casts aspersions on what he would consider an uneven agglomerate of various levels of discourse:

> tiene mucha parte de principios medianos, de comedia, de tragedia, fábula, coro i elegia, tambien ái de todos estilos, frases llanas traidas del vulgo, *gentil cabeça, yo podrè poco, callar que callaràs*; i alto mas que conviene a bucolica, *convocarè el infierno*, i variacion de versos en las tragedias.... (quoted in Azar 16)

Many of Herrera's successors match the gist and/or slant of his remarks. In a valiant attempt to trace the background of Garcilaso's dramatics, Inés Azar, for instance, journeys as far back as the treatises on rhetoric and the *artes poeticae* of Greek and Latin antiquity and undertakes a meticulous critique of the relevant loci. Nevertheless, at least in terms of a definition of dramatic art, Azar's research produces no firm conclusion. Her efforts prove to be as inconclusive as are Audrey Lumsden's statements, which Azar adopts as her own: "It [*Egloga II*] is... a hybrid in a much deeper sense than that of genre, and any fair attempt at judgment must take this into consideration" (Lumsden 258; compare with Azar 33). In the face of loose criteria such as these, one may well agree with R. O. Jones's wry observations, proffered before the publication of both Lumsden's and Azar's studies: "Many critics have remarked on its [the *Egloga*'s] dramatic force but none has offered a suggestion as to what the drama is about" (392). For his own interpretation Jones recurs to the Renaissance love-centered ideologies, especially those that, as ventilated in Baldassarre Castiglione's *Il Cortegiano*, deal with the relentless struggle between the intellective and emotive faculties of the psyche. Mindful of Pons's dissatisfaction with those who explicate

Garcilaso's aesthetic solely on the basis of the Italianate influence, one sees how even such an astute critic as R. O. Jones may miss the mark.

There is one scholar that does not miss the mark in discussing Garcilaso's artistic background. That scholar is Rafael Lapesa. In fact, Lapesa prepares the groundwork for the main points integrated in this argument. First, he establishes beyond doubt the connection between Garcilaso and the *cancionero* poets of the fifteenth century. With characteristic acumen he states that:

> Las producciones que con mayor fundamento pueden considerarse anteriores a la estancia de Garcilaso en Nápoles abundan en rasgos no petrarquescos propios de la lírica recopilada en los cancioneros. La sobriedad nerviosa va unida a una extraordinaria austeridad imaginativa: las canciones I y II, los sonetos I, IV y XXVI son desnuda exposición de afectos, vigorosa unas veces, tiernamente conmovedora otras, sin una imagen que se cruce en la escueta manifestación del íntimo sentir. Atenta al interior anímico, esta poesía ignora el mundo exterior. (49)

Second, he adduces ample evidence of Garcilaso's affinity with "la reclusión intimista de nuestra lírica" (37), that is, the same *cancionero* lyricism just alluded to. Third, he has a clear grasp of the primary role that Ausiàs March performs among the Castilian poets of his epoch:

> Si en este aspecto el lírico valenciano obedece a profundas corrientes del sentir hispánico, ciertos rasgos circunstanciales, pero característicos de la poesía castellana de su época, ofrecen en él intensificación o sentido especial. El análisis interno adopta con más frecuencia aún que en los poetas castellanos, como forma habitual casi, la de contiendas alegóricas: la Voluntad y la Razón, el Cuerpo y el Entendimiento, la Muerte y la Vida, el Amor y el Odio, la Ira y el Amor, el corazón y la lengua, sostienen entre sí pugnas, alianzas y disputas. (40)

Inspired by Lapesa's brilliant pages, one can further stress a point that Ausiàs March is the quintessential Hispanic poet of the fifteenth century: March is the *cancionero* poet par excellence. One may deduce that the influence of Ausiàs on Garcilaso is no less pervasive and decisive than the influence that, as cogently demonstrated by Menéndez y Pelayo, Pagès, and Lapesa, Ausiàs exercises on Boscán himself. It is through Ausiàs March that Garcilaso, whether directly or by the mediacy of Boscán, recaptures the inner world so often depicted in the *cancioneros*.

Lapesa paves the way to a holistic understanding of Garcilaso's affiliation to Ausiàs March. In conformity with Lapesa's global vision, research in March's textuality reveals some fundamental factors that come to bear upon Garcilaso's sense of structure and dramatic conflict. What one perceives at the heart of March's poetry is a paradoxical convergence of centripetal and centrifugal dynamics, an unlikely interplay of concentration and expansion all in one. March operates with a dialectic of two extremes. On the one hand, he keeps close tabs on his persona's withdrawal into the self. Providing the reader with the most accomplished rendition of the tendency common to Hispanic poetry of the *quattrocento* to explore, "más o menos escolásticamente, las galerías del alma," as Lapesa puts it (21), Ausiàs faithfully records a process, which may be best described with a Hispanic term: *ensimismamiento*. This is the same phenomenon that María Rosa Lida de Malkiel explores in the psychological makeup of none other than Calisto, that exemplary lover of fifteenth-century Spanish literature (347–54). On the other hand, at some moment in his psychological probing, Ausiàs becomes captured by the sway of transcendentalism. He, or his persona, instinctively recoils from the contemplation of the time-bound fate of the flesh-and-blood individual and, with a sense of compulsion, looks forward to the timeless destiny of the proverbial Everyman. He turns a blind eye to the Hell of lovers, the "erotic Hell" in the phrase coined by Chandler Rathfon Post, and, if only for short while, feels the sweet pangs of ecstasy. One may adduce here, as a significant side note, another comment of Lapesa's, the one prompted by March's mighty line "lo meu voler ab infinit s'acosta:"

> [March] no se resigna a situarse en la órbita de lo humano: con grandioso anhelo de infinitud... ansía querer sólo la unión exclusiva de dos almas, única fuente de amor eterno.... (39)

What are the rhetorical correlatives of these driving and, concomitantly, contrary forces in Ausiàs's poetics? The impulse toward *ensimismamiento* finds congenial expression in the short composition, inured to the tremors and instability of a life subjected to powerful emotions. By contrast, the transport toward the transcendental realm commits itself to a literary structure of ambitious design, complex architecture, sustained by the law and order that are the durable planks in the framework of reason. In Ausiàs March, then, the *ensimismamiento* inherent in the purview of the lyric poem is articulated in terms of an élan toward transcendentalism that, in turn, entails a pursuit of a highly syncretic nature. The rhetoric of emotions is in constant tension with its intellective counterpart; the immanence of the lyric, a shut-in "dark world and wide," must somehow find its modus operandi within a system of universal scope: the syncretic system of rationality. Pere Bohigas is well aware of this fragmentary, protean lyricism ("la manera fragmentaria propia de la poesía lírica"), which Ausiàs March makes compatible with an ideological infrastructure, a "gran cohesión interna," as Bohigas calls it, formulated in such *cants* as numbers 87, 93, 106 ("Metafísica y retórica" 10).[5] These, in turn, Bohigas continues, "se complementan y nos dan un cuerpo de doctrina que constituye el esqueleto de toda la poesía ausiasmarquiana" ("Metafísica y retórica" 10).

The dynamic identified in the light of Bohigas's analysis of March's distinctive artistry is "syncretic lyricism." It takes no less a genius than

Ausiàs March to strike the improbable symbiosis between the syncretism of an overarching cohesive frame and the limited compass of the lyric. Actually, the remarkable operation finds a close antecedent in the *Fiore*, a collection of 232 sonnets, in which, as purported by Gianfranco Contini, none other than Dante recasts the epic structure of the *Roman de la Rose* into the succession of lyrical experiences embodied in said sonnets (Cocozzella "Trends of Syncretism" 103, n. 17).

How does one gauge the projection of Ausiàs's "syncretic lyricism" onto Garcilaso's *Egloga II*? A perusal of such studies as that of Inés Azar helps identify key points of coincidence. Focussing on Albanio's central role in the *Egloga*, Azar elaborates upon the salient aspects of the lover's condition, which seem to have been lifted straight out of March's literary production. It bears reiterating that there are no similarities of specific verses, but there is an affinity of moods, mind sets, perspectives. After a minute analysis of "la primera unidad textual," that is, the first thirty-seven verses which make up Albanio's opening monologue, Azar concludes that "se nos presenta pues como un microcosmos que contiene, en pequeña escala, los motivos fundamentales del poema" (64). She recaps a series of considerations that could easily be applied to March's characterization of the "mártir de amor." Throughout her study Azar expatiates on the several dimensions of Albanio's plight. She dwells upon such key passages as those that illustrate Albanio's reflections on his condition (vv. 161–9, 314–25, 485–99) in order to gain insight into that hapless youth's "pasión indomeñable" (101), "lucha interior, no resuelta" (113), the "dolor y pasión" as "sentimientos absolutos y excluyentes" (133), and the "motivo del *desorden* en el ámbito reducido del 'yo'" (119). Azar's further explication concerning Albanio's existential cul-de-sac, his life as a dead end, his despair of ever finding relief for his obsession, his suicidal inclinations, evoke not only Garcilaso's but also Ausiàs March's favorite stamping ground: the inner theater of a tormented, alienated psyche. Complementary to Azar's study are those essays by such Catalanists as Marie-Claude Zimmermann, Robert Archer, Josep Miquel Sobrer, who concentrate on Ausiàs March's treatment of this inner psychological space. Thanks, particularly, to Archer's and Sobrer's respective analysis of March's song of despair— cant 105, ineptly entitled "Cant Espiritual"—one realizes how close March's text is to the very *vivencia* incarnated in Albanio. Azar's general description of *Egloga II*—"tanteos y rectificaciones: perspectivas fragmentarias, pistas falsas que más tarde no se realizan" (43)—may be applied, as well, to the lyric side of the lyric/syncretic dyad, which is common to both Ausiàs and Garcilaso.

Eventually, both Ausiàs's persona and Garcilaso's Albanio experience a recognition of their desolation, an experience which in classical Greek tragedy would be called *anagnorisis*. As their spirits hit bottom at the most depressing vortex of self-awareness, they long for the intervention of some equilibrating agent, such as reason or any of its faculties, to restore order to the universe and wholeness to the perturbed psyche. Ausiàs March is the undisputed master in laying bare the pathology of the self, split by the warring passions, ravaged by *foll' amor*, while struggling to maintain its integrity. In one poem after another Ausiàs depicts a *psychomachia*, which resolves itself in the strife of the forces of disintegration against the powers of integration. As we may expect, more often than not reason in Ausiàs March is in a state of crisis. Lapesa alerts us to the tenuous nature of Ausiàs's rationalistic framework: " A cada hundimiento el poeta vuelve a ensamblar la misma armazón doctrinal, tela de araña tantas veces urdida como deshecha" (39). Occasionally, when confronted with reason's inability to heal the wounded soul, the suffering lover will understandably turn his attention wistfully to the transcendental leap via suicide. But the option, of course, is anathema in the context of the Christian ethics and the beliefs the lover espouses. At this point, Ausiàs counters the lover's death wish with the wisdom of the typical "docto varón" alluded to by Fernando de Rojas in the preface to *Celestina*.[6] As a "docto varón," steeped in *senequismo* but also a devout Christian, Ausiàs contemplates from a safe distance the unthinkable transcendentalism of suicide. He fathoms its potential as a primary agon of tragedy, the same tragic momentum that decades later Shakespeare would immortalize in one of Hamlet's haunting soliloquies:

> O, that this too too sullied flesh would melt,
> Thaw, and resolve itself into a dew!
> Or that the Everlasting had not fix'd
> His canon 'gainst self-slaughter!
>
> (*Hamlet* 1.1.129–32)

Garcilaso, on his part, is certainly aware of the tragic dimension of Albanio's twice-attempted suicide. It is precisely this true tragic stature that, as Azar points out, makes Albanio a stranger in the world of Arcadia and sets him apart from the kindred personages—Sincero, Carino, Clonico—created by Sannazaro.[7] Further analysis would reveal that Albanio's distinctive traits, especially "la asociación de *amor, fatalidad y muerte*" and the "*renuncia al albedrío*" (101), traits that emphasize the contrast between Albanio and Sannazaro's characters, stem from the Hispanic tradition and particularly from Ausiàs March.

There is still a great deal to learn from a study of the relationship between Ausiàs March and Garcilaso de la Vega. This discussion is an attempt to find a fresh approach to a field of research, which promises a rich harvest. A good beginning would be the charting of the territory, the profiling of the distinctive textuality that Ausiàs March elaborates from his lifelong probing into the self-consciousness of the lover. Ausiàs March comes up with a masterly rendition of a paradox. From one perspective, each of his *cants* is a complete entity unto itself: it is a quintessential lyric in that it reflects a "here and now," the moment-to-moment phenomenology of human suffering. From another perspective, that same lyric poem is the vehicle of a comprehensive creative intention, which comes to fruition not in the portrayal of an individual but in the affirmation of an ideal, the ideal incarnated in a poetic persona, whom, borrowing a term from Susan Sontag, one may call "the exemplary sufferer." In the continuum from the individual to the ideal, one perceives the metaphysics of sublimation and the full force of Ausiàs March's syncretic lyricism.

All this is not lost on Garcilaso de la Vega. In *Egloga II* Albanio is overwhelmed by the heartache brought about by Camila's rebuke. Twice he is rescued, providentially, from the clutches of the Grim Reaper that has been stalking him persistently. After each near-fatal accident, he, again providentially, falls into a deep slumber. This suggestive association of sleep and death, reminiscent of the *hypnos/thanatos* duality of ancient times, signals the tragic depths of Garcilaso's lyricism. At the same time, in a paradoxical shift from time to eternity, from immanence to transcendence (a shift worthy of Ausiàs March), that duality foreshadows the canonization of the lover, the conversion of the sufferer into an exemplary and idealized *mártir de amor*. Here one senses a paradigm similar to the one found in the *Conversión de Boscán*, in which the Barcelonese poet depicts, in David Darst's words, "the process of his love from the basest elements to the heights of understanding, following precisely the Aristotelian-Thomistic theories of the soul" (43). Darst detects an analogous process within Boscán's Italianate poetry, specifically in the "radical change in tones style, language, and content" witnessed in a sizeable group of poems (namely, Sonnets LXXVII–XC) (Darst 52–3). In all probability, Boscán borrowed the basic outline of the paradigm in question from Ausiàs March, and Garcilaso followed in Boscán's footsteps.

Arguably, the full realization of Garcilaso's own brand of syncretic lyricism occurs not so much in *Egloga II* as in *Egloga I*, which, despite the title, is the later of the two compositions. *Egloga I* charts the transition from Salicio's *ensimismamiento* to Nemoroso's ecstatic vision of his perfected status through the reunion with his *Divina Elisa.* Lest one forget that such a blissfull status can only be attained through death, Nemoroso prays that "se apresure el tiempo en que este velo/ rompa del cuerpo y verme libre pueda" (vv. 398–9). The master from Valencia could not have said it better himself.

Binghamton University
Binghamton, N. Y.

Notes

[1] For Garcilaso's poems see Elias L. Rivers's edition listed in the bibliography that follows.

[2] For an overview of March's life and works see Amédée Pagès's seminal *Auzias March et ses prédécesseurs* and Rafael Ferreres's up-to-date "Introducción."

[3] The text is from Ferreres's edition (see the bibliography that follows), Poem 114, vv. 87-88.

[4] For a broad study on Ausiàs's influence on Garcilaso's Canción IV see Pedro Bohigas, "Más sobre la Canción IV de Garcilaso."

[5] For this tension between the immanence of ensimismamiento and the overarching thrust of transcendentalism, see Cocozzella's "Trends of Syncretism" 101–5.

[6] See "El autor a un su amigo," a text found on pp. 35–7 of Dorothy S. Severin's edition.

[7] The following comment is indicative of the contrast Azar perceives between Albanio and the counterpart characters created by Sannazaro:

> La historia de Albanio no es, pues, ejemplo de confianza y optimismo, sino testimonio de caída y de desdicha.
> Carino experimenta cierto ingenuo placer en recordar la infelicidad pasada desde la perspectiva esperanzada del presente. Albanio, en cambio, se resiste a recordar un infortunio que desde el pasado borra toda esperanza de un presente o un futuro dichoso. Por esto mismo la historia de Albanio es algo solicitado con compasión, concedido con dificultad, cuestionado en el momento mismo de su enunciación (96).

For Azar's full discussion see pp. 91–119.

Works Cited

Archer, Robert. "'E ja en mi alterat és l'arbitre': Dramatic Representation in Ausiàs March's *Cant Espiritual.*" *Bull. Hispanic Studies* 59 (1982): 317–23.

Azar, Inés. *Discurso retórico y mundo pastoral en la "Egloga segunda" de Garcilaso.* Purdue Univ. Monographs in Romance Langs. 5. Amsterdam: J. Benjamins, 1981.

Bohigas, Pedro. "Más sobre la Canción IV de Garcilaso." *Ibérida* 5 (June 1961): 79-90.

___. "Metafísica y retórica en la obra de Ausiàs March." *Rev. valenciana de filología* 6 (1959–62): 3–25.

Cocozzella, Peter. "Ausiàs March's 'Encyclopaedic Form:' Toward a Poetic of Syncretism." *Romance Langs. Annual* 1 (1989): 399–408.

___. "Trends of Syncretism in Castilian and Catalan Literatures of the Late Middle Ages: Ausiàs March and Other Exponents." *Acta VIII: Old and New in the Fifteenth Century.* Ed. Clyde Lee Miller. Binghamton, NY: Center Medieval and Early Renaissance St., 1993. 93–110.

Darst, David H. *Juan Boscán.* Boston: Twayne, 1978.

Ferreres, Rafael. "Introduction." *Obra poética completa.* By Ausiàs March. Ed. and trans. Rafael Ferreres. Madrid: Castalia, 1979–82. 1: 9–128.

Garcilaso de la Vega. *Poesías castellanas completas.* Ed. Elias L. Rivers. Madrid: Castalia, 1969.

Jones, Royston O. "The Idea of Love in Garcilaso's Second Eclogue." *Modern Lang. Rev.* 46 (1951): 388–95.

Lapesa, Rafael. *Garcilaso: Estudios completos.* Madrid: Istmo, 1985.

Lida de Malkiel, María Rosa. *La originalidad artística de* La Celestina. Buenos Aires: EUDEBA, 1970.

Lumsden, Audrey. "Problems Connected with the Second Eclogue of Garcilaso de la Vega." *Hispanic Rev.* 15 (1947): 251–71.

March, Ausiàs. *Obra poética completa.* Ed. and trans. Rafael Ferreres. Madrid: Castalia, 1979–82.

Menéndez y Pelayo, Marcelino. *Antología de poetas líricos castellanos.* Ed. Enrique Sánchez Reyes. Vol. 10. Santander: Aldus, 1946.

Pagès, Amédée. *Auzias March et ses prédécesseurs: Essai sur la poésie amoureuse et philosophique en Catalogne aux XIVᵉ et XVᵉ siècles.* Paris: Honoré Champion, 1911.

Pons, Joseph-S. "Note sur la Canción IV de Garcilaso de la Vega." *Bull. Hispanique* 35 (1933): 168–71.

Post, Chandler Rathfon. *Mediaeval Spanish Allegory.* Cambridge, MA: Harvard Univ. P., 1915.

Rivers, Elias L. "Albanio as Narcissus in Garcilaso's Second Eclogue." *Hispanic Rev.* 41 (1973): 297–304.

___. "Nymphs, Shepherds, and Heroes: Garcilaso's Second Eclogue." *Philological Quart.* 51 (1972): 123–34.

Rojas, Fernando de. *La Celestina.* Ed. Dorothy S. Severin. Madrid: Alianza, 1990.

Sobrer, Josep Miquel. *La doble soledat d'Ausias March*. Barcelona: Quaderns Crema, 1987.

Sontag, Susan. "The Artist as Exemplary Sufferer." *Against Interpretation*. New York: Dell-Laurel, 1966. 49–57.

Zimmermann, Marie-Claude. "Ausias March et la quête de l'impossible lieu." *Mélanges offerts à Charles Vincent Aubrun*. Ed. Haïm Vidal Sephiha. Paris: Éd. Hispaniques, 1975.

Patricia Heid

THE INFLUENCE OF AUSIÀS MARCH IN GARCILASO'S USE OF ANALOGY

The influence of the fifteenth-century poet, Ausiàs March, "cavallero Valenciano de nacion catalan" (Pagès *Obres* 19) in the poetry of Garcilaso de la Vega, "príncipe de los poetas castellanos," was first identified in the earliest annotated editions of Garcilaso's work. It was not until the twentieth century, however, that critics began to discover more indications of such influence.[1] Nevertheless, attempts to evaluate it within the framework of Garcilaso's trajectory have been limited. By viewing March's influence as something from which Garcilaso distances himself, critics have diminished its significance, thereby leaving unexplained a significant force in the determination of Garcilaso's poetic trajectory.

A new critical approach is needed, one which views March's influence as valuable in its own right. It is this kind of approach that this analysis will attempt of one specific aspect of the two poets' work, their use of analogy in the form of simile and allegory. One will see that Garcilaso's imitation of Marchian analogy affects the development of two parallel processes, which can be seen unfolding over the whole of his poetic trajectory. One is an increasing use of and emphasis on visual description; this process is coupled with a progressive distancing of the "yo-poético" from the situation described in the poem. By viewing March's influence on Garcilaso's poetry in terms of these two axes of artistic maturation, one can break through the limiting critical framework which has, until now, structured such discussions and more objectively evaluate March's importance as a model for imitation in early modern Castilian poetry.

In general, critics have agreed that March provided Garcilaso, as well as other sixteenth-century poets, with content—specifically with visual images ("tan vius exemples" Pagès, *Obres* 30). March followed the tradition of the courtly love lyric and used concrete examples in the form of similes and allegories to express the abstract sentiments of the suffering lover. However, more than any of his troubadour predecessors or contemporaries, March makes prodigious use of such images in his poetry, to the extent that it was this very quality which attracted the attention of his earliest readers and critics. This reputation followed March into Castilian literary circles when his poems were first published in Castilian in 1539. It is no surprise, then, why Castilian poets of the 1500s should look to March's poetry to provide them with a repertoire of visual images which they could use in their own lyric poetry.

Garcilaso not only appropriates the images of March's poetry, but also learns from March the power of immersing the reader in evocative description. Garcilaso seems to appreciate the way such images can be used to achieve a wide range of poetic expression, and as he develops as a poet, he increasingly relies on visual description for the thematic content of his poems. Early poems, such as Sonnet I, are devoid of visual images; in later poems, such as the *Canción IV*, Garcilaso begins to appropriate March's images and to elaborate them somewhat. Finally, in a late poem such as the Third Eclogue, one finds nothing but highly aestheticized, visual description.

This increasing adherence to *ut pictura poesiae* assumes that the "yo" of Garcilaso's poetry evolves also; the "yo-poético" also becomes a "viewer" of the scene described in the poem, rather than simply a participant. The final result of this process is the description of a world viewed from a distance, and only experienced indirectly, by the "yo-poético," the world of the nymphs and shepherds which populate a poem such as the Third Eclogue. Even in Garcilaso's earliest poetry, however, which shows the clearest influence of March with its abstract descriptions of amorous torment, there is a tendency for Garcilaso to emphasize the act of "viewing" the drama of the "yo-poético," the suffering lover. As Margarita Levisi explains:

> Garcilaso parece considerar como objeto de la vista no sólo el mundo externo de ninfas, pastores o personajes mitológicos, sino también el "locus" interno de los estados anímicos. El análisis racional de éstos se concretiza a veces como una visualización de los mismos. (18–19)

The increasing concretization of the "yo-poético" as the spectator of a scene, rather than only as a participant; the suffering "yo-amante," is for Nadine Ly the fundamental, determining process in the evolution of Garcilaso's poetic *œuvre*:

> Si on admet... qu'on se trouve en présence d'une poésie autobiographique, l'observation de la mise en œuvre du signe le plus immédiatement perceptible de l'écriture autobiographique, le mot YO, permet de distinguer... un YO/amoureux d'un YO/poète, le premier s'effaçant progressivement au bénéfice d'un TU amoureux ou d'un EL/amoureux, et le second s'imposant de plus en plus fermement au fur et à mesure qu'on avance dans la succession chronologique des chansons et églogues. (268)

Analogy as used by March not only serves as a starting point for Garcilaso's use of visual description, but, at the same time, by means of its parallel structure (an analogy involves both a subject and an image with which it is compared), it allows him to "unfold" the "yo-poético" into the different roles identified by Ly. Indeed, analogy facilitates the appearance of three different roles which the "yo-poético" assumes over the course of Garcilaso's *œuvre*: the "yo-amante," who experiences what is described in the poem; the "yo-espectador" who views this experience from the outside; and the "yo-poeta," who has a consciousness of his role as a communicator of what he observes. By looking at three poems which show the most direct borrowings from March, one can see how March's influence via analogy plays directly into this evolution of the "yo-poético" and thus directly determines the overall direction of Garcilaso's poetic trajectory.

Sonnet XXVII, believed to be one of Garcilaso's earlier poems (preceding his stay in Naples),[2] is perhaps the poem which most clearly shows March's influence:

> Amor, amor, un ábito vestí
> el qual de vuestro paño fue cortado;
> al vestir ancho fue, mas apretado
> y estrecho quando estuvo sobre mí.
>   Después acá de lo que consentí,
> tal arrepentimiento m'á tomado
> que pruevo alguna vez, de congoxado,
> a romper esto en que yo me metí;
>   mas ¿quién podrá deste ábito librarse,
> teniendo tan contraria su natura
> que con él á venido a conformarse?
>   Si alguna parte queda, por ventura,
> de mi razón, por mí no osa mostrarse,
> que en tal contradición no está segura.[3]

The first four verses of the sonnet correspond closely with the envoy (*tornada*) of March's Cant LXXVII:

> Amor, Amor,   un àbit m'é tallat
> de vostre drap,   vestint-me l'espirit;
> en lo vestir,   ample molt l'é sentit,

e fort estret,   quant sobre mi.s posat. (25–28)[4]

Both poems contain an allegory, in which the experience of love is likened to trying on a garment. Garcilaso takes March's image, which evokes the hidden discomfort of the amorous experience, and expands it so that it takes up the entire sonnet. Even in this early sonnet, one can already see how Garcilaso emphasizes the description of the allegorical image to the point that it is no longer only a small component of the poem, as it is in March, but instead worthy of its own consideration, and interesting enough to occupy an entire sonnet.

In this sonnet one also sees the first indications that the poetic voice in Garcilaso is not limited to that of the "yo-amante" describing his feelings. In the first tercet the "yo-poético" speaks in the third-person, rather than the first-person, thereby distancing himself somewhat from the amorous experience being described. Furthermore, two aspects of the "yo" are objectified in "natura" (10) and "razón" (13). As Levisi explains: "La alegoría o la personificación facilitan una especie de desdoblamiento a través del cual el yo es sujeto y objeto a la vez, espectador y e-spectáculo para sí mismo" (12). Following her terminology, then, as well as that used by Ly, one can identify this somewhat different "yo-poético," who views the experience from the outside, as the "yo-espectador." Thus, in Sonnet XXVII one sees that Garcilaso, working within a framework of close imitation of March's allegory, is beginning to put into motion a process of distancing the "yo-poético" from the situation of the poem.

This new poetic voice, that of the "yo-espectador," is even more prominent in another of Garcilaso's sonnets, Sonnet XIV. Although the date of this sonnet is not known,[5] it presents a kind of mixed quality,[6] which suggests that it was written neither early nor late in Garcilaso's career, but at a time when various artistic influences were converging in his work. The sonnet contains a simile, taken from March,[7] in which the image described is a mother who cannot resist the pleas of her son, who is asking her for something which will harm him. When because of her love for him the mother concedes to her son what he wants, she only causes him more pain:

> Como la tierna madre—quel doliente
> hijo le 'stá con lágrimas pidiendo
> alguna cosa de la qual comiendo
> sabe que ha de doblarse el mal que siente,
>   y aquel piadoso amor no le consiente
> que considere el daño que, haziendo
> lo que le piden, haze—va corriendo
> y aplaca el llanto y dobla el accidente.... (1–8)

Both poets compare the mother's weakness with the weakness of the "yo-poético," who constantly gives in to the temptation to think only about his loved one.[8] Garcilaso describes it as follows:

> assí a mi enfermo y loco pensamiento,
> que en su daño os me pide, yo querría
> quitalle a este mortal mentenimiento;
>   mas pídemele y llora cada día
> tanto que quanto quiere le consiento,
> olvidando su muerte y aun la mía. (9–14)

As in the two poems previously compared, both Garcilaso and March use an allegorical description to describe the behavior of the "yo-poético," and in both cases the "thought" ("pensamiento," "pensament") of the "yo" is objectified as an allegorical character. Thus, the experience of the "yo-poético" can be described in the third-person, and the "yo" is thereby distanced from this situation.

Garcilaso, however, pushes this act of distancing farther than March. While March substitutes the subjective description of the "yo-amante" with a third-person description, which purports to be objective —"Malament viu *qui* té lo pensament" (19)—Garcilaso retains the subjectivity of the "yo-amante" in the allegorical character of the "pensamiento." But rather than describe the suffering of the "yo-amante" from the inside, from the perspective of one experiencing it, he describes it as an outsider, from the perspective of one who watches and reacts to it: "mas pídemele y llora cada día / tanto que quanto quiere le consiento ..." (12–13). This presence of the "yo-espectador" is reinforced by the almost cinematic quality of Garcilaso's description of the mother, achieved by means of adjectives and descriptive phrases, verbs in the present tense, and present participles. This contrasts sharply with March's more abstract "explanation" of the scene, completely devoid of descriptive modifiers.

As Garcilaso's poetry continues to evolve, there is, as Ly points out, a clear process of "dissociation entre un yo/spectateur et un yo/spectacle" (275). This is especially evident in the *Canción IV*, considered to be a kind of turning point in Garcilaso's poetic trajectory, as well as replete with March's influence.[9] In this poem Garcilaso once again uses allegory to unfold the "yo-poético" into both the "yo-amante" and the "yo-espectador." He objectifies both reason and desire as allegorical characters, who are watched as they struggle for control over the victimized and defenseless "yo." He reinforces the identity of the "yo-espectador" at every turn, by means of constant references to the act of viewing. As Levisi explains, there exists throughout the poem "un yo que se mira, como si las luchas interiores ocurrieran en un escenario, o se tratara de un espectáculo..." (13). The use of detailed and evocative visual description, exemplified by this scene in which the "yo" is being dragged by his hair emphasizes the theatrical nature of what is being described in this poem:

> pues soy por los cabellos arrastrado
> de un tan desatinado pensamiento
> que por agudas peñas peligrosas,
>   por matas espinosas,
> corre con ligereza más que el viento,
> bañando de mi sangre la carrera.... (7–12)

Not only is the scene very visual, but it contains detailed references to movement that is occurring right now, "before this reader's eyes," so to speak ("soy... arrastrado," "corre con ligereza más que el viento"), as well as indications of spatial dimension ("por agudas peñas peligrosas," "por matas espinosas," "la carrera"). In these verses the poem clearly posits itself as spectacle, as a drama to be enacted and simultaneously watched.

Garcilaso takes this image of the "yo" being dragged by his hair directly from March's Cant XCVIII, yet in this poem its dramatic impact is severely curtailed. The image occurs in isolation, and is left undeveloped. In addition, the qualifying phrase "it seems that"—"a mi sembla que" (37)—further neutralizes the force of the action: "Per los cabells a mi sembla que.m porten / a fer los fets que Amor me comana..." (37–38). Though here the image is suggestive, it only achieves its full potential for expression in Garcilaso's poem, where it becomes the central image of a dramatic spectacle.

Indeed, Garcilaso strengthens the role of the "yo-poético" as spectator to such an extent in his *Canción IV* that it evolves one step further: the "yo" becomes conscious of his role as a communicator of his observations; he is aware of his observations ("razones") as an object separate from himself:

> El aspereza de mis males quiero
> que se muestre también en *mis razones*,
> como ya en los efettos s'á mostrado.... (1–3, emphasis added)

Furthermore, the "yo" is conscious that when he communicates his observations, he is assuming the role of an artist, and that his observations constitute an aesthetic object:

> y en medio del trabajo y la fatiga
> *estoy cantando yo*, y está sonando
> de mis atados pies el grave hierro.
> Mas poco dura *el canto* si me encierro
> acá dentro de mí, porque allí veo
> un campo lleno de desconfianza.... (84–89, emphasis added)

This consciousness puts an even greater distance between the "yo-poético" and the amorous predicament described in the poem. As Ly explains, this increased distance allows more possibilities for poetic expression:

> La prise de conscience—signifiée au niveau des mots par la dissocia-
> tion *mis males/mis razones*—d'un clivage entre référent et écriture,
> implique donc une prise de distance qui permet d'instaurer un espace
> ouvert à toutes transpositions ou élaborations estétitiques, celles-ci
> prenant désormais le relais de l'expression directement autobiographi-
> que.

Indeed, this "espace ouvert à toutes transpositions ou élaborations estétiques" is what one finds in the later poems, such as the Third Eclogue, in which no fewer than four different stories of loss experienced by others expresses the mourning for a loved one, experienced by the "yo-poético." It is precisely the distancing of the poetic voice in these poems which allows for such a wide range of expression and which preconditions the mature poetic expression of Garcilaso's later works.

As several critics have shown, an increasing reliance on visual description marks Garcilaso's poetic trajectory. Coupled with this process is an increasing distance of the "yo-poético" from the situation of the poem. In the earlier poems, the "yo" is the one who experiences what is described in the poem, whereas in the later poetry, the "yo" gazes upon and records these experiences from the outside. Garcilaso's use of analogy, especially as appropriated from Ausiàs March, pushes forward both of these processes. The evocative images which make up March's similes, and the personifications of March's allegories provide Garcilaso with a kind of platform, from which his poetry can evolve along these two axes of artistic development. Both processes, the increasing use of visual description and the distancing of the "yo-poético," serve to open up and amplify Garcilaso's range of poetic expression. It is precisely by means of his imitation of March that Garcilaso achieves this. March's significance, then, for Garcilaso's poetry, goes beyond the limited scope acknowledged by contemporary critics, but instead influences the very direction which Garcilaso's *œuvre* takes in its development.

University of California
Berkeley

Notes

[1] See Pons.

[2] Lapesa, noting the *rimas agudas*, as well as the poem's similarity with the *poesía cancioneril*, assigns it an early date between 1526(?) and 1532. See Lapesa 189–91.

[3] All quotations of Garcilaso's poems are taken from the edition of Rivers.

[4] All quotations of Ausias March's poems are taken from the edition of Bohigas.

[5] See Lapesa 189–91.

[6] Though the poem contains an allegory, which points to the influence of the *poesía cancioneril*, the numerous adjectives and visual quality of its description suggest that it is not one of the earlier poems, which tend to be abstract and devoid of images.

[7] March's simile occurs as follows in his Cant I, "Axí com cell qui.n lo somni .s delita":

Malament viu	qui té lo pensament
per enamich,	fent-li d'enuyts report;
e com lo vol	d'algun plaer servir
li'n pren axí	com dona .b son infant,
que si verí	li demana plorant
ha ten poch seny	que no.l sab contradir (19-24).

[8] See March, "Cant I" 19–21.

[9] For the significance of this poem in Garcilaso's trajectory, and for March's influences, see Lapesa 77–81; see also Pons.

Works Cited

Lapesa, Rafael. *La trayectoría poética de Garcilaso.* Madrid: Rev. Occidente, 1968.

Levisi, Margarita. "La interioridad visualizable en Garcilaso." *Hispanófila* 73 (1981): 11–20.

Ly, Nadine. "Garcilaso: un autre trajectoire poétique." *Bull. Hispanique* 83 (1981): 263–329.

March, Ausiàs. *Poesies.* Ed. Pere Bohigas. Barcelona: Barcino, 1952-55.

Pagès, Amadeus, ed. *Les obres d'Auzias March.* Barcelona: IEC, 1912.

Pons, Joseph-S. "Note sur la *Canción IV* de Garcilaso de la Vega." *Bull. Hispanique* 35 (1933): 168–71.

Vega, Garcilaso de la. *Obras completas.* Ed. Elias L. Rivers. Madrid: Castalia, 1981.

Héctor Brioso Santos

CRITICAS Y ELOGIOS DE LOS CATALANES
EN ALGUNOS TEXTOS CLASICOS CASTELLANOS

Bartolomé Bennassar comienza con una frase lapidaria un capítulo de su espléndido libro *La España del Siglo de Oro*: "Como ya es sobradamente conocido, el Siglo de Oro no es catalán" (308). Pues Cataluña vivía, en lo posible, al margen de la política y la cultura españolas: los catalanes no podían ir a América, los campesinos apenas comprendían el castellano y el mismo rey suscitaba desde Madrid pocas adhesiones entre ellos, embebidos en guerras de bandoleros.[1] Su economía estaba sumida en una larga crisis y la sociedad mercantil de Barcelona se había fosilizado en gran medida.[2] El viajero francés Joly se sorprendía en 1604 de los sentimientos locales tan arraigados de los aragoneses, catalanes, vizcaínos o valencianos. Desde la relativa buena prensa del catalán emprendedor y valeroso de la Baja Edad Media hasta el levantisco y rebelde de 1640–1652 median, en realidad, pocos pasos.[3]

También es cierto el fenómeno inverso: los catalanes son objeto de alusiones maliciosas o de críticas en los satíricos, al igual que los gallegos, los aragoneses, los coritos o asturianos, los andaluces y otros.[4] Se difunden creencias burlescas tales como la de la estupidez y la incapacidad verbal de los vizcaínos, dos de los tópicos más extendidos.[5] De los gallegos se propagan especies que los asocian con el pecado nefando o que los adscriben al estrato social de los sirvientes, mientras que a los andaluces les cabe el poco hacer y el mucho hablar o el ser ceceosos o bravucones. Tales burlas, veras a medias en la mentalidad contemporánea, se extienden allende las fronteras de la Península a franceses (herejes y aprovechados), tudescos o alemanes (borrachos), sin olvidar a los odiados genoveses (sodomitas, homosexuales, materialistas)[6], a los italianos en general (engañosos),[7] o a los muy sintomáticos indianos: habladores y mendaces, ricos y tacaños.... Los portugueses, algo mejor librados, aparecen como melífluos y finos amadores, generalmente a partir de la leyenda de Macías y otros poetas galaico-portugueses enamorados.

Pero, frente a la profusión de tipos cómicos y de burlas crueles de otras regiones, la literatura del Siglo de Oro español[8] no es muy pródiga en personajes catalanes ni en alusiones a la lengua catalana, buenas o malas.[9] En Lope de Vega no se registran—o no han sido estudiadas —como menciones explícitas, de acuerdo con los magnos índices elaborados por Carlos Fernández o Griswold-Tyler. El prolijo Ricardo del Arco tampoco incluye una sección de pasajes sobre catalanes en sus magnas obras enciclopédicas.

Hay, sin embargo, ciertos textos paradigmáticos: Juan de Valdés dedica un breve pasaje de su *Diálogo de la lengua* a describir someramente la lengua catalana en relación con el latín, el valenciano y la lengua d'Oc (61); en el verdadero rosario de naciones y regiones que es *La lozana andaluza* de Delicado aparecen, como es sabido, catalanes y mallorquines y se habla en estas lenguas, empezando por la propia Aldonza, que no parece tenerles especial simpatía a las gentes del Principado, pues se refiere a una enemiga suya como "aquella hija de corcovado y catalana" (X, 205). Hay en Roma, además, según el conocido catálogo del Valijero que informa a Lozana, putas "de todas naciones... granadinas, portuguesas, navarras, catalanas, y valencianas, aragonesas, mayorquinas..." (XXI, 275).

En varios pasajes alusivos, la bandosidad,[10] la lealtad y la tacañería son las notas que el catalán literario atrae sobre sí. A propósito de las famosas rebeldía y belicosidad catalanas, ya esbozadas por Navagero en 1525 (38) y selladas indeleblemente por la Guerra de Cataluña de más de un siglo más tarde, hay que aclarar que en ellas se adivinan los trazos de dos Cataluñas netamente diferenciadas: la de la férrea unidad familiar en torno al primogénito como heredero (*hereu*) universal de cada familia hidalga y la de las facciones encontradas en el seno de la comunidad. Pero si estas pulsaciones se llevan a sus naturales consecuencias, se observará que ambas proceden de un tronco único, el de las leyes de la herencia que unen los bienes bajo una cabeza común y que, por otro lado, alejan a unos hermanos de otros, los segundones, privados de toda posesión valiosa al testar o morir el padre. Un rasgo añadido a la pintura es el de la celebrada y denostada economía catalana, a veces retratada como laboriosidad y conciencia económica acusada, otras presentadas como simples avaricia y miseria.

Conviene, a saber, trazar una breve sinopsis—en la que seguiremos a Elliott (22–23)—de la historia política de la tensión federalista en el seno de la Península. Hasta la muerte de Felipe II en 1598 no hay una resolución del eterno pulso entre el federalismo y el nacionalismo monárquico centralista respecto a la Corona de Aragón aunque incluso desde el occidente centralista se habían alzado voces que clamaban por un federalismo atenuado (Furió Ceriol 66v.), arropadas por la facción del secretario Antonio Pérez y la familia Eboli hasta el año 1579. Años después, durante los reinados de Felipe III y IV la insatisfacción aumentó en Aragón y Cataluña[11] y en la misma Castilla, hasta que, a comienzos del XVII, el orgullo nacional catalán floreció decididamente con abundantes obras apologéticas del Principado por Martí Viladamor (*Noticia universal de Cataluña*, Lisboa, 1641), Diego Cisteller (*Memorial en defensa de la lengua catalana*, Tarragona, 1636), entre otros varios.[12]

Mas lo esencial no es, para nosotros, únicamente que tales guías e historias fuesen tan numerosas, sino que, según recuerda Nougué con varios ejemplos (317) y confirman los textos por nosotros examinados, encontraran tan buena acogida en España y se reprodujesen en cierta medida en las creaciones de literatos como Lope, Cervantes, Salas Barbadillo, o Tirso.

Tras aludir temprana e imprecisamente (Riquer 22–23) a los bandoleros catalanes en la historia de Timbrio y Silerio de su novela *La Galatea* de 1585 (648),[13] Cervantes demuestra en el *Quijote*[14] conocer los entresijos íntimos de las guerras internas entre las facciones de los nyerros, ñerros o niarros de Perot Roque o Roca Guinart o Guinarda[15] y, por otro lado, los cadells, los dos partidos de la vida política catalana desde antes del XVII.[16] Antonio Moreno, el amigo de don Quijote y de Roque, es un nyerro de cierta estatura, un caballero barcelonés que, como tantos nobles, jerarcas eclesiásticos y altos funcionarios de Cataluña, apoya al grupo de los bandoleros rurales liderado por Guinart. Al parecer, como indica Salazar Rincón en su estudio *El mundo social del Quijote*, Cervantes podría haber estado familiarizado con la psicología de estos grupos, y no sólo con su realidad política, pues pinta al niarro Moreno como un producto social de estas guerras: es amante del riesgo y la novedad, es novelero, caprichoso y superficial, rasgos todos que pueden haberlo impulsado hacia una alineación con uno de los grupos en litigio. Como miembro efectivo de la facción de los niarros, el *Guinarde* cervantino[17] escribe incluso una carta (el Roca real se haría famoso por la audacia de su correspondencia)[18] en la que advertía a un amigo de que don Quijote iba a estar el día de San Juan Bautista en la playa de Barcelona y le pedía "que diese noticia de esto a sus amigos los Niarros, para que con él se solazasen; que él quisiera que carecieran deste gusto los Cadells, sus contrarios" (II 60, 984).

Ello no impide que el alcalaíno cometa alguna leve imprecisión (Riquer 67, 82), aunque en general está bien informado. Sabe Cervantes, por ejemplo, que los bandidos que van con Guinart farfullan una mezcla de gascón y catalán "su lengua gascona y catalana" (984)— aunque no sepamos como habla con ellos don Quijote, al que muchos de ellos no entienden (980)—y, en efecto, tal debía ser el dialecto particular de los bandoleros, puesto que en sus grupos, como escribe el autor del *Quijote* "los más eran gascones" (980). Quevedo en su obra *La rebelión de Barcelona* los tilda de "gabachos y gascones, y herejes delincuentes de la Languedoca."[19] Más misericorde, incluso idílica, es, sin embargo, la opinión que parece tener Cervantes de las gentes de Roca, a los que dibuja con trazo amable: su jefe reparte equitativamente el botín "con tanta legalidad y prudencia, que no pasó un punto ni elegancia, es cortés con sus víctimas y sobre todo con las damas rigurosas," resume Cervantes (975). Este personaje volverá a aparecer en su entremés de "La cueva de Salamanca," pues el estudiante Carraolano declara allí haber sido robado por las gentes de Roque, al que describe como "cortés y comedido, y además limosnero" (189).

No ignora, asimismo, Cervantes que el móvil de las discordias de niarros y cadells era, muchas veces, el rencor antiguo y el afán de venganza entre familias, según subraya Roque ante don Quijote:

> A mí me han puesto en él [en su modo de vida] no sé qué deseos de venganza, que tienen fuerza para turbar los más sosegados corazones...; y, como un abismo llama a otro y un pedaco a otro pedaco, hanse eslabonado las venganzas de manera que no sólo las mías, pero las ajenas tomo a mi cargo.... (981)

Pues es bien consciente del hecho sociológico de que los bandos enfrentados adoptaban, igual que hace Guinarda, cada una de las causas de sus miembros como propias y que los enemigos de un niarro debían aliarse con los cadells, y viceversa. Al decir de Salazar Rincón, "bastaba que un hombre militase en un partido para que sus enemigos se desviasen inmediatamente al lado contrario" (99). Los dos grupos, como sabemos por la historia[20] y por Cervantes mismo, contaban con protectores entre la alta aristocracia barcelonesa, como Roque cuenta con Antonio Moreno y con su buen amigo el Virrey de Barcelona.

Usa Cervantes palabras en catalán: *lladres* llaman los bandoleros de Roca a sus enemigos (II 60, 983); aunque se equivocan él o el cajista al escribir en portugués *frade* por *frare* (catalán) o *frayre* (gascón).[21] Junto a estas palabras en catalán y la documentada y casi legendaria intervención de los bandoleros,[22] el conocimiento que el alcalaíno demuestra tener de Cataluña es más que somero y, desde luego, directo,[23] si se dejan a un lado los diversos pequeños anacronismos en los que incurre:[24] tanto en *Las dos doncellas*, como en el *Quijote* y en el *Persiles*, los personajes viajan a Barcelona y contemplan escenas de maniobras o batallas navales en su playa entre la numerosa multitud que allí se congrega. Surgen en *Las dos doncellas* las galeras de Italia en Barcelona, lugar donde habitualmente recalaban (212, 214). Los peregrinos eternos del *Persiles* y los viajeros de *Las dos doncellas* visitan otro lugar tópico, Montserrat (24). Aparecen en la trama personajes notorios de la nobleza catalana, como los Cardonas de *Las dos doncellas* (224), y se elogia encarecidamente las virtudes de los nobles catalanes: "... es condición natural y propia de la nobleza catalana saber ser amigos y favorecer a los extranjeros que dellos tienen necesidad alguna" (23).[25]

Quizás debido a este cúmulo de guerras intestinas que devoraba la Cataluña áurea, Gracían—aragonés orgullosísimo[26]—atribuye en su *Criticón* a su capital un defecto fundamental entre sus muchas virtudes tópicas. La sabia Artemia busca una ciudad para fijar en ella su residencia y reflexiona del modo siguiente:

Barcelona, aunque rica cuando Dios quería, escala de Italia, paradero del oro, regida de sabios entre tanta barbaridad, no la juzgó por segura, porque siempre se ha de caminar por ella con la barba sobre el hombro. (208)[27]

La justificación de tal opinión graciana está precisamente, más avanzada la obra, en un diálogo entre Salastano y un forastero narrado por éste último. Este ha tratado de hallar un amigo verdadero en diferentes partes de España:

—¿Y en Cataluña, señor mío? repliqué yo.
—Ahí aún podría ser, que los catalanes saben ser amigos de sus amigos.
—Bien se ve, piénsanlo mucho antes de començar una amistad, pero una vez confirmada, hasta las aras.
—¿Cómo puede ser esso—instó un forastero—, si allí se hereda la enemistad y llega más allá del caducar la vengança, siendo fruta de la tierra la bandolina?
—Y aun por esso—respondió—, que quien no tiene enemigos tampoco suele tener amigos. (336)

Hay en esa región, cuando Salastano la recorre, sorpresas innumerables para el viajero, aunque todas metafóricas, preñadas de un sentido profundo: no hay niños ni mujeres, los hombres son poco numerosos y esos hombres lo introducen entre ellos, con desconfianza típica, "a prueba" (336). Hay pocas quiebras en la fábrica de sus vidas, hasta el punto de que evitan los espejos de cristal en las casas y no contratan criados por la conocida y tópica duplicidad de éstos. Su fidelidad a los seres queridos los lleva a colgar retratos de ellos en abundancia en sus paredes (336). Añade que "aquí no se toleran ni enfadosos ni entremetidos" (337). Precisamente en casa de un catalán topa Salastano con el ser mítico Gerión, ser compuesto de tres miembros unidos por una estrecha amistad. Ahora bien, pocas páginas más adelante, se acercan Andrenio y

Critilo a un palacio de oro, considerado engañoso y falsamente atractivo, en el que, para su sorpresa, no dejan entrar a las gentes que malgastan su riqueza, a los generosos, a los castellanos y los jugadores; y sí franquean la entrada a los franceses y catalanes, famosos por sus virtudes ahorrativas. Las puertas, por si algún lector se llamase a engaño, están firmemente cerradas "con barras catalanas y candados vizcaínos" (347). Esas virtudes se nos antojan defectos cuando Gracián describe a un personajillo ruin, deforme y miserable que tiene "carrillos de catalán, y aún más chupados, que no sólo no come a dos, pero a ninguno" (491).

En esta misma línea, Quevedo supone, a su vez, que una vieja tiene "rostro barcelonés" por su flaqueza, por su fealdad o por su capacidad para sonsacar sus riquezas a los hombres (*Obra poética* número 741, II 491). Los catalanes carecen de sentimientos en su romance al Conde de Sástago:

> Responded sin dilaciones,
> conde lozano y vivar:
> no os purgue de sentimiento
> el estilo catalán.
> (*Obra poética* número 682, II 242)

Cataluña aparece en la novela picaresca como lugar de paso hacia Francia y, sobre todo, hacia Italia. Por Barcelona pasa Guzmán de Alfarache sin más aventura que burlar a un joyero codicioso (I, ii, 10). Pablos el Buscón, que ya sabemos que no es muy amigo de grandes viajes, no llega a conocer Cataluña, pero sí traba conocimiento en el capítulo V de la obra con un catalán al que describe en términos muy acres:

> ...la criatura más triste y miserable que Dios crió. Comía a tercianas, de tres a tres días, y el pan tan duro, que apenas le pudiera morder un maldiciente. Pretendía por lo bravo, y si no era el poner

güevos, no le faltaba otra cosa para ser gallina, porque carcareaba notablemente. (252)[28]

Resulta, en efecto, sintomático que un catalán le parezca a Pablos tan miserable cuando el libro todo es un catálogo de gentes míseras en grado superlativo. Quevedo acusará de conversos a los catalanes en una composición satírica juvenil "A un cristiano nuevo junto al altar de San Antón" (*Poesía varia* 47).

La opinión que de los catalanes tiene Rodrigo Fernández de Ribera no es un punto mejor que la de Quevedo. En su obrita *El mesón del mundo* se describe a un personaje singular:

...un hombre entre cirujano y cómitre; él no escapaba de calabrés o catalán, mestizo de lenguaje y persona de muy buenos fundamentos, porque los pies eran de la marca de Ancona, a pesar de lo franqueado de una piel de Córdoba que los cubría, ligagambas de rapacejos ya grande y unas medias desolladas de atrás. (123)

Más abajo se dice que la tal figura hablaba al protagonista en su "medio español" (124), que resulta ser italiano. Es un titiritero que engaña al populacho del mesón y que trata a todos con falsa cortesía. Pero lo esencial del retrato es el emparejamiento de lo catalán con lo calabrés, alusión inequívoca a Judas Iscariote, a la vez que grave insulto contra la catalanidad. No mejora nada la impresión que deja el ser o parecer cirujano o cómitre, esto es, descendiente de judíos o guarda de delincuentes. Y todo ello revestido de ropajes ridículos y con pies y orejas deformes, de bárbaro cervantino.

Algo traicioneros y afines al bandolerismo le parecen al lector de *La vida y hechos de Estebanillo González* los catalanes de Rosas que alojan a los soldados de su compañía, "pues detrás de un regalo oíamos un ¡cap de Déu! y veíamos media docena de pistoletes" (I 265). Parecida

es la impresión que recibió el cronista del viaje de Adriano VI al cruzar
el campo de Gerona:

> Por esta región, más que por otros sitios del principado de Catalu-
> ña, andan malhechores, bandidos o proscritos que destruyen los
> campos y son una raza de hombres más nociva y pestífera que las
> víboras. Hacen frecuentes incursiones por todas partes, acechan a
> los vecinos en las travesías y caminos de tal manera que infestan
> toda la región; asedian a los viajeros, los roban y maltratan y
> originan innumerables daños, a lo que no se pone eficaz y pronto
> remedio. (Fernández Alvarez 259)

Y que es la misma idea en la que insiste Góngora en su Letrilla
XIV, donde se refiere a estos bandidos como epítome de la violencia
asesina: "con más homicidios hechos / que un catalán forajido" (86). Sin
querer hacer una crónica del bandolerismo levantino, diremos que el
problema había preocupado ya a Carlos V cuando cruzó Cataluña en
1543. El Emperador ordenaría entonces que su Virrey, el Marqués de
Aguilar, prendiese a los malhechores, "entre ellos algunos principales,"
y los ajusticiase (Fernández Alvarez 260).

En *El peregrino en su patria* de Lope aparece un "catalán forajido"
(86), Doricleo, enamorado de cierta dama, inicia unas guerras de bandos
con un rival amoroso, Filantro, que no dejan de recordarnos la tendencia
histórica contemporánea de Cataluña a estos grupos violentos nacidos por
rivalidades personales (78–86). A pesar de esta faceta negativa, aunque
real, del condado, Lope disemina descripciones muy favorables de
Barcelona como ciudad en la obra: se refiere a ella como una "insigne
ciudad" (92) o como "esta famosa ciudad que con maravillosa grandeza
se opone a Italia, detiene a Francia y espanta al Africa..." (78). Y, a pesar
de que el elogio sea en gran medida tópico, no hay que desdeñar la
simpatía evidente con la que Lope elige su escenario para la aventura y

lo describe. A lo largo de la novela de santos a lo bizantino que es *El peregrino*, surgirá alguna que otra noticia sobre Cataluña, como la de que las capas de los peregrinos encubren "por aquella tierra [¿Cataluña y Valencia?] ... mal trato" (426). En su comedia *El valeroso catalán* se insiste en la idea de que los catalanes son, además de valerosos, fieles: "Tenemos los catalanes / firmeza en nuestros intentos" (409).

Jerónimo de Mondragón, por su parte, añade a esta noción la de la pureza de la aristocracia barcelonesa:

> I lo que más hai de alabar en esta célebre ciudad es, que se estima mucho la nobreza, porque ni por dinero, ni otro vil interés como éste, se mezclan assí fácilmente (como casi en las demás vemos usarse) los nobles y de buena sangre, con villanos, conversos, o otra suerte de gente mal nacida. (194)

Y repite la de su tenacidad: "pues claramente vemos que, que jamás an emprendido ni emprenden cosa por importante i ardua que sea, que no salgan con su intento" (194).

En el caso de *El bandolero* del madrileño Tirso, el bandido Pedro Armengol se halla aún más cercano al lector y ha experimentado un grado de ennoblecimiento y de estilización difícilmente superable: forma parte de un episodio medieval de santidad en el seno de la Orden de la Merced y se ha desplazado hacia el centro de la trama, pues es el héroe de una vida de santos y de una novela bizantina edificante. El marco catalán en el que se mueve está adobado con elementos auténticos, verdaderas pinceladas costumbristas como las alusiones entusiastas a la topografía de Barcelona, que Tirso parece conocer bien, o la referencia a las ferias del vidrio y de la cera de la región.

El mercedario es, quizás, el intelectual más filocatalán de la Edad Aurea española. Valga como ejemplo un texto de su *Vida de la Santa*

Madre Dª María de Cervellón o del Socós, en el que España es descrita como un ser humano. Lo más interesante es lo que sigue:

> ...Hallaremos ser Cataluña su cabeza (que es la que al nacimiento del sol la da principio), serán pies suyos Portugal, y el reino de Galicia..., su derecho brazo los de Aragón y de Navarra....[29]

La descripción continua por ese tenor: Andalucía, Extremadura y el Algarve serán el muslo izquierdo, Portugal el derecho. Aunque Castilla sea el pecho, la región catalana no deja de ser la inteligencia de ese organismo geográfico, en el que, dicho sea de paso, la mitad occidental de la Península tiene un papel muy poco destacado. ¿Qué mayor ataque puede concebirse al centralismo por los fueros de una Cataluña atenazada por los impuestos de la monarquía central y por las exigencias de Madrid en el sentido de que el condado contribuyese a sus guerras con bastimentos y soldados.[30]

Hay, en fin, al menos dos corrientes en la valoración de lo catalán. Una, la más tradicional, es la de Quevedo, que no es más que otra manifestación de la postura típicamente excluyente del gran satírico hacia todo lo ajeno a lo español (siempre según su criterio) y a lo socialmente convencional. Para él, el catalán es siniestro y miserable.

La posición opuesta corresponde a los dramaturgos Lope y Tirso y a Cervantes, entre otros. Cataluña, como localización extranjera y casi exótica para la comedia o la novela, es parcialmente idealizada por estos autores: aparece como escenario de comedias palatinas (*El gallardo catalán* de Lope) o de aventuras lejanas de don Quijote y Sancho, previamente distanciados de lo castellano por una estancia intensa en la corte de los Duques en Aragón. Una vez en la región de Barcelona, en el camino hacia la Ciudad Condal, amo y criado tropiezan, según ha podido verse, con el bandolero Guinart, que los acoge hospitalariamente. El retrato de este personaje, como se ha visto, no puede ser más favorable, dentro de lo que cabe en un bandido. A pesar de todo, no conviene atribuir a los elogios de la urbe barcelonesa o del comercio catalán más importancia de la que pueden tener encomios tan tópicos como los citados y que tantas veces son aplicados igualmente a ciudades tan opuestas geográfica y políticamente como Lisboa (en *Guzmán de Alfarache*) o Sevilla (en diversas comedias de Lope).

Menos auténtica, a la par que más legendaria y positiva es la visión que Cervantes transmite de Cataluña, vista como una zona alejada y estilizada en gran medida, aunque incluya algunas sombras en su cuadro.[31] El material sobre el bandidaje es histórico, pero su tratamiento es casi épico, entusiasta, tan favorable como cabe a una cuestión relativamente ajena a la política española sobre la que tanto las novelistas como los dramaturgos podían armar tramas palaciegas o de santos sin mayores dificultades.

Gracián se halla en un punto equidistante entre ambos grupos: atribuye virtudes y defectos a los catalanes, pero no puede ocultar sus fervientes simpatías aragonesas. En todo caso, la situación confusa y violenta de Cataluña, así como las mismas peculiaridades psicológicas que los contemporáneos creían intuir en el ser portugués Francisco Manuel de Melo resumía en su estilo característico y sin dejarse en el tintero una rara observación sociolingüística:

Son los catalanes (por la mayor parte) hombres de durísimo natural; sus palabras pocas, a que parece les inclina también su propio lenguaje, cuyas cláusulas y dicciones son brevísimas: en las injurias muestran gran sentimiento, y por eso son inclinados a venganza: estiman mucho su honor y su palabra; no menos su excepción, por lo que, entre las más naciones de España, son amantes de su libertad. La tierra, abundante de esperanzas, ayuda y dispone su ánimo vengativo a terribles efectos con pequeña ocasión: el quejoso o agraviado deja los pueblos, y se entra a vivir en los bosques, donde en continuos asaltos fatigan los caminos; otros, sin más ocasión que su propia insolencia, siguen a estotros: éstos y aquéllos se mantiene por la industria de sus insultos ... de suerte que unos y otros, todos viven ocasionados a la venganza y discordia por su natural, por su habitación y por el ejemplo.... (Rodríguez Guerrero 489)

The Catholic University of America

Washington, D.C.

Notas

[1] Nougué menciona una "animosité congénitale entre Madrid et Barcelona" y explica, a renglón seguido, que "Les Castillans ne comprennent que pas le tempérament des Catalans et ceux-ci supportent, à leur corps défendant, l'autorité de la monarchie castillane" (313).

[2] Para todos estos aspectos, vea Domínguez Ortiz (*El antiguo régimen*: 142–143).

[3] Para una brillante panorámica de la etapa de Felipe IV; vea Domínguez Ortiz (*Crisis y decadencia*: 157–193).

[4] Los catalanes, sin embargo, no llegan a constituir un verdadero tipo literario puesto que sus comparecencias son menores en número y, según veremos, poco coherentes. Hay numerosas obras que parodian las otras naciones o regiones y a sus gentes: Cáncer y Velasco, entremés de "El portugués;" diversos cuentos incluidos por Chevalier en su repertorio, nos. O33, A4, B7, F5, toda la serie N, "El vizcaíno fingido" de Cervantes, por poner algunos casos.

[5] La bibliografía es mucho más abundante que en el caso de los catalanes y Cataluña en las letras del Siglo de Oro (vea Legarda, Ynduráin, entre otros).

[6] Compare Pike (1963) y Restori (1911). Vea también Góngora, letrilla XI.

[7] Vea Gracián, *El criticón.*

[8] Para un texto extranjero, vea el citado por Elliott (1977: 44, nota 60).

[9] Parecida es la situación de la bibliografía sobre la presencia de lo catalán en las letras españolas, lo mismo que sucede con lo gallego, lo asturiano, lo andaluz, lo gitano.... En otra esfera distinta, lo judío y los morisco han recibido cumplidísima atención de historiadores y críticos.

[10] Corominas nos brinda la preciosa noticia de que la misma palabra bandolero procede de los bandos catalanes.

[11] "On dirait que l'administration gouvernementale s'ingénie a multiplier les vexations a l'égard de la Catalogne" (Nogué 313). En la página siguiente se detallan algunas de estas vejaciones: tributos, levas, funcionarios castellanos destacados, intento de prohibir los pedreñales o pistoletes....

[12] Pere Gil, *La geografía de Catalunya* (1600); Pere Diago, *Cataloniae principatus novissima et accurata descriptio* (1605); Esteve de Corbera, *Cataluña ilustrata*, de hacia 1630; los *Colloquis de la insigne ciutat de Tortosa* de Cristóful Despuig (1557); además de otros trabajos centrados en ciudades catalanas escritos por Esteve Gilabert Bruniquer, Jorba, etc. (Nogué 315–316).

[13] Vea Riquer (20–26), con una disquisición sobre la cronología del conocimiento cervantino del panorama narrado. Aclara, además, que el bandolero de *La Galatea* no es Guinart, que nacería por los días en que se produjo dicha obra, lo que desmiente una idea que vemos repetida por doquier (Aladro 129).

[14] Resulta sintomático comprobar cómo debemos a la piratería de Avellaneda el que Cervantes dirigiese su trama hacia Barcelona y no a Zaragoza (Riquer 41).

[15] Bandolero nacido en Oristá en diciembre de 1582 y muerto en Italia hacia 1635 (¿?). De familia de propietarios rurales ricos, se hizo bandido a los diecinueve años y se unió al bando nierro en 1602. Llegó a lograr cierta fuerza militar con sus doscientos hombres: asaltó la fortaleza del obispo Francisco Robuster en Vich y se aproximó a Barcelona. Fue indultado en 1611 y guerreó con sus huestes en Italia, en Nápoles, hasta su muerte (vea para todo esto Rodríguez Guerrero 492–495; Riquer, 59–82 y Soler y Terol. Más datos en Aladro 133). Pero, aunque parece

haber sido el más celebrado en toda la Península, no era el único bandido levantino famoso, pues otros fueron Pedro de Santa Cilia y Paz, Pere Barba, Trucafort, Tallaferro, Pedraza y Testa de Ferro. Para el bandolerismo levantino en general, vea Riquer 62–65.

[16] Vea Soler y Terol, Elías de Molins, Reglà. Más documentación en Salazar Rincón, 95, nota 34. Entre otros acercamientos literarios, podemos citar los aportados por Nougué (317n) y el de la comedia de Lope *Roque Dinarte* (que ofrece, a su vez, otro matiz a la asendereada fonética del nombre de un bandido cuya fama se difunde, bien a las claras, oralmente) anotada en la lista insert en los preliminares de su *Peregrino*, aunque no hemos logrado recabar otras informaciones sobre tal pieza.

[17] Compare Riquer (66–67) sobre la alteración que hace el manco genial del nombre de Rocaguinarda.

[18] Vea Riquer 76–77.

[19] Citado por Riquer en nota a su edición, pág. 980, nota 14.

[20] Vea bibliografía y textos citados por Salazar Rincón 97.

[21] Según la nota de Riquer al pasaje del *Quijote*, II, 984, nota 19.

[22] En todo caso, no era Cervantes el único autor contemporáneo que mencionó a Perot Rocaguinarda, pues también lo harían Diego Duque de Estrada en sus memorias de 1613 y Francisco de Melo en su *Historia de los movimientos, separación y guerra de Cataluña* (citado por Rodríguez Guerrero, 490–491).

[23] De nuevo, Riquer, que sugiere el intervalo 1609–1611 para esa visita segura del escritor inmortal a Barcelona (88–91, 107).

[24] Vea Rodríguez Guerrero 495.

[25] Para algunas de estas notas "realistas," vea Riquer.

[26] A propósito de las opiniones políticas de Gracián sobre el problema catalán (vivió intensamente la guerra de Cataluña) y sobre el gobierno del Conde-Duque de Olivares, vea Batllori.

[27] Compare con la descripción, del todo estilizada y manida, que hará Mondragón de la ciudad barcelonesa en su *Censura de lacura humana*, esa versión curiosa de la Moira erasmiana: "tiene su asiento en un bello i apazible suelo, cuios fuertes edificios i artillados baluartes baten las blancas y saladas olas de contino. Alegre, demás desto, de circunstantes i fructíferos montes; rica de ilustres i poderosas familias; fecunda de mugeres i animosos hombres, que con el favor de la loca Fortuna, se han hecho casi a sus vezinos reinos espantables" (193–194).

[28] Las ediciones consultadas del texto anotan sobre todo la caricatura del portugués, más que la del catalán, muy significativa pero menos difundida en las letras del Siglo de Oro.

[29] Citado por Nogué en la Introducción a su edición *El bandolero*, 29–30. Un ejemplo menos aparatoso y más tópico de semejante idea puede encontrarse en Mondragón (193), aplicado a Barcelona respecto a Cataluña.

[30] Para esta situación, vea Mougué, "Introducción," 27.

[31] En *Don Quijote*, II, 60, don Quijote recuerda a Sancho que no se asuste de los cadáveres numerosos de los bandoleros ahorcados por la justicia, que anuncian — escribe Cervantes con crudeza inaudita — que están cerca de Barcelona.

Bibliografía selecta

Aladro, Jorge. "Entre Roque Guinart y Don Quijote, o el desdoblamiento de Cervantes." *Anales cervantinos* 30 (1992): 129–138.

Alemán, Mateo. *Guzmán de Alfarache*. Ed. Francisco Rico. Barcelona: Planeta, 1983.

Arco y Garay, Ricardo del. *La sociedad española en las obras de Cervantes*. Madrid: 1951.

___. *La sociedad española en las obras dramáticas de Lope de Vega*. Madrid: RAE, 1942.

Batllori, S. I., Miguel. "Gracián entre la Corte y Cataluña en armas (1640–1646)." *Rev. de estudios políticos* 100 (1958): 167–193.

Bennassar, Bartolomé. *La España del Siglo de Oro*. Barcelona: Crítica, 1983.

Cavillac, Michel. *Gueux et marchands dan le Guzmán de Alfarache (1599–1604)*. Bordeaux: Institut d'Etudes Ibéro-Américaines de l'Université de Bordeaux, 1983.

Cervantes Saavedra, Miguel de. *Don Quijote de la Mancha*. Ed. Martin de Riquer. Barcelona: Juventud, 1958.

___. *Entremeses*. Ed. Eugenio Asensio. Madrid: Castalia, 1970.

___. *La Galatea. Obras completas*. Ed. Angel Valbuena Prat. Madrid: Aguilar, 1949.

___. *Novelas ejemplares*. Ed. Harry Sieber. Madrid: Cátedra, 1992.

Chevalier, Maxime. *Cuentecillos tradicionales en la España del Siglo de Oro.* Madrid: Gredos, 1975.

Delicado, Francisco. *La lozana andaluza.* Ed. Claude Allaigre. Madrid: Cátedra, 1985.

Domínguez Ortiz, Antonio. *El antiguo régimen: Los Reyes Católicos y los Austrias.* Vol. III de *Historia de España.* Madrid: Alianza, 1973.

___. *Crisis y decadencia de la España de los Austrias.* Barcelona: Ariel, 1969.

Elliott, John Huxtable. *La rebelión de los catalanes: Un estudio sobre la decadencia de España (1598–1640).* Madrid: Siglo XXI, 1977.

Elías de Molins, Antonio. "Una nota al *Quijote*: El bandolero Roque Guinarda." *Rev. de archivos, bibliotecas y museos* 1 (1897): 153–156.

Fernández Alvarez, Manuel. *La sociedad española del Renacimiento.* Salamanca: Anaya, 1970.

Fernández de Rivera, Rodrigo. *Los anteojos de mejor vista: El mesón del mundo.* Ed. Victor Infantes de Miguel. Madrid: Legasa, 1979.

Furió Ceriol, Fadrique. *El consejo y los consejores del príncipe.* Amberes: 1559.

Góngora y Argote, Luis de. *Letrillas.* Ed. Robert Jammes. Madrid: Castalia, 1981.

González Ollé, Fernando. "Catalanismos e intervención de Timoneda en las comedias de Lope de Rueda." *Actas del cuarto congreso internacional de hispanistas.* Ed. Eugenio J. de Bustos Tovar. Salamanca: 1982. I: 681–693.

Gracián, Baltasar. *El Criticón*. Ed. Santos Alonso. Madrid: Cátedra, 1980.

Griswold Morley, S. y Richard W. Tyler. *Los nombres de personajes en las comedias de Lope de Vega*. Valencia: Castalia, 1961.

Horozco, Sebastián de. *Teatro universal de proverbios*. Ed. José Luis Alonso Hernández. Salamanca: Universidad de Salamanca y Universidad de Groningen, 1986.

Legarda, Anselmo de. *Lo "vizcaino" en la literatura castallana*. San Sebastián: Biblioteca Vascongada de los Amigos del País, 1953.

Lope de Vega Carpio, Félix. *El valeroso catalán. Obras de Lope de Vega*. Madrid: Sucesores de Ribadeneyra, 1898. Vol. VIII.

___. *Novelas a Marcia Leonarda*. Ed. Julia Barella. Madird: Júcar, 1988.

___. *El peregrino en su patria*. Ed. Juan Bautista Avalle-Arce. Valencia: Castalia, 1973.

Lorente-Murphy, Silvia y Roslyn M. Frank. "Roque Guinart y la justicia distributiva en el *Quijote*." *Anales cervantinos* 20 (1982): 103–111.

Manegat, Luis G. *La Barcelona de Cervantes*. Barcelona: Plaza y Janés, 1964.

Menéndez Pidal, Ramón. *Los españoles en la historia*. Madrid: Espasa, 1991.

Mercadal, José García, ed. *Viajes por España*. Madrid: Alianza, 1972

Mondragón, Jerónimo de. *Censura de la locura humana y excelencias della*. Ed. Antonio Vilanova. Barcelona: Selecciones Bibliófilas, 1953.

Navagero, Andrea. *Viaje a España de Andrés Navagero.* Ed. José María Alonso Gamo. Valencia: 1951.

Nougué, André. *L'Oeuvre en prose de Tirso de Molina.* Paris: Centre de Recherches de l'Institut d'Etudes Hispaniques, 1962.

Pike, Ruth. "The Image of the Genoese in the Golden Age of Literature." *Hispania* 46 (1963): 705–714.

Quevedo y Villegas, Francisco de. *El Buscón.* Ed. Domingo Ynduráin. Madrid: Cátedra, 1991.

___. *Obra poética.* Ed. José Manuel Blecua. Madrid: Castalia, 1969–1971.

___. *Poesia varia.* Ed. James O. Crosby. Madrid: Cátedra, 1992.

Reglá, Joan. *El bandolerisme català del Barroc.* Barcelona: Ediciones 62, 1966.

___. *Felip II i Cataluña.* Barcelona: 1955.

Restori, A. *Genova nel teatro clasico di Spagna.* Génova: 1911.

Riber, Lorenzo. "Al margen de un capítulo de *Don Quijote* (el LX de la Segunda Parte)." *Boletín de la Real Academia Española* 27 (1947–1949): 79–90.

Riquer, Martín de. *Cervantes en Barcelona.* Barcelona: Sirmio, 1989.

Rodríguez Guerrero, Ignacio. *Tipos delincuentes del* Quijote. Medellín: Editorial Bedout, 1974.

Salazar Rincón, Javier. *El mundo social del* Quijote. Madrid: Gredos, 1986.

Soler y Terol, Luis María. *Perot Roca Guinarda: História d'aquest bandoler: Ilustració als capitols LX y LXI, segona part del* Quixot. Manresa: Imprenta de Sant Josép, 1909.

Stagg, Geoffrey. "Cervantes and Catalonia." *Actes del Tercer Colloqui d'Estudis en Honor de Josep Roca-Pons.* Patricia J. Boehne *et al.*, eds. Barcelona: Abadia de Monserrat, 1983.

Tirso de Molina (Gabriel Téllez). *El bandolero.* Ed. André Nougué. Madrid: Castalia, 1979.

Torres, X. "Els bàndols de nyerros i cadells a la Catalunya moderna." *L'Avenc* 49 (1982): 33–38.

Valdés, Juan de. *Diálogo de la lengua.* Ed. Juan M. Lope Blanch. Valencia: Castalia, 1969.

La vida y hechos de Estebanillo González, hombre de buen humor: compuesto por el mesmo. Antonio Carreira y Jesús Antonio Cid, eds. Madrid: Cátedra, 1990.

Ynduráin, Francisco. "El tema del vizcaíno en Cervantes." *Anales cervantinos* 1 (1951): 337–343.

Joan Triadú

ASPECTES DE LA RELACIÓ DE CARLES RIBA AMB LA LITERATURA CASTELLANA CONTEMPORÀNIA

Tot essent possible que les cultures es tanquin en elles mateixes si no estan en condicions d'expandir-se, no ha estat pas així en el cas de la cultura catalana. És cert que tota cultura situada entre territoris de cultures més grans és una cultura assetjada. Però la seva defensa més efectiva no consisteix pas a arrecerar-se cap endins d'ella mateixa, sinó a obrir-se a l'exterior i alhora projectar-se cap enfora.

Això és el que ha fet, des de segles, la cultura catalana. Val a dir que la situació geogràfica li ha estat propícia; situada al Mediterrani, bressol de tres grans moviments culturals i religiosos de l'antiguitat, origen de tres tradicions fonamentals per a la cultura desenvolupada a les vores d'aquell mar gairebé interior: la tradició hebraico-cristiana, la greco-llatina i, en grau menor, la islàmica. Catalunya dóna amb el gran polígraf Ramon Llull, als segles XIII i XIV, una síntesi exímia de concordança de totes tres tradicions, en llengua catalana, en llengua llatina i en llengua àrab. Ramon Llull, mallorquí, és avui objecte de culte beatificat per l'Església Catòlica. Altres corrents filosòfics, científics, literaris i artístics penetren a la Península Ibèrica durant tota la història, per terres catalanes, des del Renaixement italià als moviments d'avantguarda contemporanis, passant pel romanticisme i el modernisme. No són Gaudí, Joan Miró i Salvador Dalí artistes catalans, avui estudiats i admirats universalment?

Per a la cultura catalana projectar-se cap a altres cultures és una vocació i una necessitat. Però li cal fer-ho sense deixar d'ésser ella mateixa, aportant al món una manera de ser i una forma d'expressió pròpies. Aquest caràcter genuí el té, en literatura, la llengua, o sigui, per als escriptors catalans, la llengua catalana, l'ús de la qual no s'ha interromput mai des del segle XII, almenys, a mesura que anà substituint el llatí. A més de l'obra ingent de Ramon Llull que comprèn, a més de ciència i religió, poesia i narrativa, avui són, per exemple, llegides i estudiades arreu obres dels clàssics catalans del segle XV, com les poesies d'Ausiàs March i la novel·la *Tirant lo Blanch*, traduïda a diverses llengües, entre elles a l'anglès. La literatura catalana, passat un període de decadència de tres segles, originat per situacions històriques adverses i superat un temps de prohibició i opressió nacional durant la dictadura franquista de gairebé quaranta anys de durada, ha tingut modernament una expansió notable i continuada, en primer lloc a Catalunya, però també als altres territoris autònoms de l'Estat espanyol que són les Balears, amb Mallorca al davant, i el País Valencià, i a la Catalunya Nord situada a l'Estat francès. Una mateixa llengua, el català, (que el Principat d'Andorra ha fet reconèixer internacionalment) i una mateixa literatura són el signe d'identitat més característic i de més profunda significació de la cultura catalana.

Carles Riba ho deia amb aquestes paraules: "la tasca dels intel·lectuals catalans ha estat en primer lloc de redescoberta, de recobrament. Salvar l'idioma, i amb ell la mateixa forma de l'ànima i del pensament catalans. Expressar en català la peculiar reacció catalana davant la realitat del món, en un lligam essencial amb el passat i en continuïtat cap al futur... Ens han comprès bé, però, ens han ajudat en la tasca homes il·lustres de Castella, de la veritable Castella: esmentem només Menéndez

Pelayo. No cal dir, homes també dels pobles hispànics més pròxims, els que amb la Catalunya estricta constitueixen una unitat més gran: Mallorca, València." Riba deia aquestes paraules en una entrevista que li va fer un periodista el 12 de maig de 1938, dia en què el poeta va sostenir la seva tesi doctoral a la Universitat de Barcelona. Quan començà l'acte hi hagué una alarma de bombardeig aeri, fet que s'esdevenia aleshores molt sovint pels atacs dels avions de la Itàlia feixista amb base a Mallorca. La guerra s'acostava al desenllaç, amb un resultat decididament advers per a Catalunya i per a la democràcia. Però Riba, tot i que n'era conscient, es mantingué al seu lloc, com si tot fos normal i amb el coratge dels homes fidels. Aquesta posició, que els escriptors catalans en llur conjunt compartiren, portà Carles Riba, la seva muller i els seus tres fills, a emprendre atzarosament el camí de l'exili.

La relació de Riba amb la literatura espanyola o castellana té un moment d'especial emotivitat històrica: és el seu encontre amb el poeta Antonio Machado, precisament en aquella circumstància tràgica del pas de la frontera francesa, a la fi de gener de 1939, entre milers de fugitius i sota l'amenaça de l'aviació enemiga. No hi ha notícia que Riba i l'autor de *Campos de Castilla* es coneguessin personalment, tot i que Machado ja feia temps que vivia a Barcelona. Per això coincidiren en el moment de l'èxode. El poeta castellà anava acompanyat de la seva mare, i ni l'un ni l'altra, segons el testimoniatge escrit del fill de Riba, Oriol, no podien caminar. La primera nit a França—una nit freda i plujosa de finals de gener—la passaren en un vagó de tren estacionat al poble fronterer de Cervera de la Marenda. Machado morí al cap de poc i fou enterrat al cementiri de la població de Cotlliure, a la comarca catalana del Vallespir, dins el territori francès. Consta que tots dos poetes enmig de les dificultats d'aquella situació extrema, tingueren moments de conversa, durant els quals l'il·lustre representant de la generació del 98 pogué contrastar les seves posicions d'espanyol profund amb les d'un poeta i humanista postnoucentista, amb tots els trets i les voluntats d'un català universal. Representaven en aquell moment dues cultures que posades de costat per la geografia havien viscut posades d'esquena per la història. Machado havia estat una altra vegada, almenys, a Barcelona, l'any 1928, a les acaballes, doncs, de la dictadura de Primo de Rivera. Hi havia anat com altres intel·lectuals castellans que tornaven la visita que havien fet els intel·lectuals catalans a Madrid. Poc es podia pensar que al cap de deu anys s'hi hauria de refugiar seguint el govern de la República que evacuat de València, s'instal·lava a Catalunya amb la guerra perduda i hi instaurava un règim d'ocupació vexatori per al govern de la Generalitat i desmoralitzador per a la població.

Carles Riba era un dels escriptors catalans que havien anat a Madrid amb motiu de l'exposició del llibre català que s'hi celebrà a finals del 1927. Hi donà una conferència sobre l'evolució de la llengua literària a Catalunya; enunciat evidentment precaucionista i d'altra banda, com era propi d'ell, gens triomfalista, ja que tot evitant el terme "catalana," hi introduïa el concepte de llengua "literària," amb el qual des de Fabra hom designava la normalització de l'idioma en tots els seus nivells i amb aptitud per a tots els usos d'una llengua oficial. El contingut de la conferència, segons el text que en dóna l'edició de les *Obres Completes* de Riba, és en canvi una revisió molt clara i explícita del procés seguit pel català des de la Renaixença i del seu progrés, en primer lloc gràcies a l'obra de Pompeu Fabra, que li permetia reivindicar els mateixos drets lingüístics que qualsevol altra llengua.

La dictadura en girar-se contra Catalunya i perseguir barroerament el català propiciava l'acostament, per la via de l'oposició comuna al règim militar, entre totes dues cultures. Així ja al 1924 hi hagué el conegut manifest de 119 intel·lectuals castellans en defensa de la llengua catalana i tres anys després l'esmentada exposició a Madrid que comprenia 6.000 llibres catalans, acompanyada de diverses conferències.

Aquests actes foren organitzats per la publicació *La Gaceta Literaria* dirigida per Ernesto Giménez Caballero, que se n'atribuí la paternitat i a la llarga, la intenció. Segons ell es tractava de contrarestar des d'un "fet castellà"—amb paraules seves de l'any 1942, publicades amb motiu d'una vinguda de Franco a Catalunya—el "fet català" de Prats de Molló, protagonitzat per Francesc Macià. Aquesta versió, tan posterior i tergiversada dels fets, no ha d'encobrir un altre fet, cert i objectiu: que l'acostament entre totes dues cultures el propicien les situacions adverses comunes. Quan l'adversitat només afecta la cultura catalana ha estat difícil trobar un suport explícit i plenament positiu per part dels escriptors i dels intel·lectuals de cultura castellana. Almenys col·lectivament, perquè sempre hi ha excepcions, individuals. N'esmentaré una d'actualitat i d'altura: la de J. L. Aranguren, que davant les càmeres de televisió no va dubtar a manifestar la seva opinió totalment favorable al català i a Catalunya, malgrat les campanyes contra la unitat de la llengua, l'ensenyament del català i en general contra els drets nacionals de Catalunya.

Aquest procés fluctuant, per no dir basculant cap a un sol sentit (negatiu per a la cultura catalana) tingué una manifestació molt pública i assenyalada durant la discussió al Congrés de Diputats de la República de l'Estatut de Catalunya. Era, doncs, pocs anys després dels signes de solidaritat del temps de la dictadura. Personalitats com Unamuno i Ortega y Gasset es varen oposar aferrissadament a l'aprovació de l'Estatut tal com havia estat aprovat per la immensa majoria de vots a Catalunya, i d'això en va resultar un Estatut impropi per a una nació, per a la seva història i la seva identitat.

En aquella mateixa època dels anys de la República i en els de la guerra del 1936, Riba connecta, en canvi, més còmodament, amb la generació anomenada del 27, començant pel poeta Jorge Guillén, a qui dedicà la primera "suite," "Un nu i uns ulls," del llibre *Tres suites*, escrita entre desembre del 1930 i desembre del 1931. Però la relació venia d'abans, ja que Riba ja havia dedicat al poeta castellà l'Estança 21 de la secció B del Llibre segon. Hi havia afinitats en el tema de l'Estança i fins i tot en el seu tractament, respecte del poema de Guillén titulat "Desnudo." La poesia de Riba havia evolucionat cap a posicions semblants i paral·leles a les del poeta castellà, a mesura que avançava en l'elaboració de les *Estances* i en concret en el llibre segon, molt acostat en alguns poemes al llibre que Riba emprengué a continuació, *Tres suites*, gairebé sense pausa, llibre compost de trenta sonets rigorosament elaborats segons uns codis fixats pel poeta. Guillén es va interessar de debò per aquesta poesia. És significatiu, però, d'aquell viure d'esquena dues cultures, que un poeta i home de lletres com Guillén conegués Carles Riba—més ben dit, n'arribés a saber l'existència—per una nota breu publicada al *Diario de Barcelona* que al·ludia a un article sobre Riba de Marcel Brion aparegut en una revista francesa de molt prestigi, *Les Nouvelles Littéraires*. Guillén va escriure a l'autor de la nota demanant com ho havia de fer per conèixer l'obra de Riba i que ho transmetés al poeta. El recopilador i anotador de la correspondència ribiana, Carles-Jordi Guardiola, a qui devem aquesta informació, no sols reprodueix la carta de Riba a Guillén, sinó també l'essencial de les dues que consta que escriví a Riba l'autor de *Cántico*, meravellat per les *Estances*, primer, i per a *Tres suites* després. En aquesta breu però intensa i sincera relació hi hagué encara una coincidència feliç: que Guillén es va trobar a Oxford amb la professora Concepció Casanova, ex-alumna de les classes de Riba a la Fundació Bernat Metge i ella li traslladà alguns poemes de les *Estances*.

Una mica més tardana és la relació de Riba amb el poeta Vicente Aleixandre, però més emotiva i més relacionada directament amb la seva pròpia obra. En efecte, dins el recull *Poemes per a un nou llibre encara sense títol* figura el poema titulat "Sobre un tema de Vicente Aleixandre," precedit d'unes paraules del poema d'Aleixandre que originà el de Riba:

"Se querían. Sufrían... Se querían, sabedlo." El poema de Riba comença cada una de les estrofes de què es compon amb les mateixes paraules en català: "S'estimaven; Patien... Sapigueu-ho, es volien." El tipus de relació amb el vers que Riba desenvolupa en aquest poema i en altres del mateix recull té el precedent en la seva obra del seguit de poemes titulat *Per a una sola veu* que forma la part central, entre dues sèries de tannkas, del llibre del *Joc i del foc*, publicat alguns anys abans i escrit entre la guerra i l'exili. Pel seu costat a Aleixandre consta que el va impressionar la lectura en traducció castellana de les *Elegies de Bierville* i més endavant va dedicar a Riba un capítol del seu llibre de retrats *Los encuentros*. Però encara és més significatiu el fet que a la dedicatòria del seu llibre *Sombra del paraíso* Aleixandre escrivís: "Al gran poeta catalán Carles Riba, en el primer día de nuestra amistad, que espero larga y fecunda." Era l'any 1948, que és quan comença la correspondència entre tots dos poetes, la qual durà fins el 1959, any de la mort de Riba. De tots els poetes castellans Aleixandre és el més citat en l'epistolari de Riba.

Fou l'autor de *Sombra del paraíso* qui, justament amb Rafael Santos Torroella, proposà que Carles Riba figurés entre els convocants del I Congrés de Poesia que tingué lloc a Segovia, dins els cursos d'estiu per a estrangers que s'hi celebraven, pel juny de 1952. Riba, que al principi no hi volia assistir (ni els seus companys tampoc) per la repressió lingüística i cultural—sense esmentar la política—que patia Catalunya, hi tingué un paper preponderant, del tot inesperat. Entre els assistents hi havia, a més dels signants, com Aleixandre i Gerardo Diego, escriptors més joves com José Luis Cano i J. M. Valverde i personatges destacats del món intel·lectual castellà que, molt lligats amb el règim franquista, n'eren aleshores crítics si no, "de facto" dissidents, com Dionisio Ridruejo, Antonio Tovar i Pedro Laín Entralgo. Riba sorprengué i convencé; però el més important és que es donà a conèixer com a poeta i com a mestre i féu patent l'especifiquitat de la cultura catalana a elements molt significatius de la nova generació de crítics, entre els quals cal esmentar-ne especialment dos: Ricardo Gullón i Carles Bousoño. A part hi ha el cas del filòsof José L. Aranguren, amb qui Riba establí una relació de respecte i d'admiració mútua, el qual, deu anys després, ja mort Riba, dedicà un estudi al darrer llibre de Riba, *Esbós de tres oratoris*, amb el títol de "Carles Riba y la poesía religiosa."

La conferència inicial de Riba fou sobre "Un siglo de renacimiento literario en Cataluña." El fet mateix de l'amplitud del tema ja fa patent el caràcter d'encontre entre dues cultures, una de les quals, la receptora del missatge, desconeix l'altra. Gairebé feia vint-i-cinc anys que Riba, com ell mateix esmenta, havia tractat el mateix tema a Madrid, en una ocasió, no s'està de remarcar-ho, que "per a nosaltres—és a dir per als catalans, ofereix certes analogies amb l'actual." Mentrestant, havien passat massa coses (i la principal d'elles continuava passant) perquè no calgués començar de bell nou l'exposició de tot el procés de reconstrucció nacional, partint d'unes "trobes," o sigui de l'*Oda* d'Aribau, però prenent com a referència vigent les posicions respectives de Maragall i Unamuno; més ben dit, posant en relleu la dissensió fonamental entre el projecte de cultura nacional de Catalunya (que Riba, naturalment, no podia esmentar en termes que ni de lluny s'assemblessin a aquests!) i les idees programàtiques d'Unamuno, les quals la generació del 98 en bona part adoptà o compartí; Riba les resumí amb aquests mots: "Una España refundida otra vez por Castilla y erigida de nuevo por el hombre quijotizado..." i hi oposà les de Maragall, en uns termes que havien de resultar per força clarificadors per a qui ho volgués entendre: "Maragall, y con él toda su gente, aboga por una federación de personalidades nacionales, fraternas y necesarias unas a otras, y, como primera virtud que garantice la obra, afirma el *seny*, aspecto práctico de la sabiduría y corona del sentido común." Justament, contra aquest seny semblà moure's Unamuno, segons Riba, tot i que s'acostà, gràcies a Maragall, a comprendre les realitats dels catalans, encara que la dissensió esclatés a cada punt, donat que Unamuno era sovint, envers aquelles realitats, "tan poc lúcid, tan superficial, tan mancat de tacte."

No fou, doncs, versallesca la intervenció de Riba al Congrés, com ja es va veure de bon començament. També intervingué a l'acte de clausura, ja amb el públic guanyat al seu costat. L'esdeveniment portà, per exemple, Laín Entralgo a manifestar més endavant, en unes declaracions fetes a Baltasar Porcel, ja mort Riba: "La actitud anticatalana, hay que decirlo, fue durísima a partir del comienzo de la Guerra Civil. Es una de las cosas, no la única, aunque quizás éticamente la más grave, por la que hemos de practicar un 'mea culpa'. Yo, que no participé en aquella persecución, fui testigo de la misma y no protesté como tenía que haberlo hecho."

Un segon Congrés tingué lloc l'any següent a Salamanca, on aparegué, per compte de la Universitat, la traducció al castellà de *Salvatge cor* (versió de Santos Torroella) prologada per Antonio Tovar que n'era el rector. El mateix any, el 1953, Riba fou convidat a donar conferències a Madrid i a Salamanca, i ho féu sobre Verdaguer, Maragall, l'escola mallorquina i "L'humanisme a Catalunya." Un tercer Congrés tingué lloc encara a Santiago de Compostel·la, el 1954. Riba i els altres escriptors catalans hi trobaren el mateix acolliment, però més afinitats. Notaven prou bé que no eren a Castella sinó en una terra antiga i de llengua i cultura pròpies, però amb aquests valors en part—en quina, però?—suplantats pels de Castella, potser amb un caràcter irreversible. Riba havia escrit versos en gallec durant l'adolescència. El seu prestigi s'havia consolidat prop dels assistents als altres congressos i es traslladava als qui no hi havien estat però pertanyien als cercles afins. Malgrat tot, al cap de dos anys aquell primer esclat havia assolit i provat els seus límits. Riba va escriure en unes notes per a una entrevista radiofònica que el Congrés—referint-se al primer—havia estat un experiment, un noble i seriós experiment, i que no podia haver estat altra cosa.

Dues notes finals ja situades a l'estiu de 1959, any de la mort de Carles Riba (12 de juliol). La primera d'elles pertany a l'article del poeta i assagista Marià Manent, titulat *Riba i el diàleg*. El terme diàleg s'utilitzà en aquells anys de "l'edat mitjana" de la dictadura franquista per tal de designar un tipus de relació molt minoritària, gairebé esotèrica, però interessant com a experiència per ella mateixa, entre intel·lectuals i polítics catalans que no podien publicar ni fer política i escriptors i polítics castellans que gaudien de llibertat lingüística amb els límits imposats per la censura i que podien fer política des de l'interior del sistema i amb llurs càrrecs a l'administració o pel fet de col·laborar-hi. D'aquell any és el llibre del poeta Salvador Espriu (dedicat a Carles Riba) *La pell de brau*, o sigui Espanya, designada com a Sepharad, en un poema del qual el poeta demana a Sepharad que faci "que siguin segurs els ponts del diàleg" i que miri "de comprendre i estimar." Marià Manent escrivia, referint-se al primer dels congressos, el de Segovia, que fou el més important, que Riba parlant de Maragall i Unamuno hi portà el missatge de Catalunya; però també hi parlà dels problemes tècnics i polítics que es plantegen a les llengües en el món d'avui. Remarca que era el primer diàleg després de la guerra i entre persones, algunes, que la lluita havia separat. Evoca, Manent, el marc de l'encontre, la ciutat de Segovia "en aquell plàcid juny de Castella," però diu també com els sobtà de veure al mur d'un pati "unes grans lletres negres tosques i vives," traçades feia qui sap els anys, on es comminava "a no adquirir coses vingudes de Catalunya, articles manipulats per catalans." Però conclou que Riba no s'equivocà quan veia que es tractava, en aquell diàleg, d'una acció complexa i important i afegeix que "amb el prestigi de la seva paraula càlida, hàbil, penetrant, amb la irradiació de la seva vitalitat encomanadissa, amb la força d'una lluminosa humilitat i receptivitat que, a moments, donava al poeta com un alegre deix infantívol, el nostre amic recollí—fins dels qui menys inclinats se sentien a les veritats per ell tan lleialment encarnades—admiracions, adhesions, amistats."

L'altra nota a la qual em vull referir pertany també a la història de l'any de la mort de Riba, quan una revista de Madrid demanà a un seu col·laborador de l'àrea catalana, l'eminent poeta eivissenc Marià Villangómez i Llobet, gran admirador de Carles Riba, que fes un article amb motiu de la mort del poeta, cosa que Villangómez féu. Però l'article mai no arribà a publicar-se perquè la censura el prohibí. Potser perquè, tot reconeixent-hi el mestratge exercit per Riba s'hi recordaven les paraules d'aquest que diuen "mestre és aquell que ens allibera..."

Barcelona

Jaume Ferran

LA GENERACION DE LOS '50 EN CATALUÑA

Ha sido y es cultura catalana toda manifestación
escrita de nuestro temperamento y de nuestro
espíritu, primordial y esencialmente en catalán,
pero subsidiariamente en cualquier otra lengua.
Jordi Rubió i Balaguer

El Doctor Jordi Rubió i Balaguer, Director de la Biblioteca de Catalu-nya, catalán comprensivo, acostumbraba a recordarnos que el espíritu de Catalunya se ha expresado, en ocasiones, en otros idiomas distintos del catalán: en provenzal, durante la época de los trovadores, en castellano en la de Boscán, en la de Cabanyes.

La Generación de 1950 aparece en uno de los momentos de mayor peligro para la lengua catalana. El legado de una guerra que vimos con ojos de niño, comportó una progresiva anulación de cuanto representaba nuestra cultura, que se fue refugiando en el ámbito de lo estrictamente familiar.

En otros ámbitos, como la educación, fue totalmente substituida por la expresión castellana en la esfera oficial, a la que sólo escapaban algunas tentativas heroicas, como la que desarrolló el mismo Dr. Rubió, en su propia casa, continuando el espíritu de los *Estudis Universitaris Catalans* (Rubió 12).

Se trataba, pues, de rehacerlo todo y como símbolo de todo, se trataba de volver a levantar la ciudad, que en la obra de poetas como Màrius Torres, se veía devastado.

Este poeta leridano, que acababa de morir en Puig d'Olena, en 1942, expresó con lucidez la nostalgia de aquella ciudad que a medio construir habían arrasado:

La Ciutat Llunyana

Ara que el braç potent de les fúries aterra
la ciutat d'ideals que volíem bastir,
entre runes de somnis colgats, més prop de terra,
Pàtria, guarda'ns: la terra mai no sabrà mentir.

Entre tants crits estranys, que la teva veu pura
ens parli. Ja no ens queda quasi cap més consol
que creure i esperar la nova arquitectura
amb que braços més lliures puguin retallar el teu sòl.

Qui pogués oblidar la ciutat que s'enfonsa!
Més llunyana, més lliure, una altra n'hi ha, potser,
que ens envia, per sobre d'aquest temps presoner,

batec d'aire i de fe. La d'una veu de bronze
que de torres altíssimes s'allarga pels camins,
i eleva el cor, i escalfa els peus dels pelegrins.

(Castellet 511)

Aquel grito del exilio interior que profería en 1939 un poeta que no vería publicado ninguno de sus poemas—pero que ha recuperado el lugar que le debía la poesía catalana—pronto encontrará eco en el exilio exterior, en México. Allá Manuel Durán, transterrado, empezaba a levantar con nostalgia aquella ciudad que Màrius Torres veía tan lejana. Su *Ciutat i figures* es el primer atisbo de la nueva arquitectura que iría aleando lentamente aquella ciudad arrasada, la Ciudad que había soñado el "noucentisme" de Xènius y que durante el siglo había ido perfilándose hasta desaparecer estrepitosamente en las turbias aguas de nuestra guerra incivil.

Mencionemos uno de los poemas significativos de este libro, publicado en México en 1952:

Espais

Com la música és feta de pauses
sàviament ordenades
la ciutat és l'espai
domesticat i manejable,
amb l'empremta de mans i marades
a cada angle, a cada nervi de l'aire.
Res no satisfà l'avidesa
de l'espai en motllos, en les copes immenses
de les places, on els vells beuen a la tarda
i els gossos els llepen joiosament després d'una cursa.

(Duran 11)[1]

En aquel mismo momento, en España, se iba dando a conocer la Generación de Manuel Durán y en Barcelona hubo varios núcleos de expresión castellana y catalana, que se preocupaban por las nuevas voces. *L'ossa menor* y la revista *Ariel* se encontraban en un ámbito de poesía tradicional, en tanto que *Dau al set* representaba el informalismo, que tenía como maestros a Joan Miró y a J. V. Foix y que diera pintores tan significativos como Antoni Tàpies, Modest Cuixart y Joan Ponç, flanqueados por el poeta Joan Brossa. En esta línea podríamos citar también a Josep Palau i Fabre, para quien "La poesia és alquímia: és a dir experimentació immediata i desordenada de la vida sobre el paper..."

En els *Poemes de l'Alquimista* se daban cita, pues, la alquimia, que enlazaba con los surrealistas y la experimentación que le relacionaba con la "poesía de la experiencia" de nuestra generación. El libro se editaba en 1952.

Hijos del comte Arnau, los poetas catalanes, en catalán y en castellano, estaban quizás especialmente capacitados para asumir la experiencia, que preside la aventura del Comte, según Josep Maria Ferrater i Mora y que presidirá igualmente la dicción poética de nuestra generación, cuyo primer cometido fue la reconstrucción de la Ciudad (Ferrater Mora 137).

Alfonso Costafreda, primer Premio Boscán en el año 1949, había cantado en *Nuestra Elegía* la ciudad como necrópolis, que es, exactamente, como la ciudad había nacido: como lugar para los muertos.

Nuestra Elegía era un libro épico-social, que inauguraba un nuevo cauce que ocuparía durante décadas lo social—sin la presencia redentora de la épica, que Alfonso Costafreda había emparejado.

Aquel libro fue un toque de alerta para quienes veían resurgir la poesía entre nosotros. Costafreda, que había pasado unos años en Madrid, se había incorporado en 1947 a Cataluña y estudiaba con nosotros en la Universidad de Barcelona.

No se puede soslayar esta visión de la necrópolis, que él evocara en sus versos: un lugar de sombra presidido por la de su padre tempranamente muerto en Tárrega, cuando el poeta tenía pocos años, lo que marcará para siempre su destino angustiado.

Era necesario, que los cimientos de aquella ciudad que intentábamos levantar se apoyaran en los muertos que habían ensombrecido nuestro horizonte infantil, y sólo contando con ellos podíamos reconstruir las arrasadas ciudades de los vivientes, empresa a que se dedicaron los poetas catalanes, tanto en catalán como en castellano.

A partir de este reconocimiento, el poeta podía hablar con nostalgia del pasado y evocar las ciudades que a duras penas renacían entre las cenizas de la conflagración: Así lo hacía, al final del libro exclamando

Oh ciudades milenarias, sus calles conocidas,
la vieja y fuerte casa de mis antepasados,
la larga escalinata, el vestíbulo frío,
la alcoba tan pequeña donde de niño
yo dormía, mis juguetes,
el cuadro del abuelo, los libros repetidamente fieles,
los horizontes de amor que se me abrieron
al verla.
(Costafreda 82)

Las "ciudades milenarias" de Alfonso Costafreda eran hermanas de la "ciudad asediada" de Manuel Durán y pronto los poetas Carlos Barral, y algo más tarde Jaime Gil de Biedma se incorporan a esta recuperación de la Ciudad.... Junto a ellos veremos a Josep Palau i Fabre y a Gabriel Ferrater, entre otros.

Metropolitano de Carlos Barral aglutinaba la angustia generacional frente a las ciudades arrasadas por la Guerra Civil—porque Barcelona está siempre al fondo del libro, como ha dicho Carme Riera—y por la Segunda Guerra Grande, puesto que la estructura del libro corresponde a un recorrido del metropolitano parisiense.

"Here is a place of disaffection." Esta cita del Canto III del Bunt Norton, el primero de los "Cuatro cuartetos" de Eliot, centra con precisión el tema elegido, permitiéndonos al mismo tiempo conocer la admiración que en aquel momento sentía la generación por el maestro inglés, al que veíamos también como una vanguardia de "la poesía de la experiencia," que continuaban los poetas Auden—particularmente presente en las obras de Gil de Biedma y de Gabriel Ferrater—McNeice, Spender y otros.

"Mi ciudad, en todos los aspectos, incluso los más materiales y escenográficos había de ser para siempre la ciudad de la guerra" dice Carlos en sus *Memorias* (Barral 180).

En el *Diario de Metropolitano* podemos seguir la lucha de Barral por resucitar aquellas ciudades que había visto arrasadas en España, durante su niñez y en Europa en sus viajes de juventud. La "experiencia urbana" se instalaba definitivamente entre nosotros y substituía la alabanza de aldea, que había prevalecido con honrosas excepciones: la *Capital de la gloria* de Albertila—Nueva York de Lorca, la Ciudad de "Hijos de la ira" y de los "Poemillas de la ciudad," la Ciudad del Paraíso de Vicente Aleixandre, que en los años cincuenta era quien alentaba a los poetas que empezaban en la España de aquel momento y en las Españas transatlánticas, cuando podían llegar a la puerta de Velintonia 3, en el Parque Metropolitano madrileño.

Para los poetas catalanes no fue necesaria la peregrinación, porque el Maestro nos visitó en dos ocasiones memorables: en 1948 cuando nos lo presentó Alfonso Costafreda y dos años más tarde.

En aquella segunda ocasión le atendieron Carlos Barral y Jaime Gil de Biedma, que tenía también la "experiencia urbana" como base de sus poemas.

"*Barcelona ja no és bona* o mi paseo solitario en primavera" es el epítome de aquella poesía ciudadana. El "despedazado anfiteatro" de Rodrigo Caro forma parte de una ciudad que se contempla con nostalgia, pero también con una visión nueva: la de quien reniega de su propia clase y toma el partido de los desheredados, a quienes se la lega:

> que la ciudad les pertenezca un día.
> Como les pertenece esta montaña,
> este despedazado anfiteatro
> de las nostalgias de una burguesía.
>
> (Gil de Biedma 14)

En otras ocasiones—en Ohio State University, en Columbus, en un simposio de 1985, por ejemplo—he explorado esta conciencia urbana de los poetas de la generación de los '50 que ahora presento de nuevo ceñida a Cataluña, porque en ella creo que podríamos cifrar uno de los ámbitos más explícitos de su contribución al "redreçament"—enderezemiento—de la patria.

Josep Palau i Fabre, al que asocio a nuestra generación porque sus libros más significativos fueron contemporáneos de los nuestros, nos ofreció, desde París, una de las más trágicas evocaciones de

Gernika

Era dia de mercat. Els infants jugaven a guerra. Les dones triaven les verdures, els ous, l'aviram, les patates. El repertori era una mica limitat, perque era temps de guerra. Era dia de mercat.
Dos quarts de cinc de la tarda. Els infants jugaven a guerra quan de sobte, del cel, d'on vénen, diuen, els àngels i els ocells, queia un xafec de foc, el cel era l'infern, l'ordre s'havia capgirat.
Tres hores com una eternitat i aquell joc s'extingia. Els infants ja no jugaven a guerra: la guerra els havia exterminat. Ara tothom pensava igual, perque tots els cadàvers pensen el mateix. I així començava la gran uniformitat.
Mil sis-cents cinquanta-quatre morts i vuit-cents vuitanta-nou ferits. Quina gesta, senyors, quina gesta! Que el món prengui model, ja sap el que l'espera. No habitaven als Andes els condors? Per què escolleixen aquelles contrades?
I l'arbre allí, al bell mig també nafrant, però dempeus—I encara no ressuscitat. (Palau i Fabre)

La obra de Gabriel Ferrater empieza "In memoriam," evocando el Reus de su infancia y adolescencia, la ciudad en guerra que le había cobijado antes de su exilio en Francia. Su obra entera *Les dones i els dies* se instala con normalidad en el ámbito ciudadano, desde el que crece con naturalidad. El "realismo hecho a la medida del hombre en un mundo concreto" que, según Josep Maria Castellet, define la poesía de Ferrater, es ciudadano. Sus personajes, Dama Antonia, En Vilagut, sus amores, sus amigos se mueven en el ámbito ciudadano en el que él mismo se moviera durante su vida, entre el mundo editorial barcelonés y la Universidad Autónoma de sus últimos años. Incluso cuando se sale de su marco habitual, en el "Poema inacabat" acaba confesando:

> Bona marca, però aquest
> teu poema de Cadaqués
> serà en gran part de Barcelona,
> la ciutat que té tant de bona
> com l'assonant que sona fals.
>
> (Ferrater 129)

Quizás el poeta que más ha sentido la necesidad de reconstruir la ciudad ha sido José Agustín Goytisolo—en aventura paralela a la de sus hermanos Juan y Luis—, que en su *Taller de arquitectura* racionalizó el empleo y colaboró con el de Ricardo Bofill en la renovación arquitectónica ciudadana. No es extraño que haya sido precisamente José Agustín quien haya recogido el reto de añadir una novísima "Oda a Barcelona," a las de Verdaguer, Maragall y Pere Quart, que acaba de editar con motivo de los Juegos Olímpicos de 1992.[2]

Hablando de sus obras iniciales Emilio Lledó advirtió que "tales textos fueron preparando un importante *Taller de arquitectura* para construir la ciudad de palabras, para trazar la única utopía habitable, la única morada: "para alcanzar al fin / la comunicación y la supervisión" (Goytisolo *Final* 19).

La palabra del filósofo resume con justeza cuanto hemos querido decir. Se había construido, en efecto, "la ciudad de palabras" en la que podríamos encontrarnos todos. Se había ido levantando a pesar de la pobreza espiritual de aquella escuálida posguerra a uno y otro lado del Atlántico. Cataluña debe darse cuenta que su ámbito es mucho mayor que el estrictamente geográfico y que en los lugares donde hemos ido a parar los catalanes errantes, ella también está. Se lo pude decir al President Tarradellas, cuando llegó a Madrid, por primera vez, sin pasaporte. Le dije, con ecos lulianos, que él era "el más fantástico de los fantásticos" porque su regreso era, un poco, como el regreso de cuantos andamos por el mundo y de cuantos han muerto fuera de su patria.

Pero para los poetas no es necesario volver en persona. Nuestra palabra vuelve por nosotros y da fe de que nunca partimos del todo, como gustaba decir María Zambrano.

Ha llegado el día que soñaba José Agustín Goytisolo, cuando escribió:

Algún día

Yo beberé, algún día,
el rojo vino, el aire
de tu resucitada
juventud, y saldré
por tus calles cantando
cantando hasta quedarme
sin voz, porque serás
de nuevo y para siempre
albergue de extranjeros,
capital de los mares,
patria de los valientes,
tú, Laye, mi ciudad.

(Goytisolo *Años* 124)

Podemos ahora contemplar con orgullo aquella ciudad provinciana de nuestra juventud, que ha sabido enlazar con la anterior a nuestra guerra. Pero no podemos olvidar que en los años turbios posteriores a la contienda, quisimos darle voz al lado de nuestros hermanos que usaban la lengua catalana. A las "19 figuras de mi historia civil" de Carlos Barral corresponden, por ejemplo, los "Poemes civils" de Joan Brossa. Ambos hicieron de la civilidad el nuevo horizonte, que también asomaba en "La fábrica" de Miquel Martí Pol y en la "Ciutat a cau d'orella" de Vicent Andrés Estellés, que desde Valencia reivindicaba la misma evocación ciudadana, al exclamar (en 1953):

> Oh tu, ciutat, o el Paradís perdut!
> El mur i el marbre jauen derrocats.
> Quí pot refer amb ells el Paradís?
>
> (Andrés Estellés 11)

Aquello que parecía imposible se podía alcanzar si habíamos sido fieles a la herencia que se nos había legado, que en el caso de los escritores catalanes en castellano era una herencia doble. Teníamos por un lado a Boscán

> Pero también fue nuestro
> Ramon lo Foll.
>   También
> fue nuestro Ausias,
>   en quienes encontramos
> "lo gran dolor que llengua no pot dir."
> Fue tuyo Carles Riba,
>   al que en las largas tardes
> de los años cuarenta traducías
> indagando paciente
>   ...una callada manera senzilla
>   d'amorosir el pensament..
>   Mío,
> Josep Carner.
>   Hijos de Cataluña,
>   no quisimos
> ser infieles al hondo
> legado de su espíritu

y si su lengua
                    nos faltara
cuando nos la quitaron de los labios
su alma fue con nosotros,
                         nos dio un acento propio
que nos marcara para siempre
                              y que
nadie pudo jamás arrebatarnos
—que se nos nota,
                    no sólo cuando hablamos
sino cuando escribimos en ésta,
                              en toda página
y del que hoy nos sentimos orgullosos
como de una bandera,
                    que nos diera
en el río común
                    una voz propia
que es sólo nuestra,
                    se quiera o no se quiera.
                                   (Ferran 40–1)

Hemos empezado con un poeta desconocido cuando murió. Terminemos con otro poeta desconocido hoy, a los veinte años de su muerte. Se trata de Josep Solsona, en quien encontramos otra visión de la ciudad. En el artículo "La ciudad soñada," el poeta preconizaba un retorno a la tierra, que se cumple cuando publica un tríptico de poemas dedicado a su ciudad natal, con el primero de los cuales cerraremos esta breve visión de la Generación de los años 50:[3]

Cervera

I
Ciutat dels meus amors, dels vells records,
de nits d'estels. Ai, jo la veig tan bella

aquesta terra meva i dels meus morts,
que em sembla com si fos de meravella;

He viscut, he estimat aquí. Hi ha un tros
de mi mateix en cada camp de blat.
Quan la tristesa m'ha arribat a l'os
entre les oliveres l'he deixat.

Vora els pampols, rogencs a la tardor,
he reposat. Vora les vinyes llargues
he trobat un encís com de cançó
que m'ha endolcit les hores més amargues.
He vist un bell raïm contraclaror.

Els ametllers florits m'han donat pau
a la vesprada, quan l'amor és tendre.
I m'he quedat mirant el cel, tan blau
que em diu que no pas tot es torna cendra.

(Solsona 19)

El año 1976 apareció mi *Antología parcial* (Barcelona: Plaza y Janés, 1976), expresión del grupo de poetas catalanes, dentro de la Generación. Allí remito al que se interese por las características comunes que encontré entre sus miembros. En esta ocasión he preferido destacar nuestra aportación a la construcción de aquella "ciudad de palabras," que nos interesaba a todos, los que escribíamos en catalán y en castellano.

Me falta únicamente destacar aquí las consecuencias de nuestro bilingüismo, que pusimos al servicio de las letras catalanas, a las que dimos a conocer, desde el momento mismo en que empezábamos nuestro camino. Así Alfonso Costafreda, adelantando en este cometido, traduce las *Elegies de Bierville* de Carles Riba, en 1952, para la prestigiosa Colección Adonais, reeditándose en la Colección Marca Hispánica, de Barcelona, en 1985. Enrique Badosa traduce a Salvador Espriu, en la misma Colección en 1955, a J. V. Foix en 1962 y a la lírica medieval catalana en 1965. José Agustín Goytisolo presenta los *Poetas catalanes contemporáneos*, en la Biblioteca Breve de Bolsillo-Libros de Enlace, en 1968 y yo mismo traduzco a Juan Maragall, en la Editorial Doncel en 1960, a Josep Carner, en Plaza y Janés en 1976 y a J. V. Foix, en Ediciones Júcar en 1986. Otras muestras de este bilingüismo son los últimos libros en catalán, de Carlos Barral: *Catalunya des del mar/per car de fora*, de Edicions 62 y en la misma Editorial *Catalunya a vol d'ocell*, en 1985, así como los libros de Lorenç Gomia *Sons i sonets* y *Benvingut i passi-ho bé*, ambos publicados por Edicions 62, amén de la "Novísima Oda" barcelonesa que José Agustín Goytisolo ha publicado en catalán y en castellano, sin contar proyectos conjuntos como la presentación de las *Elegies de Bierville* por José Agustín Goytisolo, en Marca Hispánica, o la mía de las traducciones de Foix de Juan Ramón Masoliver en la misma colección.

En el prólogo de *Ciutat i fugures* el poeta Agustí Bartra afirmaba:

> *Dir i ésser* en catalá és avui, tant a dins com a fora de Catalunya, i per raons òbvies, una tasca difícil i transcendent que s'ha d'acarrerar fora de la normalitat. (5)

Ahora la normalización se ha impuesto en Cataluña, pero no debiéramos olvidar aquellos tiempos difíciles y sus secuelas inevitables.

Cuando murió Carlos Barral en 1989, teníamos concertada una mesa redonda sobre la amistad, en Lérida, que se celebró como homenaje al poeta desaparecido, bajo la presidencia de Yvonne e Yvonne, su viuda y su hija. Reivindiqué ante aquellas la solidaridad como eje central de la generación de los 50. Volví a hablar de ella semanas más tarde, con motivo de la muerte de Jaime Gil de Biedma, contestando a un cuestionario de *La Vanguardia* diciendo:

La generación del 50 es un triunfo de la solidaridad. Contra la dispersión y la muerte anteriores, se afirma en todos nosotros un sentimiento solidario, hasta el punto de que, como dije en el homenaje a Barral celebrado en Lleida, creo que la generación acabará conociéndose como promoción de la solidaridad.[4]

El entramado de la solidaridad es el único que puede explicar que en aquellas circunstancias en las que empezamos, pudiéramos, poco a poco y apoyándonos en nosotros mismos, ir superando la enjutez espiritual de aquella escuálida posguerra, que los catalanes vivíamos en la Cataluña, que comprendía la estrictamente geográfica y la de la diáspora.

La Escuela de Barcelona, de la que habla Carme Riera es sólo su núcleo más visible, pero hay que ampliarlo con otros nombres que el exilio o la emigración dispersaron, empezando por los de Manuel Durán y de sus hermanos catalano-mejicanos. Es un deber que nos incumbe a todos.

El líder socialista Joan Reventós, contestando al mismo cuestionario que he citado, respondía lo siguiente:

> No creo sea posible explicar la cultura de Barcelona de los últimos treinta años, con toda su complejidad, sus matices, sus contradiccio- nes, su capacidad de convivencia, a veces de intolerancia, sin tener en cuenta lo que Gil de Biedma y sus amigos aportaron a la misma. (Riera)

Es verdad. No se puede suprimir impunemente un eslabón de una cadena, porque entonces no hay cadena, no hay continuidad—y ésta como predicaron repetidamente Xénius y Ferrater Mora es una de las formas de la vida catalana.

Falta un dato más, que corrobora la hermandad espiritual entre pensadores catalanes a uno y otro lado del Atlántico. Me refiero a la teoría que equipara poesía con conocimiento, reivindicada por Carlos Barral el 15 de febrero de 1949, en la revista *Estilo* de Barcelona al decir que "poesía es un medio de conocimiento, la vía estricta de la contemplación" y con mayor amplitud en el ensayo "poesía no es comunicación" en el no. 23, p. 23–77, abril–junio de 1973, en la revista *Laye*. En el mismo año Jaime Gil de Biedma abunda en este criterio en el libro *Función de la poesía, función de la crítica* de Eliot, que traduce y en el artículo "Poesía y comunicación," en los *Cuadernos hispanoamericanos* de Madrid. Finalmente en el año 1958 Enrique Badosa se adhiere a este punto de vista en el artículo "Primero hablemos de Júpiter" en la revista *Papeles de Son Armadans.*

Es, en esencia, la misma teoría que propugnará en México otro catalán transterrado, Ramón Xirau, en su libro *Poesía y conocimiento,* donde se precisa

> ¿debe afirmarse que la poesía sea un modo de conocimiento? La respuesta ha de ser afirmativa.... El conocimiento poético es tanto conocimiento corporal como espiritual. Lo digo con Mounier: el hombre "no es alma ni es cuerpo; es totalmente alma y totalmente cuerpo" (*El personalismo*). No es otra la idea de persona. El poema es el vehículo que permite que las personas entren en contacto vital y espiritual. (Xirau 27–8)

La "ciudad de palabras" que habíamos ido levantando trabajosamente en nuestros poemas, implicó, pues, a la larga un conocimiento "vital y espiritual" que ayudó a nuestra convivencia, que podíamos, al cabo, extender, tanto al ámbito general, como al de Cataluña, al que me he ceñido, a cuantos quisieran compartirlo.

El hecho de limitarme a la poesía quisiera justificarlo con unas palabras de Triadú, que reivindica su uso diciendo:

Era el mismo hecho de vivir, de ser joven y de tener miedo a morir, y entonces, quizás más adentro, la forma de expresión absoluta. (Clemente 33)

Pero hubiera podido analizar igualmente el trabajo hecho por los novelistas, desde la *Nada* inicial de Carmen Laforet hasta la mágica ciudad de *La plaça del diamant*, pasando por el renacimiento de la ciudad en Manuel de Pedrolo, Ana María Matute, Juan y Luis Goytisolo, Juan Marsé, Eduardo Mendoza Varela, Manuel Vázquez Montalbán.

Al reducirnos a la poesía, además, acaso hayamos empezado a contestar aquella pregunta de Hölderlin, glosada por Heidegger sobre el papel de los poetas en un tiempo destituto.

Un tiempo, por otra parte, que nunca termina del todo porque justo cuando termino yo de hablar, va a hacerlo en Nueva York Dionisio Cañas sobre "El poeta y la ciudad (Nueva York y los escritores hispanos)." Los escritores hispanos en Estados Unidos—yo mismo he visto a los chicanos y a los neorriqueños como las aves del Fénice— están intentando construir un ámbito de convivencia, una ciudad en la que quepan todos. A ellos también podemos ofrecerles nuestra experiencia.

Syracuse University
Syracuse, New York

Notas

[1] La traducción de este poema y del resto del libro se puede encontrar en *Ciudad asediada*, del mismo autor.

[2] Esta "Oda" es el mejor ejemplo de bilingüismo de nuestra generación, porque el poeta la ha escrito en catalán y en castellano.

[3] *Rev. Segarra*, Cervera, 1950.

[4] *La Vanguardia*, 14 enero 1990, 50.

Obras citadas

Andrés Estellés, Vicent. *Les homilies d'Organyà: Obra completa.* València: Eliseu Climent, 1981.

Barral, Carlos. *Los años sin excusa.* Barcelona: Seix Barral, 1978.

Bartra, Agustí. *Ciutat i figures.*

Castellet, J. M. y J. Molas. *Ocho siglos de poesía catalana.* Tr. José Corredor Matheos.

Clemente, Juan Carlos. *Cataluña hoy.* Madrid: EMESA, 1970.

Costafreda, Alfonso. *Poesía completa.* Barcelona: Tusquets, 1990.

Duran, Manuel. *Ciutat i fugures.* México: Edic. Lletres Mèxic, 1952.

Ferran, Jaume. *Libro de Alfonso: La lira de Licario.* Madrid: Orígenes, 1983.

Ferrater, Gabriel. *Les dones i els dies.* Barcelona: Edicions 62, 1974.

Ferrater Mora, Josep. *Les formes de la vida catalana.* Barcelona: Selecta, 1960.

Gil de Biedma, Jaime. *Moralidades.* México: J. Mortiz, 1966.

Goytisolo, José Agustín. *Años decisivos en quienes encontramos.* Barcelona: Colliure Lit., 1961.

___. *Final de un adiós.* Barcelona: Lumen, 1984.

Palau i Fabre, Josep. *Teatre.* 1977.

Riera, Carme. *La Escuela de Barcelona.* Barcelona: Anagrama, 1988.

Rubió, Jordi. "Pròleg." *Antologia de la prosa catalana (De Ramon Llull a Josep Pla).* Ll. Nonell.

Solsona, Josep. *Antologia poetica.* Cervera: Bibl. de Cervera i la Segarra, 1985.

Xirau, Ramón. *Poesía y conocimiento.* México: J. Mortiz, 1978.

Pilar G. Suelto de Sáenz

DE TERESA A LIDIA:
ANVERSO Y REVERSO DE UNA MISMA MONEDA

José Ferrater Mora,[1] hace treinta años largos, se enfrentaba con el problema de qué fuera la esencia del ser catalán,[2] o por mejor decir, en qué consistía "la forma de la vida catalana," cuáles son sus virtudes, sus fuerzas (80).

Virtudes obvias para Ferrater son "la afición de los catalanes por el perfil y la figura," "la seguridad que los catalanes tienen de sí mismos," "su sensatez," (80–81) pero el filósofo se apresura a añadir que estas son formas, y como tales, son tipos ideales, tipos límites, por tanto formas que no suelen manifestarse en su pureza. Son más bien tendencias acentuadas. Al proponerse hacer un perfil de la vida catalana, formula cuatro formas de vida, o tendencias catalanas acentuadas, a saber: 1) la continuidad; 2) el *seny*; 3) la mesura; y 4) la ironía. Las cuatro están entrelazadas, para constituir una unidad, y así delimitar un modo particular de la vida humana (81–82).

Veamos brevemente cada uno de esos elementos. Empecemos por la continuidad. Basa Ferrater este punto en el hecho de que la existencia catalana ha estado y está influida por tres formas de vida colectiva: la hispánica, la europea, y la mediterránea; es decir, tres mundos que han gravitado sobre el vivir colectivo de los catalanes (80). Como ha observado Juan Fuster con respecto a los valencianos, no son "marginales," ni tampoco "centrales" (*Nosotros, los valencianos*). Esa continuidad, arraigada en el pasado de todos, es lo que d'Ors llamaría Santa Continuidad, con mayúscula, para sí poner de relieve la importancia y exaltación de la tradición.

Observa Ferrater Mora que la continuidad en la existencia individual y en la vida colectiva están basadas en el trabajo y la conciencia. El trabajo es fuente de respeto y de admiración, sobre todo si lo que se busca en él es no sólo el producto, sino su ejecución, la obra bien hecha, citando de nuevo un término orsiano. "Frente al producto por el producto, ...el estilo de producirlo." Frente al producir por producir, la obra producida. Así el trabajo llega a ser "un buen ejemplo de continuidad" (97).

Por lo que respecta al *seny* es un nombre sin traducción posible. Quizá lo más cercano sea "sensatez." Para Ferrater Mora es ésta una forma básica de la vida catalana, y nos atreveríamos a añadir, distintiva de la vida catalana. Su opuesto es la "rauxa," es decir, arrebato, arranque. *Seny* significa prudencia, moderación, un modo de conocimiento derivado de la experiencia de la vida. *Seny* es también cordura, buen tino, saber elegir con lucidez y dominio, basando la elección en la experiencia. *Seny* es aun discreción en la acción, sin apresuramiento pero también sin recelo. Ferrater Mora hace unas distinciones entre *seny* y sentido común. Este, el sentido común, impide la originalidad, tiende a la eliminación de los ideales, a rebajar la experiencia personal. Por el contrario el *seny* es algo personal, constantemente revivido (102–107).

Con frecuencia se llama *seny* a la fusión de inteligencia (razonamiento) y experiencia (pragmatismo). De ahí deriva su propensión a lo externo, a lo corpóreo, a la figura, al dar forma plástica y material, de ahí su cultivo exitoso de las artes plásticas en las que sobresale Cataluña. *Seny* no es ni entusiasmo gratuito, ni indiferencia desdeñosa; ni puro razonamiento ni mera experiencia. Es: firmeza de espíritu sin terquedad; es ilusión sin engaño; es por encima de todo "un modo de ser" (116).

El tercer elemento a considerar, la mesura, es ya más difícil de definir. Para empezar es difícil de distinguir del *seny*. Para salvar el escollo el filósofo Ferrater Mora llama a la mesura "una tendencia a los límites, al perfil, a la figura, a todo lo que sea medido y abarcado" (119). Esa tendencia, al limitar, admite y excluye, es por tanto dialéctica (120). Esa tendencia es observable en la predilección por las cosas concretas, por lo que es palpable, visible. Abstracción, sí pero con mesura. Es significativa la propensión a las artes plásticas (pintura, escultura, arquitectura). La mesura es discernible en los artistas catalanes, donde el puro esteticismo es templado por la habilidad del artesano, de la obra bien hecha: bajo los rasgos de la pintura, se encuentra la técnica del dibujo, la técnica artesana.

Finalmente la ironía, es decir, "una manera de hacer patente algo sin exhibirlo directamente," patrimonio atribuible a los catalanes, fue definida por D'Ors como "la creencia a medias," aplicada en el caso orsiano al modo en que los griegos creían en sus dioses, que no era creer y no creer, sino creer con mesura. La ironía catalana se propone transformar, pero sin violencia. Aspira a ser moderada por la mesura, se reconoce por la propensión a un vivir fundado en la experiencia. En resumen, la ironía, la mesura, el *seny*, la continuidad, son parte integrante del ser catalán, y unidas constituyen "una forma de existir empeñada en perdurar" (141).

Nos ha parecido pertinente este largo preámbulo para tratar de dilucidar qué sea la esencia del ser catalán al enfrentarnos con la obra de Eugenio d'Ors en los dos extremos de su novelística: *La Ben Plantada*, obra de juventud, escrita en catalán, en pleno fervor novecentista, y *La verdadera historia de Lidia de Cadaqués*, escrita en castellano, y publicada póstumamente. Ambas, en conjunto, ilustran la simbiosis catalán/castellano así como la bipolaridad clasicismo/barroco en la obra orsiana. Ambas son también, tanto la novecentista Teresa como la telúrica Lidia, encarnación de la interpretación orsiana del ser catalán.

La *Ben Plantada* representa el numen o inspiración y prototipo del ser catalán, de Cataluña. Hay en esa figura femenina proporción, mesura, clasicismo, pero todo ello templado por "*seny.*" La heroína, Teresa, tiene un nombre castellano, pero a su vez está dotada de limpidez mediterránea, de perfil clásico, de sentido común. Los ideales clásicos reflejados en *La Ben Plantada* abocan a un barroquismo final en la aparición fantasmal[3] de Teresa a Xenius en los jardines de la Villa de Este (Tivoli), su subsiguiente ascensión a los cielos[4] y su desaparición para perpetuarse en brillante estrella, de nombre la Bien Plantada.

Nando, el pescador, hombre de pueblo—no como la ciudadana Teresa—conservador da la Raza, obediente a sus designios, que encarna la continuidad y es "lección de callada energía, del trabajo cotidiano y humilde" (112) para el fatigado Xenius del epílogo en *La Ben Plantada*, reaparece en la ultrabarroca *La verdadera historia de Lidia de Cadaqués* cuya narración ampulosa y farragosa vuelve a situarse en el escenario mediterráneo, catalán, el Cadaqués de los años de juventud del escritor Xenius.

Estas dos novelas, primera y última en la narrativa orsiana, ilustran el universo amplio de dualidades en que se mueve la figura de Xenius: la catalanidad y el castellano; clasicismo y barroco; Pan y Logos; pensamiento y naturaleza. Dualidad hay en el nombre de la Bien Plantada, joven catalana, llamada Teresa, de nombre tan castellano como el de la andariega Teresa de Cepeda, Teresa de Jesús, epítome del espíritu místico y austero de Castilla.

Ya la constitución física de Teresa, la Bien Plantada, contiene indicios de la mesura del ser catalán. Teresa tiene proporciones clásicas con templanzas helénicas. La frialdad del canon clásico está moderada por pequeñas desproporciones que dan gracia y vigor a la figura: el pie no demasiado pequeño, la mano algo ancha y un poco basta, la pequeñez de la cabeza suavizada por abundante cabellera que está peinada metódicamente. Su porte es de armonía clásica; su mirar astronómico, de estrella; su andar musical, de gracia helénica. Paralelamente a las dotes físicas, en el carácter de la Bien Plantada hay "equilibrio, templanza, medida," por ello su presencia resulta en "concordia, benigna avenencia" (43).

La figura de Teresa tiene una significación determinada: es "una lección de catalanidad eterna, de tradición, de patriotismo mediterráneo, de espíritu clásico" (73). Su carácter simbólico queda de manifiesto en su apodo de Bien Plantada, porque es como un árbol bien plantado, que tiene profundas y sanas raíces en la tierra—el pasado, la tradición— donde "bebe la savia de todos los muertos de su Raza... y de su cultura." Pero a su vez extiende las ramas al cielo y en ellas florece y fructifica en nueva cultura, a través de sus frutos, abocada al futuro (73–74). La Bien Plantada es saludable, como con mesura, gusta del dormir o el soñar moderado, es callada, impasible, tan equilibrada que podría juzgarse indiferente (85–87), es un modelo de normalidad y mesura.

Con *La Ben Plantada* Xenius se ha propuesto crear "un ensayo teórico sobre la filosofía de la catalanidad" (94), de cuya formulación se reconoce autor, conocedor de su esencia y de su perfume, además de ser su difusor y poseedor de su movimiento y de su coordinación (106). En reconocimiento de su contribución, Xenius es proclamado mentor del novecentismo por la equilibrada Teresa (109). El espíritu de normalidad y mesura que pervade en *La Ben Plantada* parece quedar quebrado por una irrupción onírica que asalta a Xenius, y una ascensión nada equilibra-da de la mesurada Teresa los cielos, precedida de presagios poco imbuidos de "*seny*," tales como la aparición de astros con cola en el cielo, y el vuelo de una bandada de negros cuervos, la presencia de una cabra loca, y hasta el paso vertiginoso de José Pijoán, montado en bicicleta, en carrera veloz hacia el ferrocarril.

Si Teresa, la Bien Plantada, pierde gravidez en su subida al cielo entre el verdor de los Jardines de la Villa de Este y la musicalidad de las aguas que corren por sus fuentes—no en balde son las inmediaciones de Roma, no Roma misma—el equilibrio y la mesura se restauran en el epílogo con la presencia de Nando, personaje hasta entonces no encontrado en el texto, que transporta al enajenado Xenius por el mediterráneo mar de las costas catalanas. Nando, el pescador bravo, hombre del pueblo, puro, de cuerpo áspero, trabajador silencioso y esforzado, es el mismo pescador cadaqués, consorte de la Lidia que encontramos en la última narración orsiana. Nando es símbolo de continuidad, callada energía, trabajo cotidiano y humilde. Si Teresa es digna de ser comparada a una "esplendorosa basílica," Nando por contraste es semejante a una "pequeña ermita marinera" (111–112), tan conservador de la Raza—la catalanidad—como la arquetípica Bien Plantada.

Cuarenta años más tarde encontramos de nuevo a Nando, el pescador silencioso, taciturno, casi siempre ausente del hogar, en su dedicación a las faenas del mar, apodado y conocido por las gentes como el Lidio en *La verdadera historia de Lidia de Cadaqués*. En esta curiosa narración podemos distinguir dos niveles: historia y ficción. Hechos que pertenecen a la historia son la visita de d'Ors, hacia 1904, al pequeño pueblo de Cadaqués durante unas vacaciones estivales en compañía de su amigo Jacinto Grau. En aquella ocasión ambos amigos se hospedaron en casa de una pescadora, de nombre Lidia, casada con un pescador llamado Nando, madre de Honori y Benvingut, y vecina del pescador Ulissi. En la narración los personajes ficticios aparecen con ligeras alteraciones. Lidia vive con Nando, su marido, y sus dos hijos se llaman Honorio y Ulises. También es hecho histórico el reencuentro de d'Ors con Lidia en Castelló d'Empúries en septiembre de 1922, donde d'Ors había ido para presidir los IV Juegos Florales del Ampurdán, donde, a continuación, participó en una excursión a San Pedro de Rodas, como complemento de las festividades (Sáenz 51).

Con respecto al nivel de ficción, deberemos distinguir entre la anécdota de la narración y el mito o significación de lo narrado. La anécdota, como es bien sabido, es muy sencilla. Lidia, que en su día fue la envidia de las vecinas de Cadaqués, pierde su marido, su negocio próspero de pesquería, su casa y eventualmente sus hijos, que la abandonan. Refugiada en una cueva, pierde el juicio y termina sus días en un asilo/manicomio de los Pirineos. Pero Lidia no es una simple pescadora. Es, en cierto modo una figura quijotesca, en busca de la justicia, defensora de los indefensos cuyo libro de caballerías personal es *La Ben Plantada*. Al enloquecer, abandona sus bienes y se convierte en una bruja, una Sibila que retornará a la cordura en el asilo, donde su biblioteca, consistente en *La Ben Plantada*, arde y desaparece en las llamas poco antes de su muerte.

Pero Lidia, por encima de todo es un mito, una figura sibilina. De hecho es la Sibila catalana, el Numen de Cadaqués, la contrafigura de Teresa, la Bien Plantada, de la que es complemento. Si Teresa era capaz de producir buenos frutos en sus ramas, porque tenía buenas raíces, Lidia por su parte es telúrica, y sus raíces profundizan en la oscura región de los orígenes. Si Teresa ascendió en el firmamento de Roma para convertirse en estrella, Lidia desciende a las profundidades de su tierra natal hasta alcanzar las cavernas telúricas de las Ideas-Madres, y de la República Universal de las Matrices (156–57). Así llega a ser Numen telúrico.

La verdadera historia de Lidia de Cadaqués es una versión simbólica de lo ocurrido a d'Ors en su nativa Cataluña y su deseo de aclarar lo que a su juicio fueron malentendidos en aquella lamentable situación. La narración alude a las empresas literarias de los años jóvenes de d'Ors y sus primeras experiencias amargas, confiadas a Lidia, comenzando con las burlas de los periódicos satíricos hasta terminar con la reprobación oficial después de la cesación en los cargos públicos de la Mancomunidad. Pero Cataluña fue siempre para d'Ors su patria a la que nunca había renunciado. Ese sentimiento se hace patente en la escena final donde Lidia se encuentra de nuevo con Xenius y se dirige a él, llamándola "Fill meu!." En un texto de más de doscientas páginas escritas en castellano, estas dos palabras, de alta significación afectiva, son las únicas en lengua catalana. De esta manera queda patente su vínculo con la región nativa e implícitamente también su deseo de reconciliación y de reintegración a ella.[5]

De hecho, las estancias veraniegas de d'Ors, cada vez más prolongadas en la Ermita de San Cristóbal de Villanova i Geltrú, son un reconocimiento patente de ese acercamiento. Y es precisamente en su nativa Cataluña donde muere, en su casa de Villanova i Geltrú y donde dispone se lo lleve a descansar definitivamente en el pequeño cementerio de Villafranca del Penedés.

Las dos figuras de Teresa y Lidia, unitarias en su catalanidad, encarnan el periplo orsiano, en que, partiendo de la clásica Teresa cuyo clasicismo está templado por el *seny* y la proporción no rígidamente canónica, concluimos el periplo en la altamente barroca Lidia, encarnada ruptura del canon, exenta de belleza, de desproporcionada figura y deforme dentadura, llevada de la exaltación, sujeta a experiencias oníricas y finalmente víctima de la enajenación. Una vez más, en Teresa y Lidia, vemos cumplida la dualidad tantas veces encontrada en el sistema orsiano, dentro siempre de un deseo de unidad y de universalidad, donde caben lo clásico y lo barroco, cúpula y monarquía, las ideas y las formas, Roma y Bable, Pan y Logos, la *Ewigbebliche*, las formas que pesan y las formas que vuelan, la tradición y el plagio.

En suma, *La Ben Plantada* y *La verdadera historia de Lidia de Cadaqués* vienen a ser el *alfa* y *omega* del sentir orsiano expreso en su novelística donde, como en su sistema de pensamiento, aparece la polaridad maniquea que incluso se refleja en la dualidad lingüística catalán/castellano en que se conciben respectivamente las dos novelas bajo consideración aquí, primera y última en la narrativa orsiana.

The George Washington University
Washington, D.C.

Notas

[1] Ferrater Mora publicó *Les formes de la vida catalana* (Santiago de Chile: Ediciones A.P.C.) y su versión castellana *Las formas de la vida catalana* en 1944. La única diferencia entre ellas era la omisión de un "Prefaci per a catalans" en la edición en castellano. Una segunda edición aumentada, bajo el mismo título de *Les formes de la vida catalana* se publicó en 1956 (Barcelona, Selecta), segunda de una tercera edición en 1960 de la misma casa editorial. Su versión final está incluida en *Tres mundos: Cataluña, España, Europa* (Barcelona: EDHASA, 1963) y en sus *Obras selectas*, Vol I (Madrid: Rev. de Occidente, 1967).

[2] Afirma Ferrater Mora que su visión de la vida catalana puede considerarse complementaria a la de Vicens Vives en *Nosotros, los catalanes* y a la de Joan Fuster en *Nosotros, los valencianos*. Aunque el trabajo de Ferrater Mora precede cronológicamente a los de Vicens Vives y Joan Fuster, el filósofo Ferrater reconoce en los tres una conciencia de generación (*Tres mundos: Cataluña, España, Europa*, 80–81.)

[3] Para Enric Jardí todo el episodio de los jardines de la Villa de Este es una falla, que perjudica el conjunto de la obra, haciéndola caer en el ridículo (*Eugeni d'Ors*, 125).

[4] Por el contrario, Luis F. González-Cruz considera que, si bien el capítulo "La asunción de la Bien Plantada" podría resultar abrupto con relación a la totalidad del texto, sin embargo es meritorio por su didactismo y espiritualidad, llegando a comparar a la Bien Plantada con la Figura de la Virgen María en esa ascensión (40–42).

[5] Enric Jardí en *Tres diguem-ne desarrelats* señala cómo d'Ors busca aproximarse a Cataluña por medio de la colaboración periodística en Barcelona—aunque en castellano—poco antes de la guerra civil en *La Vanguardia*, y después de 1939 en *Destino, Revista*, y nuevamente en *La Vanguardia*. Así mismo contribuye a la vida cultural de la Barcelona de posguerra en varias ocasiones. A saber: en 1943 participa en la inauguración del Instituto del Teatro; en 1946 y 1947 da conferencias en el Ateneo sobre "El secreto de la filosofía" y sobre "Fenomenología de los libros de caballería"; en 1949 participa en el acto conmemorativo a Adrià Gual celebrado en el Saló de Cent; en 1950 nuevamente da conferencias en el Ateneo sobre "Historia de la cultura" y "Arquitectura y jardinería." A su vez Cataluña va a dar reconocimiento a d'Ors en 1953, otorgándole la Medalla de Oro de la Ciudad de Barcelona al Mérito Científico, de manos del Alcalde Simarro (109–111).

Obras citadas

Ferrater Mora, José. *Tres mundos: Cataluña, España, Europa*. Barcelona: EDHASA, 1963.

González-Cruz, Luis F. *Fervor del método: El universo creador de Eugenio d'Ors*. Madrid: Orígenes, 1988.

Jardí, Enric. *Eugeni d'Ors*. Barcelona: Aymá, 1967.

____. *Tres diguem-ne desarrelats*. Barcelona: Selecta, 1966.

Ors, Eugenio d'. *La Bien Plantada*. Barcelona: Exito, 1954.

____. *La verdadera historia de Lidia de Cadaqués*. Barcelona: Janés, 1954.

Sáenz, Pilar. *The Life and Works of Eugenio D'Ors*. Michigan: Intern. Book Pub., 1983.

María Concepción Bados-Ciria

BARCELONA EN LA NOVELA DETECTIVE
DE DOS AUTORES CATALANES

En el año 1975 se publica *Tatuaje*, una obra considerada como la feliz iniciadora del "boom" de la novela detective en España. Según Juan Paredes, este fenómeno tiene sus raíces en la realidad política y social que converge en el período de la transición de la dictadura al socialismo en el Estado Español.[1] El género policiaco, aceptado incondicionalmente por un público masivo, surge como una alternativa a la literatura militante de la posguerra ya que aborda la denuncia social y política, pero de forma más accesible y lúdica para el lector.

Manuel Vázquez Montalbán afirma que la novela policiaca española "ha utilizado el desguace de los modelos de la novela detective americana para revivificar la verosimilitud, la credibilidad de una posible novela aplicada a la descripción de la realidad," sugiriendo, además, la inexistencia de una novela propiamente policiaca en este país (58). Sin embargo, sí destaca el hecho de que se presente como un género eminentemente urbano y de que inscriba espacios geográficos reconocibles. De este modo, se le propone al lector un discurso verosímil, cumpliendo el contrato mimético que le permite recorrer en el texto un mundo familiar y a su alcance. Además, posibilita una reflexión político-ideológica sobre la realidad social de los espacios representados y, por último, genera una poética de la ciudad. En este ensayo me propongo analizar la función poético-ideológica del espacio barcelonés textualizado en *Tatuaje*, de

Manuel Vázquez Montalbán y de *Estudio en lila*, de la mallorquina María
Antonia Oliver. La estructura de las dos novelas se conforma a la de sus
homólogas policiacas o detectivescas. Se constata un hecho criminal,
doble en *Estudio en lila*: una adolescente huye de la casa paterna en
Mallorca y se refugia en Barcelona, y una mujer pretende haber sido
estafada por tres hombres en la misma ciudad. En *Tatuaje*, un hombre
rubio y joven es encontrado muerto en el Mediterráneo. El escenario
espacial a través del cual se llevan a cabo las investigaciones, los
encuentros que permitirán el esclarecimiento de los hechos y su definitiva
solución es la ciudad de Barcelona y sus alrededores.

En *Tatuaje*, es la voz de un narrador omnisciente la que interpreta las
sensaciones del detective Pepe Carvalho respecto a Barcelona. En *Estudio
en lila*, es la propia voz de la detectiva, Lonia Guiu, la que emite sus
subjetivas impresiones acerca de un territorio elegido para vivir y llevar
a cabo su trabajo. Los dos detectives recorren la ciudad en todas las
direcciones posibles, en su condición de sujetos-usuarios de un espacio
que se les ofrece como texto-objeto-mensaje abierto a la apropiación e
interpretación.

En *La poétique de l'espace*, Gaston Bachelard se refiere al "espacio
hostil" frente al "espacio favorable" como variantes que permiten una
aproximación negativa o positiva de los sujetos enunciantes respecto de
su territorio (17). En esa misma línea se afirma A. J. Greimas, quien en
Sémiotique et sciences sociales, propone dos categorías: disforia versus
euforia y las aplica a dos tipos de discurso de parte del individuo-usuario
que interpreta su espacio (137). Estos responderían a tres isotopías: la
estética, la política y la racional (232).[2] De acuerdo a estos paradigmas,
el lector descubre desde el primer momento que Barcelona es textualizada
disfóricamente en *Estudio en lila* mientras que el discurso eufórico y la
inscripción de una ciudad repleta de espacios amenos es constante en
Tatuaje. Entre éstos, destaca el Mercado de la Boquería, lugar donde el

narrador presenta a Carvalho como un individuo maduro, de cierto poder adquisitivo, asegurando que: "pasear morosamente entre los puestos era una de las escasas juergas que permitía a su espíritu cada vez que abandonaba los barrios de Charo para volver a su madriguera, en las laderas del monte que preside la ciudad" (17).

Carvalho se mueve como pez en el agua en los distintos espacios barceloneses. Es asiduo del barrio chino donde vive y trabaja su novia prostituta; frecuenta la calle de la Cadena donde vive su cliente; en la zona baja se reúne a menudo con su confidente el Bromuro. En sus recorridos, Carvalho percibe la ciudad amorosamente. Dice el narrador:

> Le gustaba dejar el coche al comienzo de las Ramblas, para poder recorrerlas hacia abajo, hacia el territorio de Charo. Bajo los plátanos, Carvalho andaba con descuido, parándose aquí y allá, dejándose atraer por los más imprevistos reclamos... se metió por los soportales de la Plaza Real y el ochocentismo de las cosas le traspasó una impresión de quietud y armonía. (26)

El lector se asimila al discurso eufórico del narrador mientras sigue el deambular del detective por espacios que le son familiares y reconocibles. Cuando Carvalho pasea por el barrio Gótico la historia de la ciudad se inscribe en su imaginación, aunque es, de nuevo en el paseo de las Ramblas, donde el detective se identifica definitivamente con Barcelona: "Carvalho amaba aquel paseo como amaba su vida, porque le parecía insustituible" (153). No hay ninguna alusión a la isotopía térmica, ni al exceso de tráfico tan frecuentes en *Estudio en lila*. La interpretación de Barcelona como espacio favorable y dichoso sugiere una dependencia del detective respecto a esta ciudad. A su regreso de Amsterdam, lugar adonde lo han llevado sus investigaciones, el narrador afirma:

> El coche era el primer ser próximo que recuperaba y se sorprendió ante una cierta capacidad de ternura por aquella máquina. ... El

paisaje volvía a pegársele al cuerpo como una vestimenta habitual, hasta el punto de integrarle en las coordenadas de siempre. (118)

En una ocasión, sin embargo, Carvalho interpreta el espacio en términos hostiles. Después de haber paseado por las estrechas calles que circundan la iglesia de Santa María del Mar, y de haber tomado un caldo en un restaurante gallego situado frente a ésta, el narrador asegura que el detective

> Buscó la salida hacia Vía Layetana. Al pasar ante la Jefatura Superior de Policía lanzó la acostumbrada mirada preventiva que jamás había tratado de autojustificarse: se sentía incómodo en aquella zona y la pasaba con las zancadas aceleradas, como si de pronto el cerebro le dictase una urgencia. (152)

Sin duda, este espacio es asociado por Carvalho con un pasado que quiere olvidar. Recordemos que se autodefine como "un ex poli, un ex marxista y un gourmet" (146). Con un lenguaje propio, el narrador interpreta el espacio en el que el detective se inserta como individuo. Su discurso eufórico o disfórico emana desde su posición de sujeto portador de una ideología que le impulsa a expresar, como sujeto-usuario del mismo, tanto las complacencias como las frustraciones de un territorio capacitado para la interpretación.

Es obvio que se produce una búsqueda de identidad de parte del individuo en relación al territorio-objeto de su deseo. En este sentido, Barcelona cumple las expectativas de Carvalho. No sucede lo mismo en *Estudio en lila*, donde la ciudad es textualizada en términos desfavorables y adversos por Lonia Guiu. Incluso su apartamento, situado en el Guinardó, es percibido hostilmente: "Comencé a buscar por toda la casa... por todas partes encontraba ojos que me vigilaban, que me acusaban" (17). Del mismo modo, su despacho es enunciado en términos discordantes: "Cinco años que se habían podrido miserablemente entre aquellas paredes, ahora llenas de garabatos de lápices de labios" (104). La capital catalana es inscrita por Lonia como espacio agobiante, incapaz de satisfacer sus necesidades. Con la constante inscripción de la isotopía térmica, Barcelona se textualiza como espacio caótico y asfixiante:

> Llegué hasta Santa Mónica, pero allí el bochorno y los empujones eran los mismos que Rambla arriba. ... me juré a mí misma que nunca más volvería a bajar al centro en un domingo en verano. (130)

Análoga interpretación contraproducente del espacio es emitida por la detectiva al salir de la casa de su clienta en el barrio Gótico. A pesar de la denotación positiva del topónimo Plaza de la Catedral, que connota historia, tradición, belleza y armonía, las isotopías de lo feo, lo disfuncional y lo hostil provocan un discurso disfórico:

> Por aquella zona también el aire circulaba poco. Calles estrechas, sin aceras, afortunadamente sin coches... La Plaza de la Catedral estaba llena de autocares y el tráfico formaba embotellamientos. (64)

La dialéctica favorable-hostil aplicada al espacio de las novelas conduce al lector por un territorio legible. La ciudad, en tanto que lugar humano, instaura en su cuerpo recorridos fáciles, orientados, señalados para que el lector pueda seguir los pasos del emisor. De ahí el predominio de los espacios públicos sobre los privados. Su inscripción en el texto, por medio de los topónimos respectivos, "permite un anclaje histórico cuya finalidad es constituir el simulacro de un referente externo y producir el efecto de realidad" (Greimas 413). Además, y puesto que estamos ante un texto literario, el espacio cumple una función poética en ambas novelas; es el punto de encuentro entre el cliente y el detective, o entre éste y sus enlaces e informadores, y de ahí la inscripción de numerosos bares y restaurantes barceloneses destinados a tal función, además de la de posibilitar una lectura del suelo urbano. En su primera entrevista, Carvalho y Teresa Marsé se reúnen en Boccaccio, en la calle Muntaner (125); seguidamente van a tomar café al Oxford; en su segunda cita comen en Quo Vadis (147); durante su estancia en Caldetas, acuden al chiringuito de la playa (164). El narrador se recrea en la interpretación de estos lugares, añadiéndoles ciertas connotaciones de carácter ideológico. Tal es el caso del encuentro entre el detective y el profesor de historia en el mítico bar El Pastís (173), lugar de cita obligatoria para todo el que se considerara de izquierdas en los años setenta. En otra ocasión, Carvalho cita a Charo y a la Andaluza en un mesón de Sant Cugat y este espacio le sirve al narrador para expresar la opinión del detective respecto a un insurgente nacionalismo culinario catalán:

...pan con tomate, judías con butifarra, carne a la brasa, conejo con all-i-oli. En el plazo de los últimos diez años habían surgido en Cataluña más de diez mil establecimientos con la pretensión de abastecer al cliente de estas maravillas de la simplificada cocina rural catalana. (133)

En semiótica, la textualización es la operación que asocia el plano de la expresión y el plano del contenido. Barcelona es textualizada por medio de la inscripción en la página de determinados signos cargados de connotación en relación con ciertos topónimos. La connotación agrega matices, huellas de actitudes, expectativas, indicios afectivos y hasta posiciones críticas. Son éstos los que subjetivizan el texto-mensaje y, al rebasar la denotación, lo convierten en ideológico. Como resultado, la reflexión y la crítica sociales se inscriben a través de unos espacios que corroboran la verosimilitud de la acción y la realidad cotidiana.

La ironía es el recurso empleado por el narrador de *Tatuaje* a la hora de marcar connotativamente algunos espacios polémicos. Cuando Carvalho se reúne con Teresa Marsé en la boutique de la calle Ganduxer, el narrador afirma:

La tienda se llamaba Trip... cumplía su cometido de disfrazar a un determinado tanto por ciento de burguesía femenina del barrio... Cuando menos, Trip conseguía colocar a la burguesía de la ciudad al nivel de disfraz de la de Estrasburgo y a poca, muy poca distancia, del nivel de disfraz de París, Londres o San Francisco. (124)

Carvalho pertenece al grupo de los "desencantados," de los que ya no tienen nada por lo que luchar, de ahí que se permita la ironía. Por el contrario, el discurso disfórico de Lonia Guiu es intencionadamente directo y acusador. Su lenguaje es catalizador de conflictos sociales, puesto que la emisora es un sujeto marcado por el sexo y la clase social. Lonia alude a las diferencias de temperatura y de densidad existentes entre las conocidas como "zona alta" y "zona baja" de Barcelona. La primera es vivida como espacio hostil por la detectiva:

Aquellas calles tan tranquilas de la parte alta me ponían nerviosa: ... ni un coche en las aceras que pudiera disimular la presencia del mío, ni un alma por las calles salvo alguna criada en uniforme. (17)

Por otro lado, a su paso por las angostas calles de la zona baja—calle del Poniente, del León, de la Paloma—la enunciación del espacio en términos adversos se presenta decididamente atenuada por el tono solidario con el que Lonia se refiere a las mujeres que circulan y habitan en aquella zona:

El cabello mal teñido de las peponas gordas resultaba patético a la luz del día, pero la cesta de la compra las convertía en menestralas atareadas que la noche anterior no les había dado tiempo ni de quitarse el maquillaje, rendidas como estaban por las faenas de la casa y por soportar a los hijos todo el santo día. (28)

Si bien la isotopía culinaria es común a las dos novelas, los discursos que la inscriben son opuestos. Si Carvalho frecuenta locales exquisitos,

Lonia acude a los restaurantes vegetarianos más conocidos de Barcelona en los años ochenta, los de las calles Pinto Fortuny y Portaferrissa. También va a cenar a la escollera, invitada por su amigo policía, momento en el que la detectiva inscribe una subjetividad femenina decididamente contraria a la del individuo que pretende conseguir sus favores por haberla invitado: "Me llevó a cenar a la escollera. Olía insorportablemente a refritos... si creía poder ligarme en aquel lugar estaba apañado" (159).

El discurso disfórico de la detectiva es, sin duda, eco del homólogo feminista que pugnaba por ser reconocido en el contexto social y político que refiere la novela, ya que el tema de la violación planea constantemente sobre la Barcelona de *Estudio en lila*. El lector descubre que Elena Gaudí ha sido violada por tres hombres en un espacio que es el símbolo político y cultural de la ciudad: "Vi que subían a un coche verde metalizado que estaba aparcado en la Plaza de San Jaime" (179). Los violadores pertenecen a la clase social adinerada. Así lo manifiesta Luis Arquer en su último encuentro con Lonia: "No puedo creer que tres peces gordos como éstos se dedicaran a violar señoras de cuarenta años por los portales oscuros de Barcelona" (190). De modo que la Plaza de San Jaime, corazón y centro institcional de la ciudad, es inscrita como el espacio de la violación femenina e interpretada por Lonia, como degradada y carente de cualquier valor. Frente a este espacio, cerrado y agresor, aparecen los múltiples espacios abiertos de las vallas y paredes denunciantes en las que se lee la consigna: "contra violación, castración," una de las más audaces, entre las emitidas durante la época de la transición, en el espacio barcelonés.

Tatuaje y *Estudio en lila* textualizan dos interpretaciones divergentes del espacio barcelonés de parte de dos detectives, uno masculino y otro femenino. Sin duda, la diferencia de género sexual de éstos tiene mucho que ver con sus contrarias percepciones de la ciudad. Mientras que

Carvalho parece haber encontrado un espacio que le aporta una identidad, Lonia Guiu sigue experimentando factores perturbadores y agresores que imposibilitan su inserción en el mismo. De cualquier modo, el lector ha recorrido el espacio barcelonés acompañando en sus investigaciones a los detectives protagonistas. Barcelona se le ha ofrecido como espacio legible gracias a su capacidad para inscribir textos múltiples—poéticos, genéricos, sociológicos, políticos, culturales e ideológicos. Ambas novelas comparten una metodología textual, que como siempre que se refiere a una obra literaria, encuentra implicaciones en el contexto social en el que se produce. Tanto *Tatuaje* como *Estudio en lila*, inscriben en sus textos la contestación de ciertos valores culturales y se manifiestan, en definitiva, partidarias de transformaciones sociales. La escritura nunca es neutral, siempre es cómplice, y tanto Vázquez Montalbán como María Antonia Oliver se identifican con Maurice Blanchot cuando propone "l'énorme responsabilité" inherente al quehacer literario, el cual incluye al lector-destinatario implícito en el mismo (viii).

The University of Washington
Seattle

Notas

[1] En "La novela policiaca en España" Juan Paredes afirma que se dan es este país, en los años setenta, ciertas condiciones políticas y sociales que posibilitan este tipo de literatura. Según Paredes: "El capitalismo, tardío y concreto a zonas concretas, aparece en su forma plena, y en los grandes centros urbanos surgen los fenómenos propios de la ciudad capitalista, como la soledad, la violencia y la explotación" (11).

[2] En *Semiótica: Diccionario razonado de semiótica*, Greimas define la isotopía como la iteratividad o recurrencia de unidades lingüísticas que pertenecen, ya sea al plano de la expresión ya sea al plano del contenido en un texto.

Obras citadas

Bachelard, Gaston. *La poétique de l'espace.* París: Presses Universitaires, 1987.

Blanchot, Maurice. *L'entretien infini.* París: Gallimard, 1969.

Greimas, A. J. *Semiótica: Diccionario razonado de semiótica.* Madrid: Gredos, 1982.

___. *Sémiotique et sciences sociales.* París: Editions du Seuil, 1976.

Oliver, María Antonia. *Estudio en lila.* Barcelona: Vidorama, 1989.

Paredes, Juan. "La novela policiaca en España." *La novela policiaca española.* Granada: Univ. de Granada, 1989.

Vázquez Montalbán, Manuel. *Tatuaje.* Barcelona: Planeta, 1975.

___. "Sobre la inexistencia de la novela policiaca en España." *La novela policiaca española.* Granada: Univ. de Granada, 1989.

David J. Viera

IGNACI RIBERA I ROVIRA
AND PORTUGUESE POETRY

In his book *Dos pobles ibèrics*, Fèlix Cucurull remarked: "Fins ara, a Catalunya només hi ha hagut un lusòfil... només Ignaci Ribera i Rovira va emprendre la tasca de divulgar a Catalunya la cultura portuguesa en tots els aspects" (71).

For most of his life, Ribera i Rovira maintained an interest in Portugal, an interest that reached its peak between 1901 and 1913, when he was in his twenties and early thirties.

This study focuses on Ribera i Rovira's treatment of Portuguese poetry, especially poetry written between 1850 and 1910. The period encompasses the end of Romanticism as well as Realism, which includes Parnassianism and Naturalism. It concentrates on his impressions of three of his contemporaries: Antero de Quental, João de Deus, and Abílio Manuel Guerra Junqueiro, and it compares Ribera i Rovira's evaluation of these three poets with more recent evaluations by critics.

Twenty years after his birth in Castellbell i el Vilar (1880), Ribera i Rovira moved with his family to Tomar, Portugal, where his father operated a textile mill. Having received a law degree in Barcelona, Ribera i Rovira became interested in the political life of Portugal during the first decade of this century, which culminated in the assassination of the Portuguese king and his heir (1908) and in the establishment of a Republic in Portugal (1910).

During the years 1901 to 1913, Ribera i Rovira entered wholehear-
tedly into the intellectual life of Portugal, writing books and articles and
presenting papers before academics, institutes, and learned societies in
Portugal and Catalonia. While only in his twenties, he wrote profusely
about Protuguese art, law, government, history, geography science,
economics, philosophy education, and the relationship of Portugal with
other historic divisions of the Iberian Peninsula. On Portuguese literature
he wrote about major works, such as the *Lusiadas*—a book on Portuguese
short stories, chapters of books on the Portuguese novel, theater,
philology, and oratory. He also translated Portuguese works into Catalan
and Spanish, especially plays by Júlio Dantas, Júlio Dinis, and Raul
Brandão. These translations appeared, however, at a slightly later period,
between 1909 and 1923.

The quantity and quality of Ribera i Rovira's works on Portuguese
literature published before 1914, suggest that his main interest was
poetry, especially the Portuguese poetry of his time. He produced two
anthologies, a volume *Poesia i prosa* (1905) and *Atlàntiques* (1913). The
first anthology contains a preface by Joan Maragall, original Catalan
poems by Ribera i Rovira, and verse by Portuguese poets translated into
Catalan, while the second consists of verse by nineteenth-century
Portuguese poets translated into Catalan.

Often Ribera i Rovira insisted that Portuguese and Catalan verse
had a central theme: "l'anyorament." Having come under the influence of
his friend and Portuguese poet, Joaquim Teixeira de Pascoais (1877-
1952), "el poeta del saudisme," (*Atlàntiques* 15) he became convinced
that "saudade" and "anyorament" were essential and recurring themes in
these two literatures: "La *saudade*, o l'*anyorament*, és la personalitat
eterna de la raça; la fisionomia característica, el cos original amb el qual
ella ha d'apareixer entre els altres pobles. Es l'eterna Renaixença no
realitzada per l'artifici de les Arts com va succeir a Itàlia, sinó viscuda,

de dia en dia, d'ora en ora, per l'instint emotiu d'un poble" (*Portugal literari* 78). However, Teixeira de Pascoais' concept of saudismo developed out of pantheistic mysticism and became an ethnic intuition, spiritual in essence, toward which humanity became further inclined throughout its evolution (Saraiva 1071–72). When applied to Catalonia as, "una nova Religió," "la filosofia, la religió, l'amor, la poesia, la política, el patriotisme, l'art del poble de Catalunya," (*Atlàntiques* 29, 31), in brief, the essence of the Catalan spirit, it falls short of the concept Teixeira de Pascoais had in mind (Cucurull 76–77).

Ribera i Rovira's preference for nineteenth-century Portuguese poetry had other motives besides the renovation of *saudade*, a traditional Portuguese theme in its lyrics. He praised the Realist movement in poetry: "l'actual brillant novíssima generació poética... constitueix un cas d'excelsitut únic en l'istoria [sic] literaria de Portugal" (*Atlàntiques* 10).

In addition, the young Catalan intellectual counted among his friends several leading poets of the time, especially Teixeira de Pascoais, Augusto Gil, and several of the writers whose works he translated into Catalan: Afonso Lopes Vieira, Augusto Casimiro, and António Correia de Oliveira. Through his reading and conversations with these and other Portuguese writers, Ribera i Rovira became aware of leading poets and of major changes, including manifestos, debates, and literary movements in Portuguese poetry. For example, he stated that the *Questão Coimbrã* was a significant manifestation by the "Geração de 70." This generation, consisting of young poets living in Coimbra, rebelled against the ultra Romantic poetry of the time, especially the poetry of António Feliciano Castilho, whose pseudo-classical lyrics consisted of Classical themes and motifs cloaked in Romantic poetic meter. Ribera i Rovira was precisely aware of this polarization when he wrote: "el vell classicisme, que reunia els cultors de les lletres del periode ultraròmantic i el nou sentiment cientific i filosòfic positivista, que agrupava tota la jovenalla de Coimbra a l'entorn dels gloriosos cabdills de les modernes doctrines: Teófilo Braga, Antero de Quental i João de Deus" (*Portugal literari* 81–82). Truly he considered these poets among the greatest Portuguese bards from 1864 to 1912, when he wrote *Portugal literari*. However, the chapter "La poesia" in this work proves that Guerra Junqueiro replaced Teófilo among the trio Ribera i Rovira regarded as the major contemporary Portuguese poets. Although the Catalan writer realized the importance of Teófilo's *Visão dos Tempos* (1864), he may not have read this epic poem (he takes his evaluation of it from Philéas Lebesque) (*Portugal literari* 82). It does not appear in any form in any anthology he edited, a fact that might indicate he did not hold it in high regard. No doubt he regarded Teófilo among the most prolific nineteenth-century prose writers. However, he may have realized that Teófilo was not a poet and his epic, although an innovative work, is a minor poem, perhaps for reasons José Régio, a leading contemporary author, has given: Teófilo was trying to fulfill to specifications Auguste Comte's philosophical concept of the Epoch of Humanity and, in doing so, stifled his own literary creativity.

Ribera i Rovira recognized the literary genius of Antero de Quental, especially as a sonnet writer: "fou el meravellós sonetista, de raríssima perfecció, no igualada mai" (*Portugal literari* 82). He also saw Antero as a tortured human being, "un incomplet" for whom "el dubte va martiritzar-lo sempre," "un iconoclasta, un revolucionari, atrevit i sacríleg," "en política, era socialista" (*Portugal literari* 82–83). He mentioned his source on Antero's life: the latter's letter to Wilhem Stork, who translated his sonnets and this letter into German (Brasil 9–17). From the letter, which appeared in its original form in several Portuguese editions of the sonnets, the Catalan writer came to partially realize the problems that tortured Antero: "No fou lògic en la comprensió de la vida. Tot lo que aquest té de paorós, d'enigmàtic, d'insòlit, li era causa de dolorosa investigació, d'excessiu desig de comprendre. En la especulació de les més avançades teories, ell sempre cercava el més enllà, el misteri" (*Portugal literari* 83). Ribera i Rovira traced the evolution of Antero's thought through his successive philosophical influences (Nietzche, Schopenhauer, Hartmann, Proudhom, Hegel) and literary sources (Herculano, Lamartine) but omitted two leading philosophical influences (Kant and Michelet) and two literary sources (Baudelaire and João de Deus).

No discussion of Antero is complete without reference to his psychological disorders. In his letter to Stork, he mentioned that in 1874 (in reality 1864) he had a nervous breakdown from which he never recovered (Brasil 15). Ribera i Rovira's remarks on Antero's illness indicate he availed himself to a source other than this letter: "Neuròtic, avent-li exacerbat el mal una perversió sexual adquirida quan era intern al col·legi" (*Portugal literari* 83–84). According to José Bruno Carreiro, the principal biographer on Antero, there is only once source of this information: Teófilo Braga's, *As modernas idéias na literatura portuguesa* (2: 101). Bruno Carreiro further upheld the truth of this information given the "convivência muito íntima de Antero com Teófilo" during the years 1856–1858.

Antero's physical and emotional problems went beyond a sexual perversion. He was given to depression and hysteria (at moments of hysteria he destroyed portions of his literary manuscripts perhaps containing some of his better poems). Recent studies on medical reports made by leading European doctors who examined the poet reveal he suffered a nervous disorder compounded by chronic stomach and digestive problems (Carreiro 2: 33–44).

In reading through Ribera i Rovira's impressions on Antero and his poetry, one finds a sense of puzzlement as well as empathy for the Azorean poet who, "al finir la seva adolescència s'apagà la darrera claror religiosa del seu esperit" (*Portugal literari* 84). Antero then embraced socialism and the metaphysical materialism of Hartmann, whose *Philosophie d'Inconcient* brought him close to Buddhism, a detail the Catalan writer does not mention (Brasil 16). At the age of forty-nine, "el malaventurat Anthero [sic], sentint-se impotent per lluitar va suicidar-se amb un estoicisme eroic" (*Portugal literari* 84). The causes of Antero's suicide are complex, for they involve physical and psychological disorders and a pessimistic philosophy toward life, but the empathetic Catalan writer believed that his desire for truth and justice and his obsession for answers to the mysteries of life led to his death (*Portugal literari 83*).

Both Antero (*Prosas* 1: 93, 136) and Ribera i Rovira regarded João de Deus as "el més gran poeta portuguès després de Camões" (*Portugal literari* 84) and compared to Teófilo and Antero, the Catalan author described him as "la figura més simpàtica d'aquesta fulgurant constel·lació de moderns poetes portuguesos" (*Portugal literari* 82). Ribera i Rovira underlined that Antero and João de Deus were good friends but ironically pointed out the contrast between the two: Antero, the neurotic, sacrilegious, tortured intellectual who suicided, and João de Deus, who "se fortificava en la família i en l'apostolat pedagògic" (*Portugal literari* 84). The Catalan writer particularly admired this latter quality in João de Deus, whose *Cartilha maternal* (1876) "demostra plenament que el poeta posseeix un talent privilegiat i una propensió natural per a l'ensenyança com rarament se troba" (*Portugal literari* 85). This work contained a valid and rational method to teach reading and was used during many generations for this purpose in Portuguese schools.

Literary critics today consider João de Deus one of the most original love poets of Portuguese literature, whose works are characterized by simplicity, spontaneity, candid sensuality, and harmony. While opposing the outmoded ultra Romantic tendencies, he brought back Portuguese metrical forms and rhymes from medieval and Renaissance peninsular poetry, as well as the sonnet, which Antero later perfected. He also cultivated almost every type of poetry, including the fable, a genre in which he excelled above all other Portuguese poets, according to David Mourão-Ferreira (134–5). Ribera i Rovira recognized these traits, compared his poetry to that of Frederic Mistral (*Portugal literari* 82), and stated: "El lirisme de João de Deus es caracteritza per aquesta profunditat senzilla i lapidària que fa sublims, en tots els temps, les cançons del poble. El secret, o la força del seu geni artístic, consisteix en saber amarar-se del sentiment de la multitut anònima i expressar-lo en una forma impecable i cristal·lina" (*Portugal literari* 84–85). He also emphasized that João de Deus was a modest poet who, despite his national importance, humbly received a year before his death (1896) a tribute from the entire nation of Portugal (*Portugal literari* 85). In addition, he rightly asserted that Portuguese poets of his generation, from Antero to Cesário Verde admired and were influenced by him: "la poesia portuguesa de la generació actual no pot ser ben compresa sense definir l'acció que João de Deus exercí en el gust i en les vocacions dels nous poetes" (*Portugal literari* 85).

Clearly Ribera i Rovira considered Guerra Junqueiro the best Portuguese living poet of his day. Unlike Antero and João de Deus, who had passed away before the Catalan writer came to Portugal, Ribera i Rovira knew Guerra Junqueiro personally (Cucurull 73). The descriptions the Catalan writer gave of Guerra Junqueiro's literary, artistic, and musical preferences, of his home in Barca de Alva, and the anecdotes he told attest to his friendship with this Portuguese bard (*Portugal literari* 92–96). In addition, he was well acquainted with his work, for he saw his poetry as continually evolving from the ultra Romantic early works to *Os simples* (1892), "poesia... d'una bellesa imponderable" (*Portugal literari* 91).

Since 1885 critics have disagreed on the merits of Guerra Junqueiro's poetry, a fact that prompted Pierre Hourcade to say that the only opinion on which they agree is the influence of French writers on his works (14–15). After 1920, psycho-social literary critics like António Sérgio came to consider him a minor poet. Even leading twentieth-century Portuguese authors became polarized in their evaluation of his verse: Raul Brandão and Aquilino Ribeiro considered him their mentor, and Fernando Pessoa and Oliveira Martins saw him as a precursor of modern tendencies in Portuguese poetry (Junqueiro *Poesia* 30–31; *Obra de Guerra Junqueiro* xix–xx); however, José Régio regarded him as a mediocre poet (49).

Ribera i Rovira saw a tripartite evolution in Guerra Junqueiro's poetry: "Ningú auria dit mai que, del romàntic i mitjà versaire ne sorgís més tard l'immortal poeta d'*A morte de D. João* (1874) i d'*Os simples*" (*Portugal literari* 90). The first work mentioned, part of a trilogy with *A velhice do padre eterno* (1885) and *Prometheu* (published posthumously, 1926), is a satire on the clergy, the lax bourgeois and false elite, which especially has divided literary critics. In addition, the Catalan author further noted a division between this work and *Os simples*: "D'aquesta concepció religiosa al naturalisme místic i al cristianisme evangèlic d'*Os simple...* la distància, metafisicament, no és gaire gran" (*Portugal literari* 91). He then went on to correctly include this work with *Oração ao pão* (1902) and *Oração à luz* (1904): "aquest cristianisme evangèlic que s'accentuà darrerament en les oracions magistrals que'l poeta endreça al Pa i a la Llum... constitueix la darrera fase poètica i filosòfica del gran poeta Guerra Junqueiro" (*Portugal literari* 92).

Criticism of this last phase of his poetry has been less severe, perhaps due to Guerra Junqueiro's years of silence, during which he dealt with religious and social issues and his psychological problems. It also represents the poet's return to nature, to his childhood home, and to "A luz de glòria eterna." Ribera i Rovira preferred this phase of Guerra Junqueiro's poetry, especially the poem *Oração ao Pão*, which he translated and published at least twice (*Atlàntiques* 91–97; *La novella nova* number 119). He took from this work the following lines, which he translated in *Atlàntiques*:

> I en l'eterna pau beneït seràs,
> perquè, a l'aclucâ.ls [sic] ulls,
> blat de Déu, absort en Déu descansaràs! (97)

Having known the Portuguese poet and been familiar with his works, which he called "autobiografia psicològica" (*Portugal literari* 91), these lines, referring to the poet, had a special meaning to the Catalan translator.

At the beginning of his chapter, "La poesia," Ribera i Rovira narrated an episode in which a provincial poet asked João de Deus to evaluate his poetry. The much admired poet answered: "Si les noies del poble els canten, són bons" (*Portugal literari* 80). The Catalan writer then summarized his impressions: "no estranyarà a ningú aquesta facilitat amb que els més cultes versaires componen per al poble si ens atenem a la ingènita propensió poètica que constitueix un excels atribut de la raça" (*Portugal literari* 80).

After reading "La poesia" and anthologies of poems he translated from Portuguese, one sees that Ribera i Rovira had a preference for simple, spontaneous poetry, based in part on folklore or traditional poetry of the Portuguese. He placed the love poetry of João de Deus above the more difficult verse of Antero, whose French translator described him as "le poète préféré d'une élite" (Quental *Poèmes* 11). In addition, he preferred the final state of Guerra Junqueiro's evolution, *Os simples* and the *Orações*, in which the poet returned to the simple things of life: nature, the land, and the *cantigas* his mother sang to him as he lay in her lap. He also spoke highly of his friend Afonso Lopes Vieira, a poet of the "tradicionista" current, whose *Os versos* (1897–1921) combine symbolist motifs with simple popular and children's literature.

Ribera i Rovira also recognized literary talent in some poets and works that critics today highly regard: António Nobre's *Só* (1892), "l'admirable poema... en el qual s'evidència l'ànima d'un artista eximi d'excepcional grandesa" (*Portugal literari* 87). He also described Cesário Verde, considered today as a leading nineteenth-century poet, in these terms: "durant sa curta existència [31 years] trobà prou temps per pintar inoblidables paisatges, d'un impressionisme vibrant" (*Portugal literari* 89).

Fèlix Cucurull lamented that in 1924, at the age of thirty-four, for reasons unknown, Ribera i Rovira practically abandoned writing on Portuguese culture (74). Perhaps had he continued his critical work on Portuguese poetry he would have given us his opinions on Fernando Pessoa, the leading writer of the post-Symbolist school of Portuguese poetry, whom some regard as the greatest Portuguese poet since Camões. The seventeen-year-old Pessoa returned to Portugal in 1905 after several years in South Africa (Severino 1: 106). Ironically, the years Pessoa published his first literary work (1912–1913), a series of articles in *Aguia*, printed as a book, *A nova poesia portuguesa*, the Catalan writer published *Portugal literari* and the anthology *Atlàntiques*. A year later (1914) Pessoa's poem *Pauis* appeared in *A Renascença* (Lisbon).

At an early age Ribera i Rovira had developed an appreciation and a critical sense that enabled him to accurately evaluate Portuguese poetry of his day. His familiarity with the works of Portuguese poets at the turn of the century and his personal acquaintance with several poets allowed him to bring to Catalans a knowledge of contemporary Portuguese poetry, a subject about which many knew little because the sources were simply not available. During his lifetime he received many honors, especially from the Portuguese. Today, fifty-two years after his death, his name rarely appears in print, except in Catalan encyclopedias. It is therefore fitting that Ribera i Rovira be honored as the greatest Catalan lusophile.

Tennessee Technological University
Cookeville, Tennessee

Works Cited

Brasil, Reis. *Antero de Quental—O Homem e o Poeta*. Castelo Branco: Rev. de História e Cultura, 1971.

Carreiro, José Bruno. *Antero de Quental: Subsídios para a sua bibliografia*. Braga: Pax, 1981.

Cucurull, Felix. *Dos pobles ibèrics*. Barcelona: Selecta, 1967.

Hourcade, Pierre. *Guerra Junqueiro et le probléme des influences françaises dans son oeuvre*. Paris: Les Belles-Lettres, 1932.

Junqueiro, Abílio M. Guerra. *Obra de Guerra Junqueiro*. Ed. Amorim de Carvalho. Porto: Lelo e Irmão, 1972.

___. *Poesia de Guerra Junqueiro*. Ed. Nuno Júdice. Lisboa: Seara Nova, 1981.

Quental, Antero de. *Poémes et sonnets*. Ed. Virgile Rossel. Porto: Lello e Irmão, 1911.

___. *Prosas*. Ed. Couto Martins. Coimbra: Imprensa de Universidade, 1923.

Régio, José. *Pequena história da moderna poesia portuguesa*. Porto: Brasília, 1976.

Ribera i Rovira, Ignaci. *Portugal literari*. Barcelona: l'Avenç, 1912.

____. *Atlàntiques*. Barcelona: l'Avenç, 1913.

____. "Oració al pan i altres poemes." *Novella Nova* 3 (1913): 119.

Saraiva, Antóio José. *História da literatura portuguesa*. Porto: Porto Editora, 1978.

Severino, Alexandrino E. *Ferrando Pessao na África do Sul*. Marília: Faculdade de Filosofia, Ciências e Letras, 1969–1970.

AFTERWORD

Suzanne S. Hintz

Germanna Community College
Locust Grove, Virginia

In this volume of articles written by many renowned linguists and literary critics we have attempted to draw attention to the interrelationships of Catalan and Castilian language and literature. The two languages and cultures have interacted with each other, not always successfully, for centuries. As one can plainly see, each has affected the other both positively and negatively. We can say too that the interaction between the Catalan and Castilian languages and cultures has also had great impact on the people who use them to communicate. The reverberations from the periodic confrontations have had grave effects on the histories of both regions of the Iberian peninsula, and in the 20th century we North Americans are most aware of the political repercussions of Spain's fratricidal conflict of the 1930s.

Those of us who live in the United States, and especially in the area of Washington, D.C., feel a sense of pain and gratitude from the results of this most recent struggle. These are conflicting emotions, yet for us who did not live through the war but reaped the benefits from its consequences, we empathize with those who felt the need to leave their native land. We rejoice in the fact that they chose to live among us and that we might share their friendship.

I speak of many who chose self-imposed exile for whatever reason, but I think of one individual in particular who is so close to all of us in the Washington area. Josep Maria Solà-Solé came to The Catholic University of America in 1961 to join the faculty as a professor of Peninsular literature, of the Catalan language, and of ancient Oriental languages and literatures for which he is so well known today. Even though he has achieved Emeritus status at the university and international fame for his academic research, his professional career is by no means at an end. He continues to impart knowledge on these diverse yet interrelated topics to undergraduate and graduate students matriculating in the Department of Modern Languages and Literatures. It was there that I first met "el profesor Solà-Solé," and I, as well as all the other students that I know, will be eternally grateful for the opportunity of studying under him.

As our friendship has grown over the years, I discovered what for me was a little known fact—that Solà-Solé has also dabbled in the creation of literary works. His first book, entitled *Jo i els anys* (Puvill 1984), is an autobiographical presentation of observations he made throughout his academic career. In his second book, *La guerra dels Cristos i el cas de l'Emília* (Virgilia & Pagès 1988, Peter Lang 1992)—a metafictional novel about the Catalonian towns of Vilagodons, Vilaromans, and Vilamorins—Professor John McProud appears to lead readers on an anthropological and cultural study of the postbellum and post-Franco Catalan culture. His third book, *No tots som fills del mateix Déu* (Virgili & Pagès 1990) must be classified as biographical fiction, for it is the story of Father Paulí Bellet and his years as a member of the faculty of The Catholic University of America, and many other fictional and real personages from the university. In it appear the real Professor Josep Maria Solà-Solé as a longtime friend of Father Bellet and once again Professor John McProud, Solà-Solé's fictional alter ego. *No tots som fills del mateix Déu* is a compelling story of the death of Father Bellet, his corporeal end, and of the birth of his spiritual memory in the form of the creation of the Fundació Paulí Bellet. The founding of this non-profit organization for the Catalans of the Washington area is an act that was and is near and dear to both of these distinguished scholars.

My exposure to these three fictional works was not in the chronological order of their publication. I learned to pronounce, read, and write Catalan with Professor McProud in my first Catalan language class with Solà-Solé, as have many other students from CUA. Solà-Solé presented me with a copy of the Bellet biography when I became interested and active in the Fundació Paulí Bellet. Then, I eagerly located a copy of his autobiography at the University of Virginia library so that I might learn more about the man for whom I have so much respect and admiration. From reading these three exceptional works I have been able to gain much insight into the complex personality of this esteemed gentleman, or, better stated, gentle-man....

One of his autobiographical reminiscences from *Jo i els anys* talks about the name with which he was baptized in 1924. Solà-Solé's first clash with the interrelationships of the Catalan and Castilian languages occurred on his birth certificate where he is identified as José María. One must ask, then, who is José María Solá y Solé? My friend came to terms with the crisis of his own identity when he stated that "No és cap secret que el meu nom és Josep Maria Solà i Solé" (30). His name is Catalan, and he documents this certainty in Catalan. Solà-Solé believes in the theoretical relationship between the "signifier" and the "signified"; thus his signifier is pure Catalan as he is pure Catalan. The influences of his academic endeavors in Peninsular literature also appear in his fiction, for he refers to an acquaintance of his grandmother's as "una segona Celestina, que, com la primera, posseïa grans dots de contista i narradora" (20). The intertextual reference to the great Iberian Renaissance play that appears in his first work becomes a major focus of his second, the novel about the interaction of three small towns in rural Catalonia. Again we see the effects of the interrelationship between the Catalan and Castilian cultures on Solà-Solé as an individual.

When I prepared to write this Afteword to our *Festschrift*, I reread Solà-Solé's autobiography. As I put down the book after finishing the last page, one thought overpowered all the rest—the relationship between the signifier and the signified. Solà-Solé was named after his maternal grandfather, Josep—Joseph... Saint Joseph, the adoptive father of Jesus Christ. To me Josep is a fitting name for the man we honor with this publication on the occasion of his seventieth birthday. He is the Sant Josep of the graduate students at The Catholic University of America, the adoptive academic father and guide for all of us. He opens our eyes to the history of the Castilian and the Catalan languages; he conducts us on an in-depth tour of medieval and Golden Age literature; and he transports us on a magical voyage of discovery into the beauties of the languages and literatures of the Iberian peninsula. We, Solà-Solé's students of language and literature, are not known for our mathematical abilities. How can it be then that seventy years have passed since the third of July in Igualada when Solà-Solé gave his first "lecture" (of course in Catalan)! We do not celebrate here an end of a career in any way; we merely acknowledge the span of time in which it has developed. Josep Maria Solà-Solé is the quintessential twenty-first century man who continues to share himself with all who embrace him. We merely fix a point in chronological time to stop and recognize him for all that he has accomplished, and we look forward to all that still remains.

TABULA GRATULATORIA

Lluís Alpera, *Universitat d'Alacant, Alicante, Spain*
Milton M. Azevedo, *The University of California, Berkeley, CA*
Antoni M. Badia i Margarit, *Universitat de Barcelona, Barcelona, Spain*
María Concepción Bados-Ciria, *The University of Washington, Seattle, WA*
Héctor Brioso Santos, *The Catholic University of America, Washington, D.C.*
Robert I. Burns, S.J., *U.C.L.A., Los Angeles, CA*
J. Castellà-Gassol, *St. Just Desvern, Spain*
Peter Cocozzella, *Binghamton University, Binghamton, NY*
Carles Duarte i Montserrat, *Barcelona, Generalitat, Spain*
Manuel Duran, *Yale University, New Haven, CT*
Jaume Ferran, *Syracuse University, Syracuse, NY*
Antoni Ferrando, *Universitat de València, València, Spain*
Roberto J. González-Casanovas, *University of Kentucky, Lexington, KY*
Patricia Heid, *University of California, Berkeley, CA*
Suzanne S. Hintz, *Germanna Community College, Locust Grove, VA*
Everette E. Larson, *Library of Congress, Washington, D.C.*
Helena P. Malagon, *Bethesda, MD*
Charles J. Merrill, *Mount Saint Mary's College, Emmitsburg, MD*
Edward J. Neugaard, *University of South Florida, Tampa, FL*
Mario A. Rojas, *The Catholic University of America, Washington, D.C.*
Josep Vicenç Saval, *The University of Virginia, Charlottesville, VA*
Marlene K. Smith, *The Foreign Language Center, Colorado Springs, CO*
Joan Solà, *Universitat de Barcelona, Barcelona, Spain*
Tilbert Dídac Stegmann, *Universität Frankfurt am Main, Frankfurt am Main, Germany*
Pilar G. Suelto de Sáenz, *The George Washington University, Washington, D.C.*
Joan Triadú, *Barcelona, Spain*
Francesc Vallverdú, *Grup Català de Sociolingüística, Barcelona, Spain*
David J. Viera, *Tennessee Technological University, Cookeville, TN*

Suzanne S. Hintz is an associate professor of Spanish and Coordinator for Foreign Languages at Germanna Community College. She is the author of *Rosario Ferré, A Search for Identity* (Peter Lang, 1995), and she translated Josep M. Solà-Solé's Catalan novel, *The War of the Christs and Emilia's Case* (Peter Lang, 1992).